中国外语环境下学习者语言的复杂动态系统发展

郑咏滟———著

上海教育出版社

国家社会科学基金一般项目"中国外语环境下学习者书面语的动态系统发展研究"（18BYY113）结项成果

序

　　语言是一个复杂系统,具有复杂性、适应性、动态性,这一观点日益为语言学和应用语言学学界接受。Diane Larsen-Freeman 教授在 1997 年提出从复杂理论角度重构应用语言学的核心问题,到今天已经过去二十八年。在四分之一个世纪中,复杂动态系统理论在语言学研究领域得到了迅速发展,论文、著述层出不穷,都昭示着这个领域的蓬勃生机。

　　我最早接触到复杂动态系统理论还是在我攻读博士期间。2010 年 3 月我到美国亚特兰大参加了应用语言学学会年会,正是在那场年会上,我有幸聆听了 Zoltán Dörnyei 教授的讲座,直到今日仍记忆犹新。那场讲座安排在上午 8 点,当我 7:50 进入会场的时候已经完全没有空位,我站在最后一排听完了整场讲座。当时只觉醍醐灌顶,今日回想仍觉余音绕梁。自此之后,我便开始刻苦钻研复杂动态系统理论,十五年来孜孜不倦,不断推进该理论的发展。2011 年以来,我围绕复杂动态系统理论视角下的学习者词汇发展,完成了教育部人文社会科学研究青年项目、上海市哲学社会科学青年课题,并于 2015 年出版了《动态系统理论框架下的外语词汇长期发展》一书。在前期研究基础上,2018 年成功申请到国家社会科学基金一般项目"中国外语环境下学习者书面语的动态系统发展研究",将研究话题拓展到了学习者语言的词汇和句法系统、任务复杂度调节下的语言系统、双外语学习者的语言发展等多个层面。本书便是该课题的结题成果。

　　十五年来,我不断尝试新的研究方法,通过方法创新来拓展理论的边界。我一直认为,方法创新不仅能够提供全新的视角来审视现有的问题,还能帮助我们发现以往不曾注意到的现象和规律。通过引入新的数据集和分析手段,我们能够突破传统的思维定式,以方法创新带动理论突破,指导学界重塑对语言学习和发展的理解。本书呈现了我带领的课题组在这方面作出的诸多尝试和努力。书中各章节汇报的研究均采用数据驱动的研究方法。课题组自行构建了学习者历时语料库,结合复杂动态系统理论特有的数据分析方法,从群体和个体的层面揭示学习者语言发展的规律。同时,我们也积极从相邻学科借鉴研究方法,尝试文理交叉,率先使用了一些我国外语界尚不熟知的方法,希望能够为推进复杂动态系统理论在我国应用语言学实证研究落地提供一些可行的方法蓝本。

在过去几年中,我带领课题组成员积极参加各类国内外的会议,组织了多场围绕复杂动态系统理论的专题报告和期刊专栏。特别是在 2021 年荷兰格罗宁根大学主办的世界应用语言学大会上,我受到大会主席 Marjolijn Verspoor 教授的邀请,组织了题为"复杂动态系统理论研究在中国"的专题论坛,带领我国相关研究者集体走上国际舞台,受到了国际学者的关注。当时 Diane Larsen-Freeman 教授还来到我们的专题论坛,和大家进行了一个多小时的交流,也让所有参会的中国学者十分兴奋、备受鼓励。如今,中国学者的复杂动态系统研究频频亮相国际高水平期刊,集体展现了我们将该理论视角本土化的成果,为构建具有中国特色的应用语言学学科体系、学术体系和话语体系作出了一定贡献。

在本课题的完成过程中,我得到了方方面面的支持和鼓励。首先,我要感谢国际知名学者 Diane Larsen-Freeman、Kees De Bot、Marjolijn Verspoor、Wander Lowie、Lourdes Ortega、Durk Gorter、Jasone Cenoz、Li Wei、Zhu Hua、Lawrence Jun Zhang、Xuesong Andy Gao、Shaofeng Li、Phil Hiver 等。我有机会和他们在不同场合展开对话,交流思想,也使我不断提升理论素养和研究能力。其次,我要感谢我的同事刘海涛、秦文娟、杨晓敏、周季鸣、高洁等。在刘海涛教授的带领下,我们齐心协力开展系列的数据驱动语言学研究。特别是我们以 LEAD Lab(语言教育、习得与发展实验室)为平台,带领近三十位本硕博学生每两周的组会已坚持了四年。这是一个绝佳的思想碰撞、互相学习的平台,本书中很多研究想法最开始正是在实验室的组会上产生的。其三,我要感谢我强有力的硕士生、博士生和博士后团队:黄婷、王思璇、洪新培、李慧娴、唐溪若、吴卓超、徐杉、张婷、刘飞凤、张学芬、韩知行、李文纯、魏同、贾艺舸、杜剑雄、綦惠磊、俞佳菲、王迪阳等。他们中很多人已经毕业,正在各行各业发挥才干。没有他们的投入和付出,就不会有现在的历时书面语语料库以及后续的各项研究。我还要感谢我的家人,全赖他们的支撑与理解,我才能在繁忙的教学、科研、行政工作之余完成本书的撰写工作。最后,我想感谢上海教育出版社的各位编辑,正是他们专业高效、认真细致的审读校对,保证了本书稿的质量。

本书写作过程中秉承精益求精之理念,力求数据详实、论证严谨。希望本书的付梓出版,能帮助对复杂动态系统理论感兴趣的研究生和中青年学者梳理核心概念、掌握设计原则、启发数据分析方法。不过,由于本人学识能力有限,书中难免有疏漏和错误,望广大读者与同行多多指正、不吝赐教。

郑咏滟

2025 年 5 月于复旦源

目　录

第一章 引 言

在英语成为国际通用语的背景下,中国英语学习者实际应用英语的能力与新时代中国全面参与全球治理、构建中国话语权等战略目标息息相关。然而,由于我国属于外语教学环境,英语教育效益不高,真实使用英语的场景较少、应试教学痕迹严重等原因导致的学用脱节现象仍较普遍(王初明,2017a)。二语习得研究的一大主要议题就是学习者语言发展,尤其需要探清学习者语言特征、发展规律、停滞(僵化)发生的机制,促进语言向更高阶段进化、发展(王初明,2017b)。第二语言习得和发展日益成为应用语言学研究的核心议题,近年来围绕该话题的各类实证研究百花齐放,理论推进迅速。本书聚焦中国英语学习环境下的学习者语言(英语)发展,从复杂动态系统理论角度探究第二语言习得和发展的基本特征,试图揭示外语环境下学习者语言发展的一些规律模式。

一、应用语言学的超学科转向

随着应用语言学迅速发展,其理论视角、研究范式正经历从多学科、跨学科到超学科发展(Douglas Fir Group, 2016;李茨婷 & 任伟, 2021;Hiver, Al-Hoorie, & Larsen-Freeman, 2022)。较早讨论应用语言学超学科特性的学者是美国密歇根大学著名应用语言学家 Diane Larsen-Freeman。她于 2012 年发表在 *Language Teaching* 期刊上的一篇论述性文章中区分了"多学科""跨学科""超学科"(Larsen-Freeman, 2012)三种不同路径。"多学科"路径强调采用不同学科的视角来解决共同问题,但是这种路径难以摆脱"添加式"的学科思维,缺乏学科间的有效融合。"跨学科"路径有效回应了学科互动的需求,但是在跨学科研究中往往会需要一个具体的学科落脚点,同时,某一学科会占主导地位,而其他学科沦为从属,反而给解决研究问题带来潜在风险。"跨学科"路径还会导致不同的学科视角以某种固定的顺序出现,仍然存在缺乏学科交融的缺点。最后,"超学科"路径以解决真实世界的实际问题为目标,提供多视角的解决方案。因此,超学科范式下的应用语言学研究强调从不同视角、不同语言和不同情境探索现实的语言问题,是一种以问题为导向的研究范式,超越了学科界限的理论和方法。

应用语言学的超学科转向并非孤立存在,而是受到整个国际学术界业已发生的超学科转向的深远影响,与整体人文社会学科的进化保持同步。"超学科"这一概念首先由经济合作与发展组织(OECD)在 1972 年的巴黎会议上提出,在进入 21 世纪以后得到越来越多的关注,其代表人物是罗马尼亚量子物理学家Basarab Nicolescu(2002)和法国哲学家 Edgar Morin(2008)。

Nicolescu(2002)提出超学科范式,旨在打破以学科为边界的研究范式,强调创造融合性新知识,以解决现实世界的真实问题。作为影响力最大的超学科先驱,Nicolescu 在他的《超学科宣言》(2002)中提出了超学科范式的三大公理支柱:本体论、认识论和逻辑论。回顾科学史,从启蒙运动开始,经典牛顿力学代表的"牛顿思维"(Newtonian thinking)在人文社科研究中一直占有统治地位(Nicolescu, 2002),20 世纪以来的主流心理学、教育学、语言学等都不同程度地承袭了牛顿思维的研究范式(王仁强,2022)。然而,超学科范式要求我们重新思考牛顿经典思维内涵的单层现实本体论和主客观对立的二元论,而强调多重现实和"隐匿的第三方"(the Hidden Third),类似于一种可以暂时容纳、调节相悖观点的第三空间。从认识论角度看,超学科范式反对还原论、局部线性因果论和决定论,反而认为知识是复杂的、浮现的、关联的。Nicolescu 认为,我们的祖先早就认识到宇宙中万事万物相互依存的关系,而"复杂性"恰恰是这种古代先哲思想的现代表达。法国哲学家 Morin 也同意这种观点,并提出学科的存在恰恰是将学科与学科之间硬生生割裂开来,也将学科孤立于其所处的外在环境,导致学科各自产生的知识无法连接也无法具象化,我们必须认识到"被分割部分的不可分割性"(Morin, 2008)。最后,超学科范式的逻辑论突破启蒙主义科学观和经典牛顿思维强调的非此即彼的排中律,而倡导涵盖复杂、涌现现象的函中律逻辑(the included middle),以适应复杂世界不断涌现的新问题和新方法。

在更广阔的超学科范式转移的背景下,应用语言学研究者也意识到了本学科面临的问题。由一群知名的应用语言学研究者组成的 the Douglas Fir Group(以下称作 DFG 小组)于 2016 年在学界顶级期刊 *The Modern Language Journal*上发表了一篇题为《多语世界第二语言习得的超学科框架》的观点性文章。该文(Douglas Fir Group, 2016:24)明确指出:

> 附加语言学习者在教育、多语、多文发展,社会融入,全球化、科技化的多样跨国环境下的语言表现过程中有许多亟待解决的需求,第二习得/发展研究必须能够应对这些需求带来的种种挑战。

人的发展是应用语言学领域需要解决的核心问题,而为了解决这个问题,学界需要能够容忍不确定性,采用一种去中心化的视角去寻求跨越多个学科边界的解决办法(Hiver, Al-Hoorie, & Larsen-Freeman, 2022)。(新冠疫情已经让每个人都深刻意识到,当今的世界就在经历各种不确定性。)换言之,应用语言学的超学科转向将重点放在问题驱动的框架和实践上,根本目的在于"用对社会有用的、具有人文关怀的方式来解决问题"(Douglas Fir Group, 2016:24)。因此,DFG 小组继承了韩礼德的精神遗产(Halliday, 2001),认为在认识论的层面,超学科性的目标是能够超越学科之间的界限,使得产出的知识能够大于各个学科单独产出知识的总和。因此,知识活动的新形式是以主题牵引,而非以学科作为组织单位。

DFG 模型的底层逻辑是基于教育学的人类发展生态模型(Bronfenbrenner, 1979)。语言学习归根结底是一个生态的、关联的、动态的过程,响应超学科范式转移中摆脱牛顿经典思维的还原论、局部因果观和主客体分离的二元对立的呼声,提倡浮现观、整体观和生态观。由此可见,第二语言发展和多语发展是一个特别需要采用超学科范式来研究的领域。举例说,移民家庭儿童的语言发展不仅仅关乎语言学,更需要教育学、社会学、心理学甚至政治学等学科共同参与的知识融合。因此,如果仅仅使用结构主义语言学或认知语言学来理解移民家庭儿童为何无法维持祖传语,或者为何无法有效习得社会主流语言,那么得出的结论都难免片面,也很难真正从实践层面帮助这个群体取得长足的语言发展,以更公平的方式获取教育资源,不断茁壮成长。如果要从根本上解决这个问题,就必须打破学科边界,建立学科交融的第三空间,采用多元的视角、方法、手段,找到解决问题的方案。可见,复杂动态系统理论尤其适合超学科范式转移下的应用语言学研究。

在深入讨论复杂动态系统理论之前,我们首先需要区分"第二语言习得"和"第二语言发展"这两个概念,因为不同的术语从根本上折射出不同的语言本体论和认识论。以 Kees de Bot 教授为首的欧洲格罗宁根大学动态系统理论学派提出,应用"第二语言发展"替代耳熟能详的"第二语言习得"(de Bot, Lowie, Thorne, & Verspoor, 2013)。他们认为,第二语言发展更能够体现出语言发展的双向性,即语言能力并不只是正向增长,也会退化、消失;第二语言发展也能够强调语言学习不仅是结果,也是过程,因此仅用"习得"一词无法表达其长期性和动态性。其后 Larsen-Freeman(2015)撰文,罗列出使用"第二语言发展"替代"第二语言习得"的 12 条理由,包括:避免语言物化("习得"一词带有的隐喻含义会让人联想到语言是一种可获得的具体物品),承认进步与退步并存,语言发展没有终点,承认学习者的创造性,承认语言学习不仅是获取形式更是创造意义,语言学习更是一种参与,承认基于单语者的理想母语者模型的缺陷,承认语言复杂动态系统的敏感性,承认语言的系统变异,承认语言学习的个体差异,承认语言迁移的双向性,重视学习者个体。基于这 12 条理由,不难看出"第二语言发展"这一提法与"第二语言习得"所嵌入的认知语言学和结构语言学传统相去甚远。

基于以上思考,本书采用"第二语言发展"替代"第二语言习得"的说法,故而也不再使用"中介语"这样的提法,而使用"学习者语言"这一说法替代。如果我们承认语言学习没有终点,那么传统意义上的"石化"(fossilization)这类概念将不再适用,因为语言系统终将处于动态发展过程中,或增进或退步,总之不是僵化(Larsen-Freeman, 2015);如果我们承认基于单语者的理想母语者模型不再适用于如今日益多语的世界,那么以符合母语者规范为目的中介语也不再适用。术语的更替标志的是更深层次的思维转化,要求我们用新视角重新审视本已习以为常的语言学习现象,也应和了应用语言学学科范式转移对学界提出的要求。与之呼应的,恰恰是复杂动态系统理论作为一个跨学科的理论,以适合应用语言学界倡导的超学科范式转向的趋势。

二、复杂动态系统理论在应用语言学的演进

已故科学家史蒂芬·霍金曾经预言,21 世纪将是复杂性的世纪(Hawking, 2000)。霍金所言非虚。在过去二十多年间,我们目睹了复杂性思维的兴起并开始在各个学科中得到广泛应用,尤其是应用语言学和二语习得领域,复杂理论的发展方兴未艾。

复杂动态系统理论在应用语言学领域的发展经历了 25 年发展,其演进轨迹可以从该领域里程碑式的论著文章中窥见一斑。开山之作是 Diane Larsen-Freeman 教授 1997 年在 *Applied Linguistics* 上发表的题为《混沌/复杂科学和第二语言习得》(*Chaos/Complexity Science and Second Language Acquisition*)的文章(Larsen-Freeman, 1997),首次系统阐述了复杂理论相关概念,并从该理论视角阐释了二语习得的核心问题现象,与传统研究范式形成巨大反差,引起应用语言学界的广泛讨论。

然而,自此之后,相关讨论几乎沉寂了十年,直到 2007 年荷兰格罗宁根大学的 Kees de Bot, Wander Lowie 和 Marjolijn Verspoor 在 *Bilingualism: Language and Cognition* 上发表了观点性文章——*A Dynamic Systems Theory Approach to Second Language Acquisition*,借鉴了发展心理学中的一系列概念,阐释动态系统理论对二语

发展的重要意义,重燃学界对该理论的兴趣(de Bot, Lowie, & Verspoor, 2007)。

2008 年 Larsen-Freeman 和 Cameron 的专著《复杂系统与应用语言学》(*Complexity Theory and Applied Linguistics*)(Larsen-Freeman & Cameron, 2008a)在牛津大学出版社付梓,系统阐释复杂理论与应用语言学的理论契合点,标志着应用语言学研究的复杂系统学派成立。从 1997 年到 2010 年的 14 年间,以构建理论为主,奠定了复杂动态系统框架下应用语言学研究的理论基石。

然而,2010 年之前的复杂动态系统方向以理论探讨为主,实证研究极少,仅有 Larsen-Freeman(2006)的一篇论文。其中一大原因是方法限制。为了弥补这一缺憾,2011 年,Verspoor, Lowie 和 de Bot 编著出版了 *A Dynamic Approach to Second Language Development: Methods and Techniques* 一书,详细介绍了动态系统的技术路线和方法,很大程度上解决了方法论的问题,为之后开展大量实证研究扫清了障碍。自此之后,学界涌现了一批聚焦学习者语言发展的实证研究,均得益于这本书提供的方法指导。

2015 年,来自英国、加拿大和瑞典的三位学者 Zoltán Dörnyei, Peter MacIntyre 和 Alastair Henry 将复杂动态系统理论引入到学习者个体差异和学习动机研究之中,出版的《语言学习动机的动态机制》(*Motivational Dynamics in Language Learning*)堪称经典之作,更大程度上突破了方法瓶颈,提供了丰富的研究方法蓝本,也为复杂动态系统理论在应用语言学研究领域开拓了二语动机这一分支。该书长达 400 多页,涵盖内容之丰富、使用方法之广泛,在同类著述中首屈一指,堪称复杂动态系统理论与二语动机研究领域的一本里程碑式著作。该书不仅限于语言动机研究,其意义更在于在复杂动态系统理论与实证研究之间架起一座桥梁,为未来复杂动态系统理论实证研究提供了切实可行的方法蓝本和丰富实例(郑咏滟, 2016)。遗憾的是,Zoltán Dörnyei 教授已于 2022 年因病离世,但是他作出的巨大贡献将永远被后辈铭记。

2020 年出版的《复杂理论与语言发展》(*Complexity Theory and Language Development*)由乔治城大学的 Lourdes Ortega 教授和哥伦比亚大学的 ZhaoHong Han 教授编著,以纪念 Larsen-Freeman 1997 年论文发表二十周年。正如两位编者在前言开篇所写:"鉴于 Diane Larsen-Freeman 在二语习得研究和应用语言学领域的巨大学术影响,本书向她致以崇高的敬意。"可以说,这又是复杂动态系统理论在应用语言学研究中的一部继往开来的著作。该书从理论、方法、教学三个不同侧面详细展示了复杂动态系统理论视角下第二语言发展研究的最新成果,并且引入了神经语言学、构式语法等相关视角。本书中的一个章节由哥伦比亚大学的 ZhaoHong Han 教授与另外两位理论物理学家合写,独辟蹊径,从理论物理的角度提出了二语发展的能量守恒理论,大大开阔了视野,充分展现了复杂动态系统理论跨学科、超学科的潜力。

2020 年,另一本具有影响力的论著是本领域的两位后起之秀 Phil Hiver 和 Ali Al-Hoorie 联合编著的 *Research Methods for Complexity Theory in Applied Linguistics*(《应用语言学中的复杂理论研究方法》)。该书中译本也已经出版。这两位青年学者皆师从 Dörnyei 教授,可以说,是新一代研究者中的佼佼者,扛起了复杂动态系统理论研究的大旗。该著作是继 2011 年 Verspoor 等方法论文集之后的一本重要力作。两位编者从自然科学和社会科学领域引入了 14 种相关的量化研究和质性研究方法,展现了哲学基础与方法论的统一,丰富了复杂动态系统理论可用的工具库。尤为突出的是,该书系统展现了复杂动态系统理论背后的哲学观。每种研究方法背后都有一套相应的世界观、认识论和方法论,与复杂动态系统理论的核心观点有机融合,这种融合型思想也体现在 Phil Hiver 之后对复杂动态系统理论的超学科范式的论述中(Hiver, Al-Hoorie, & Larsen-Freeman, 2022)。2022 年,Hiver 和 Al-Hoorie 在 *International Review of Applied Linguistics* 担任客座主编,编辑了一期专刊,延续了对方法论的讨论,也产生了较大的国际影响力。这些学术成果如雨后春笋般与读者见面,充分展现了复杂动态系统理论在应用语言学研究领域蓬勃的生命力。

三、研究内容和研究思路

(一)研究内容

本书以中国英语学习者语言的长期发展为主要研究内容。通过采用复杂动态系统理论的视角,笔者试图揭示英语学习者书面语、口语的发展路径,探究中国学习者在双外语学习过程中语言发展的一些特点。复杂系统发展并非混乱无序。相反,系统通过"自组""互适"等一系列过程,最终会稳定在某些状态(吸态),凝结成若干个可观测的发展模式。通过确认这些模式的标志性特征,我们可以探清看似无序的动态系统的发展规律。因此,在进行复杂动态系统视角下的语言发展研究时,我们尤其需要辨清相关系统因素,分清主次层级,辩证考察二语发展与课程环境的全面联系,并总结规律。

中国的英语学习者是一个异常庞大的群体,处于不同的地区、不同的年龄层次、不同的学习环境,其间差异不一而足,因此本书无法涵盖所有类型的中国英语学习者。考虑到现有的研究多以大学生群体为主(T. Huang, Loerts, & Steinkrauss, 2022；T. Huang, Steinkrauss, & Verspoor, 2020；Spoelman & Verspoor, 2010；郑咏滟, 2015a；郑咏滟 & 冯予力, 2017)，本研究的研究对象主体是高中生的书面语产出。这些学习者处于中等水平,同时也处在高速发展的阶段。相信通过聚焦这一群体,本书汇报的结果对中国外语学习者的研究能作出一定的补充和贡献。

　　本研究采用了数据驱动的研究方法,基于历时语料库,结合复杂动态系统理论特有的数据分析方法,从群体和个体的层面揭示学习者语言发展的规律。具体采用的研究方法会在后续章节详细阐述,此处暂且按下不表。笔者的团队结合美国高中生 Word Generation 项目的作文题(Jones et al., 2019),收集了 12 次的不限时作文,构建了长期历时语料库,成为本书的主要语料来源。具体的数据收集和数据分析方法在后续章节中将详细叙述。

　　(二)研究思路

　　复杂动态系统理论视角下的研究方法具有其独特性。Larsen-Freeman 和 Cameron(2008)总结了复杂思维建模的思路,图 1.1 展示了实证研究的基本步骤。

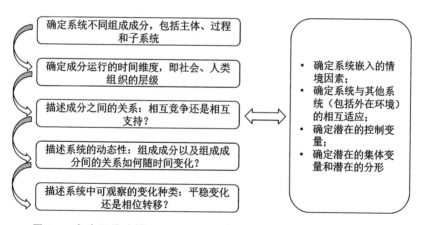

图 1.1　复杂思维建模图示(改编自 Larsen-Freeman & Cameron, 2008)

　　复杂思维建模强调从研究初始便确定需要考察的因素,需要明确系统的组成成分。例如,如果一个研究旨在考察学习者书面语的复杂动态发展,那么研究者需要在研究伊始便确定书面语系统的成分,究竟是研究词汇系统,还是研究句法系统,抑或更高一层的话语系统?研究对象不同,可能会需要选取不同的任务或话题。然而,在一个复杂系统中,很可能会出现多重因素复杂互动,系统自组性导致系统往往呈现非线性发展,所以按照传统的信息处理观点,采用"还原论"

立场预测发展路径,并不适合复杂动态系统的基本观点。Dörnyei(2014)创新提出"反溯法"(Retrodictive qualitative modelling)来开展复杂动态系统理论视角下的实证研究。相异于通常向前指向、基于变量的预测(pre-diction),反溯法提出以系统的最终状态为出发点逆向反溯(retro-diction),找出导致系统演变成该结果的不同成分组态(configuration),建立质性模型。该原则挑战了将多重变量逐一分解、简化后再构建预测性模型的传统"预测性"思路,体现的是复杂动态系统理论秉承的整体观、关联观和浮现观。反溯法的意义还在于能够调和复杂系统中的个体差异与群组规律之间的矛盾。事实上,尽管每个学生均为差异个体,但教师仍能基于对学生的了解对他们进行大致分类,这是因为有一些更高层次的心理原则能够超越种种繁复芜杂的个体差异,成为操纵动态系统发展的更高一层的参数(Dörnyei, 2014)。这类更高层次的参数往往不会在语言发展的初期便浮现,需要等待系统发展到一定程度才能被观察到,因而反溯系统发展路径能够有效确认这些参数或参数组合。

　　Hiver 和 Al-Hoorie(2016)在 *The Modern Language Journal* 上发表论文,系统讨论了复杂动态系统理论实证研究的设计原则。在 Larsen-Freeman 和 Cameron (2008)提出的复杂思维建模基础上,他们提出了"动态集成"(dynamic ensemble)的研究设计模板,包括更具有可操作性的 9 条考量,分布在不同的研究阶段。Hiver 和 Al-Hoorie 以 Spoelman 和 Verspoor(2010)发表的经典研究作为范例,具体阐释了如何将这 9 条考量运用到实证研究中。图 1.2 呈现了"动态集成"的基本原则。

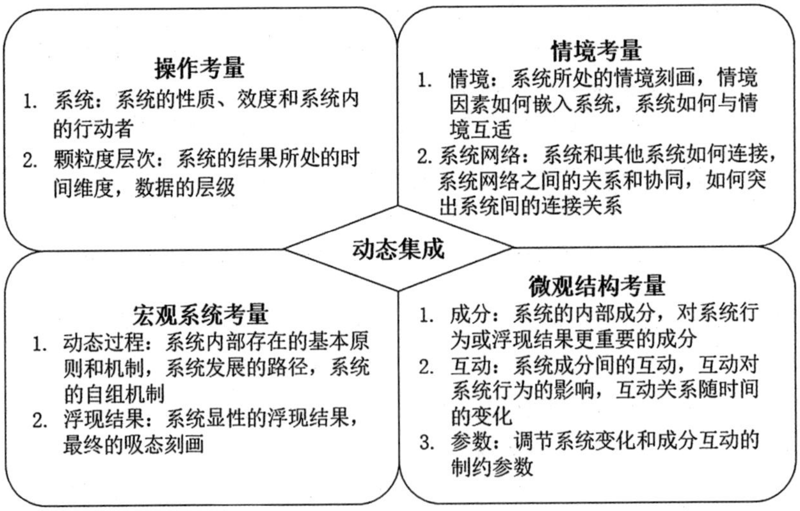

图 1.2　复杂动态系统理论研究的动态集成(改编自 Hiver & Al-Hoorie, 2016:744)

本书阐述的长期研究也遵循这 9 条考量,将在后续章节具体讨论研究设计和研究结果时再次详论,此处不作赘述。

四、本书的意义和创新价值

本书系统阐述了学习者语言系统的复杂性、动态性发展。以关键概念为纵轴,以学习者书面语复杂性、口语复杂性、多语学习动机等研究对象为横轴,铺陈出较为系统全面的中国外语学习者语言发展的图景。本成果突破通常的单外语研究范式,勇于创新研究方法,理论概念与实证数据深度融合,多角度、多层面地呈现复杂动态系统理论在我国外语教学环境中的应用广度和深度。

(一) 本书的特色

1. 理论视角前沿

本成果立足中国外语教学环境,首次将复杂动态系统理论的前沿视角、学习者语言发展的研究对象、小样本追踪和大数据驱动的研究方法整合在一起,系统论述中国外语学习者语言发展。以往的复杂动态系统理论研究切入点往往是具有现象学意义或方法论价值的研究对象,抑或仅仅从理论抽象层面展开讨论。为了有效回应这个问题,本成果以关键概念为主线,各个章节聚焦一个重点概念,结合研究设计、分析方法和数据结果进行阐释,加深理论概念、语言现象和研究方法三者间的深度对话。

2. 内容话题丰富

本成果立足中国外语教学环境,突破了以往大多研究大学英语学习者的局限,将视线转向高中学段、处于中等水平的英语学习者。同时,研究话题涵盖书面语复杂性、口语复杂性等学习者语言的多个方面,既有宏观的理论讨论,也有对具体话题的应用探讨。更具有特色的是,本书还触及双外语学习中的语言表现,拓展了复杂动态系统理论在学习者语言发展研究中的范畴。

3. 研究方法创新

本成果汇报的研究试图在微观小样本研究和宏观语料库研究之间架起桥梁。除了复杂动态系统理论特有的方法(移动极值图、蒙特卡罗模拟、变化点分析等),本课题还积极尝试了许多跨学科方法,例如,引入计量语言学分析方法,考察口语词汇系统与任务复杂度之间的互适;使用复杂网络方法分析学习者句法网络的发展变化;采取发展心理学中使用的差数标准差测量个体内差异。这些方法很多都是在应用语言学和第二语言发展领域首次使用,也为后续研究提供了方法。

(二) 学术价值和应用价值

1. 学术价值

本书内容丰富了复杂动态系统理论视角下第二语言发展的理论内涵。以复杂动态系统理论的关键概念为主线,探索在中国语境中学习者语言发展情境下的内涵,着重阐释了全面联结性、非线性、自组性、互适、软组装、协调结构、初始状态、迭代、分形等概念,落实到中国外语学习者的具体情况中加以分析,积极使用中国传统哲学中的构念和观点将理论本土化,为构建具有中国特色的应用语言学学科体系、学术体系和话语体系作出了一定贡献。

本书内容揭示了中国外语学习者书面语和口语的发展规律,着力探索语言发展背后的机制。本研究成果在群体趋势和遍历合集两个层面均验证了"变化预示发展"的模式;发现了口语词汇系统根据任务复杂度的认知要求产生的协同变化机制;句法复杂度网络发展的拓扑属性的变化状态;多语学习动机的整体性、动态性、关联性;双外语学习者的复杂认知生态系统能够使双外语学习反哺第一外语。

本书积极探索融合创新的方法,展现数据驱动语言学研究的巨大潜力。我们尝试了多样的研究方法,既包括复杂动态系统理论常用的小样本分析法和时间序列分析方法,也包括数据驱动的语料库分析、计量语言学等方法,还创新使用了复杂网络分析等我国外语界尚不熟知的融合性方法。在研究设计中,本书遵循复杂动态系统实证研究的动态集成思路,体现了研究设计的科学性和严谨性。

2. 应用价值

尽管复杂动态系统理论的研究常常更偏向理论探讨,但是本书也注意理论联系实践。本研究成果有助于一线课堂的语言教学。

本研究基于大量的实证研究数据,结合理论视角,针对外语教学现状,提出语言教学的五大主张,特别需要注重语言学习的整体性,不可将听说读写、词汇语法分而治之;也需要注意语言学习的体验性和语境特征,以任务复杂度为抓手,调控语言发展的微环境,从而提升语言教学的效率和效果。从复杂系统思想出发,我们提出应积极利用教学超语的手段,大胆打破语言之间、符号模态之间的界限,最大程度利用学生的整体意义库存,实施更加包容的教育,也能够更好实现语言教学、外语教育的社会意义。

本书的另一特色是触及了双外语学习的复杂动态过程。我们发现,双外语教学从理论上并不会阻碍第一外语发展。因此,课程设置中应多利用多语发展中的 M -因素优化、协调多语系统中本该出现的资源竞争,促成多语系统的资源平衡调配。在外语教学中适当使用"超语"策略和"聚焦多语制"思想,以培养"一精多会"的复合型外语人才,这对我国培养具有国际视野的高层次、复合型国际化人才具有战略意义。

五、本书结构

本书是笔者带领团队自 2018 年以来开展的一系列中国学生英语学习或双外语学习的研究成果。我们力图从书面语发展、口语发展、双外语学习等不同侧面,多角度地呈现我国外语教学环境中学习者语言发展研究的广度和深度,描摹中国语境下的语言学习发展图景。我们认为在讨论应用语言学复杂动态系统理论时,应聚焦具体的现象和问题,厘清亟待探索或洞察的语言发展侧面。因此,复杂动态系统理论研究的切入点往往是具有现象学意义或方法论价值的,而不是仅仅从理论抽象层面展开讨论。换言之,我们必须聚焦与复杂性、动态性密切相关的关键概念。有鉴于此,本书以复杂动态系统理论的关键概念为主线,每个章节聚焦一个概念,结合研究设计、分析方法和数据结果进行阐释,深入探讨理论和实证的融合,希望能为读者全面展现从该理论视角开展实证研究的设计理念和实证步骤。

本章为引言,简要概述应用语言学的超学科范式转移,复杂动态系统理论作为一个超学科范式在应用语言学领域的演进发展历程。同时从研究方法的角度介绍了复杂思维建模、反溯法、动态集成等研究设计原则,为后续内容奠定基础。

第二章详细梳理复杂动态系统理论视角下语言发展的关键概念,并回顾了近年来的研究进展。本章立足复杂动态系统的语言观,着重阐释了全面联结性、非线性、自组性、互适、软组装、协调结构、初始状态、迭代、分形等概念,并对现有的复杂动态系统理论视角下的实证研究进行了系统回顾,为后续章节奠定理论基础。

第三章厘清了语言复杂度的相关概念,包括词汇复杂度、句法复杂度的定义和分类,对二语习得领域主流语言复杂性的相关研究也作了详细回顾。同时,本章也使用一个实例对不同的语言复杂性测量方法进行了比较。

第四章聚焦学习者语言发展的"动态性",着重阐释长期历时研究中观察到的动态起伏。首先,讨论了基于使用的语言习得观,提出这是适合复杂动态系统理论这个发展理论的语言学本体理论。其次,在基于使用的语言发展观框架下,我们通过两项聚焦学习者书面语发展中词汇复杂度和句法复杂度发展的实证研究,使用了语料库工具和小样本历时追踪统计手段,分别从群组和个体发展路径两个维度展现了语言发展的动态性。尤其通过历时追踪两名学习者在密集的读写过程中的发展,构建了一个语言发展阶段的连续统图示,不同的学习者实际上处于不同的书面语发展阶段。

第五章聚焦复杂动态系统理论中的关键概念"变异性",指的是学习者个体内部非系统的自由变化程度。本章讨论了个体内的变异性不应视作"噪音",而是发展的本质特征,包含了丰富的发展信息,因此需要采用一定的数据手段量化变异性;讨论了变异系数(CoV)和差数标准差(SDd)两种不同的计算手段,并且通过历时研究探讨了两种计算手段的差异,结果表明,SDd 由于涵盖时间的迭代性,能够更全面、准确捕捉发展的轨迹形态,更适合具有多样性的较大样本。而从变异性角度切入,试图回答复杂动态系统理论学者一直试图解决的"遍历性"问题(ergodic problem),即群组趋势是否能够推及到个体发展路径。这实际上是学界一直试图解决的问题,我们认为通过使用适切的变异性数值,能够找到高度相似的子群,从而在群体组间趋势和个体发展路径之间搭起一座桥梁。特别值得一提的是,我们在群体趋势和遍历合集两个层面都验证了"变化预示发展"的模式,高变异度伴随着高发展幅度,不存在没有变异而发展的情况,也不存在高变异却没有发展的情况。

第六章探讨第二语言的复杂动态系统如何与环境互动,以此阐释复杂动态系统理论中关键概念的"互适性"。围绕学习者语言系统和任务复杂度微环境之间的"互适",我们尝试探索在主流二语习得研究范式下开展复杂动态系统理论研究的可能路径,通过对大型口语语料库数据进行任务复杂度的事后分类和数据重新分析,揭示任务复杂度与口语词汇系统之间的互动模式。任务复杂度对学习者的认知资源提出不同要求,因此不同水平的学习者的口语词汇系统产生了相应的协同变化。本章的研究创新使用了计量语言学的相关概念和指标,表明数据驱动型语言学研究在二语习得研究中的巨大潜力,也为衔接计量语言学和二语习得研究打开了思路。

第七章旨在探讨复杂动态系统的"复杂性"。在之前的范围性综述中,我们提出现有的复杂动态系统理论研究重心多为揭示语言发展的动态特征,但是可能囿于方法限制,对复杂性的关注还不足。为了突破这个难点,本章创新采用了复杂网络方法,模拟了中级水平学习者的句法复杂度网络发展模式。网络科学近年来迅猛发展,也得到了大数据科学的助推,因此运用在复杂动态系统理论研究中水到渠成。本章的一项复杂网络句法发展研究突破了以往使用皮尔逊相关性计算指标间两两关联的范式。基于网络的拓扑属性计算了网络密度、连接强度、节点度、中心节点等指标,初步描摹出学习者句法复杂度网络发展的大致轮廓,也对句法发展的三阶段假设提出了一定的修正。句法复杂度的三个阶段并非清晰可分,而是相互重叠,表现为网络通路的疏密和中心节点的变化。网络路径进入二语发展研究,首次将复杂动态系统理论中强调的"复杂性"从"隐喻"转化成可计算、可模拟的现实,具有较大的方法论启示。

第八章探讨在双外语学习环境下学习者的多语系统的复杂性、动态性。本章详细讨论了多语发展的动态系统、多语系统的整体性和多语制的社会文化属性,阐释了复杂动态多语系统的内涵和外延。从该理论视角重构了多语研究,强调了多语者不等于若干个单语者的简单相加,并介绍了"多语动态模型"和"聚焦多语制"两个概念框架,最后立足多语发展的整体性、复杂性和动态性,展现了一项实证研究。该项研究从句法复杂度的角度切入,首次对比了双外语学习者和单外语学习者的第一外语(英语)书面语句法复杂度这一客观语言形式指标上的发展模式异同,并探析双外语学习对第一外语学习产生的影响。研究结果揭示双外语学习者在同时学习两门外语时形成了特有的复杂认知生态系统,并能够调动、协同更加丰富的认知资源和动机资源,因此双外语学习能"反哺"第一外语,并不会阻碍第一外语学习。通过本章论述,我们认为在复杂动态系统理论视角下展开多语能力发展追踪研究,是未来具有巨大潜力的发展方向。

第九章回到复杂动态系统的方法论。通过之前章节对复杂动态系统重要概念的阐释、应用实例的展示,不难理解方法对理论推进具有关键性作用。因此,推进该理论的发展有必要将方法创新放在至关重要的地位。本章提出复杂动态系统实证研究的三大设计原则——历时追踪、情境交互、反溯建模,并在每条原则下都辅以实证研究设计的评析。笔者接着提出,复杂动态系统理论兼收并蓄的立场要求在方法论实施时,并不是简单混合量化或质性方法,而是需要在历时追踪、情境交互、反溯建模这些大的基本原则指导下展开的一种"融合性"方法设计。最后通过聚焦 Q 方法这项典型的融合法,阐释了融合法的优势和潜力。

第十章为全书总结,立足本书的实证研究成果,讨论了复杂动态系统理论在教学中的应用。先讨论了复杂动态系统理论中如何思考语言课堂的生态性、复杂性,概括总结了符合该理论的语言教学原则;接着,基于本研究成果,提出了中国外语环境下的五点教学主张;最后,本章提出在第二语言发展中研究复杂动态系统理论,努力推进应用语言学与其他社会学科、自然科学的对话与交流,反哺应用语言学和第二语言发展研究。

第二章 复杂动态视角下语言发展的
关键概念与研究回顾

　　社会科学的核心在于研究人的行为和互动。复杂动态系统理论作为超学科的元理论,在应用语言学领域的发展势如破竹。复杂、动态的语言习得既不是单纯的认知语言学或心理语言学的过程,亦非纯粹社会文化或社会政治的过程,而是多重资源(例如心理资源、认知资源、社会文化资源等)在多层次、多维度持续互动的流动过程(de Bot et al., 2007)。但是,不可否认的是,复杂动态系统理论毕竟源自生态学、气象学、数学等自然科学学科。大部分应用语言学研究者接受的是人文社科训练,因此在真正接触到该理论后往往觉得力有不逮。复杂动态系统理论作为跨学科的理论视角,概念艰涩、体系庞杂,很多术语对应用语言学研究者来说都十分陌生。与此同时,该视角下的研究设计和方法也缺乏现成蓝本。如果不能延续使用一些传统的应用语言学研究方法,更会让研究者感到无从下手,有心无力。考虑到这些原因,本章将介绍复杂动态系统理论的关键概念,并对近年来在该理论视角下开展的国内外实证研究进行系统性综述,为后续章节奠定理论基础。

一、复杂动态系统理论视角下的二语发展

　　众多学者现在已经达成共识,复杂动态系统理论应被视为一种"元理论"(metatheory)(Larsen-Freeman, 2017),为语言本体、语言使用和语言发展奠定了本体论和认识论的基础(Hulstijn, 2020)。从本体论看,复杂动态系统理论认为语言是复杂自适应系统,在动态变化中展现稳定性(Ellis & Larsen-Freeman, 2009)。语言使用是一个互相适应的迭代过程,语言使用者不断与其所处环境和对话者相互适应,以此实现他们的意义潜势(meaning potential)(ZhaoHong Han, 2019)。语言发展是非线性的涌现过程,既包含从局部到整体的建构,也包括从整体到局部的限制(de Bot, 2008)。

　　复杂动态系统理论视角下的语言研究,势必与传统的语言学和应用语言学研究有所差异。与传统认知视角不同,复杂动态系统理论学者的出发点是系统

性思维(Larsen-Freeman,2015),也就是说,人类世界的万事万物相互关联(关联性原则),也不断变化(适应原则)(Hiver, Al-Hoorie, & Evans, 2022)。因此,复杂动态系统理论视角下的语言系统、语言使用、语言发展也是一个植根于情境和动态发展框架下的系统性现象。系统性思维要求我们务必扬弃现有的以牛顿经典思维为基石的固化观、还原论和二分对立,而寻找更适合复杂动态系统理论思维的新的方法论体系。Hiver 和 Al-Hoorie(2016:752)提出复杂动态系统理论视角下应用语言学研究的核心目标应分为三层:第一层,在不同的描述层次上呈现和理解具体的复杂系统;第二层,识别和理解复杂系统的动态变化模式、涌现的结果和环境中的行为;第三层,追踪、理解产生这些模式的复杂机制与过程,并尽可能对其建模;第四层,捕捉、理解并应用相关参数,对系统行为产生影响。为了能够达到以上四个层次的目标,我们首先需要全面、深入理解复杂动态系统理论涵盖的关键概念。

(一) 复杂系统的全面联结性

全面联结性(complete interconnectedness)指的是在一个复杂动态系统中所有的变量均相互关联,一个变量的改变会影响其他变量,甚至会影响到整个系统的行为(de Bot et al., 2007)。这便是前文所述的关联性原则。这种关联性的认识论事实上与中国传统认识论中的整体观相合,我们自古以来就有"牵一发而动全身"的说法。因此,传统认知范式强调的二元论、还原论和局部线性因果观与全面联结性并不匹配。

首先,复杂动态的语言系统内部具有全面联结性。Larsen-Freeman(1997)最早提出第二语言系统是复杂自适应系统。之后的一系列论述文章均在阐释这一点(Ellis & Larsen-Freeman, 2009; Larsen-Freeman, 2015; Larsen-Freeman & Cameron, 2008a; Lowie & Verspoor, 2015):语言系统持续经历共时与历时的变化。语言系统分为若干个子系统,包括语音、句法、词汇和语义,子系统之间不断交互,导致语言系统发展遵循非线性路径,有时甚至是混乱的、无法预测的。由此可见,尽管从操作层面上二语研究者往往会将语言的不同层面分别研究,但是事实上这些层面不断互动、相互塑造(郑咏滟 & 冯予力,2017)。由于系统的资源有限而无法平均分配,有些子系统形成关联生长点(connected grower),互相支持各自发展;而有些子系统成为竞争生长点(competitive grower),相互争夺资源而呈现出此消彼长的关系(Van Geert, 1991)。例如,实证研究表明语言系统的不同层面存在明显互动关系。Verspoor et al. (2008)发现词汇多样性和句子长度呈现出竞争关系,属于竞争生长点;Spoelman & Verspoor(2010)则发现词汇复杂度和名词词组比例、词汇复杂度指标和句子复杂度指标存在互相支持的关系,属于关联生长点。

其次,语言内嵌在整体的认知系统中,而这个认知系统又是内嵌入个体的身体与心智系统(Lowie & Verspoor, 2015)。因此,将语言视作内嵌在整套认知系统中的子系统,意味着语言发展的本质在于符号系统和具身认知的发展。举例说,语音生成需要成熟的发音系统,学习者必须学会口腔各部位的协调方能正确发出某些语音。同时,语言生成也会与说话者的手势、面部表情等协调,因此语言和手势之间也存在非常强的关联性。Larsen-Freeman 和 Cameron(2008)提出,认知是一种具身行为,与个体历史盘根错节、不可拆分。正因为如此,语言应该是一种所有使用者共同参与的过程,我们的心智、大脑和语言之间是一种共同塑造的关系,大脑不是语言的容器。事实上,这个观点体现了复杂动态系统理论视角下语言本体观重构,强调了语言使用的重要性,即语言、语言习得、语言使用都是各个子系统交互涌现的结果。

再次,语言学习者也处在全面联结的生态系统中。de Bot et al.(2007:2)提出,语言学习者本人也可以视为一个复杂动态系统。学习者首先具有一套认知子系统,包括意图、认知、智力、动机、母语和二语资源等。同时,认知子系统也与学习者所处的社会子系统息息相关。社会子系统是学习者所处的环境,包括语言接触程度、发育成熟度、受教育程度等。系统内部的资源能够互补,比方说较高的语言动机能够弥补较低的外语学能。Van Geert(1991)论述道,学习者自身携带的资源是一种“内在资源”(internal resources),包括学习能力、信息处理能力和动机资源;学习者以外可获得的资源是“外部资源”(external resources),包括空间环境、投入学习的时间、外部信息资源、物质资源等。另外,学习者的环境也包括学习者或语言使用者之间的主体间性形成的空间(inter-subjective space)。从这个角度我们可以理解为,学习者实际上内嵌在一个内外资源相互流动的网络中,他们需要有效协调不同种类的资源,从而促进自身的语言学习。

复杂动态系统的全面联结性与传统认知范式的本质区别在于前者对环境(context)的论述。如上文所述,复杂动态系统理论反对经典牛顿思维的主客体二分对立,强调环境是系统不可分割的一部分(Larsen-Freeman & Cameron, 2008:34)。她们进一步解释道,语言学习和语言使用的环境包括学习者本身带入语言活动的多重环境,比如他们的认知环境(例如工作记忆)、文化环境(例如文化中教师角色和学习者角色)、社会环境(例如师生关系)、物理环境、教学环境(例如学习任务、教材教法)、社会政治环境等,不一而足(Larsen-Freeman &

Cameron，2008：204)。这些不同的环境交织在一起，构成复杂的、动态的、自适应的生态系统。开放的系统不可能独立于环境存在，系统和环境之间必定有能量或物质的流动，因此系统不断适应环境改变的结果可能是达成动态平衡，也可能是内部重组。

基于该观点，Larsen-Freeman旗帜鲜明地反对现存于主流二语习得研究中认知视角和社会文化视角的分裂。她认为语言发展既是认知的，也是社会文化的，本质上是学习者与环境的交互。因此，"语法是后现象、交际过程的副产品。它不是学习者需要习得的规则与目标形式的集合。相反，语言无关乎拥有，只关乎使用，关乎参与一切语言使用的社会经历"(Larsen-Freeman，2002：42)。换句话说，研究语言发展必须将语言本体、语言学习者都置于一个具体的时空环境中，切实将环境融入到语言发展研究中。环境不再是语言发展研究中可有可无的背景因素，而应视作发展的有机组成部分。

（二）复杂系统的非线性

Byrne和Callaghan(2014：18)在系统论述复杂系统与社会科学研究的专著中写道：

> 线性思维是牛顿科学的基石。线性思维下，所谓的科学描述指的是使用参数的数值去描述某个事物的现状，且这种描述放之四海而皆准，而且如果参数数值一旦变化，事物的状态随之变化。

但是，线性思维并不能描述复杂系统的行为。由于复杂系统内部由多个元素组成，且在不同层面互动、变化，因此复杂系统的行为变得不可预测，发展路径呈现非线性状态。换句话说，复杂动态系统的行为不能以传统的线性因果方式来描述(例如，动机导致成就)；相反，我们必须接受系统的行为结果取决于系统成分的整体组合，即所有相关因素如何共同发挥作用(Dörnyei，2014)。这些系统成分之间的关系也很可能是非线性的；也就是说，不同成分之间的互动关系导致的结果与个体成分之间的输入并非比例关系(Lowie & Verspoor，2015)。从另一个角度说，一个原因可以导致多重后果；反之，多个原因也可能导致相同的后果(Larsen-Freeman，2017)。

Larsen-Freeman和Cameron(2008)在描述复杂系统的关键特征时指出，复杂系统的行为从其组成成分的互动中涌现，所以涌现的行为常常是非线性的。也就是说，结果与起因不成正比。用俗话来说，有时候"事半功倍"，也有时候"事倍功半"。Larsen-Freeman和Cameron用温室效应作为事例，有时候全球平均气温仅仅上升一度，有可能会导致生态系统的巨大变化。de Bot et al.(2007)则用了较为通俗的"蝴蝶效应"来解释。"蝴蝶效应"这一个隐喻提法来自于气象学家Edward Lorenz,1972 年在华盛顿召开的美国科学年会上,他发表了一篇题为"预测性:巴西的蝴蝶扇动翅膀,会不会造成得克萨斯的龙卷风?"的文章。蝴蝶扇动翅膀代表着系统初始状态的细微变化,而得克萨斯的龙卷风则代表着系统的大规模改变。因此,"蝴蝶效应"也代表输入和输出不成比例的状态。正是由于系统的非线性,在研究复杂动态系统时,不能再简单沿用传统认知范式中一次性的研究设计(one-off research design),或简单描摹输入和输出之间的关系①。

　　系统内部组成成分、系统和外部环境的复杂互动,都导致系统发展的路径无法被简单预测,也并不遵循固定的路径或阶段。因此,Lowie 和 Verspoor(2015,2019)专门讨论为什么群组趋势无法推及个体发展。著名的发展心理学家 Van Geert 在 2014 年受邀参加由 de Bot 教授和 Larsen-Freeman 教授组织的美国应用语言学会年会的专题讨论 From Universality to Variability in Second Language Development,他在演讲中对发展作出了三个维度的区分(Van Geert,2014,March)。第一个维度的系统内部成分之间互动塑造了第二个维度个体学习者的发展路径。这两个维度代表了语言发展的动态因果性网络(dynamic causal network),网络内部不同的变量随着时间变化,时而正向耦合,时而负向耦合,网络关系也不断改变,表现为个体学习者发展模式中呈现出的变异性(variability)。同时有第三个维度——个体学习者之间也存在个体间差异(variation);即使面对同样的变量,不同个体作出的反应也是不同的,这就在群组层面上构成了不同的动态因果性网络。举例来说,即使处于相同学习环境、同一个班级的学习者,由于他们的个体认知条件、学习历史、未来愿景等之间的差异,最终呈现的语言学习发展路径依旧大相径庭。这便是在复杂动态系统理论中经常提及的个体内变异(intra-individual variability)和个体间差异(inter-individual variation)。

　　复杂系统的非线性也对传统牛顿经典思维的简单线性因果论和还原论提出若干挑战(Hiver, Al-Hoorie, & Larsen-Freeman, 2022; Larsen-Freeman, 2017)。

　　第一,简单的线性因果论不再是复杂动态系统理论实证研究追求的目标,还原论也无法为复杂动态系统的全面联结性提供令人满意的解释。还原论认为系统就是其部分加起来的组合,所以该方法论的核心就是把一个现象拆解成部分,甚至是最小可分的成分,逐一研究。但是,复杂系统的全面联结性认为,系统的整体大于所有成分的组合,因为成分之间存在不同层次的互动。同理,由于系统

---

① 中国传统思想中也有观点涉及了复杂系统概念,例如出自《易经》的"差之毫厘,谬以千里",意思是开始时虽然相差很微小,结果会造成很大的错误。本质上,这句话描述的也是"蝴蝶效应"现象。

成分间的关联和互动,简单追求一一对应的因果观也不符合复杂系统的实际情况。如上文所述,在复杂系统中,一个原因可以导致多重结果,而多个原因也可能导致一个结果,因此研究复杂系统势必挑战简单线性因果论和还原论。

第二,使用群组平均值代表个体发展的做法也不再可行。组间平均值很可能与个体的发展数据完全不同,因此我们需要一种创新的方法能够以个体为基础来研究语言发展。尽管从群组层面上看,语言发展的确遵循了一定的、明确可辨的阶段,但是这并不意味着个体就必须遵循这些阶段。Lowie 和 Verspoor(2015)提出一个非常具有创新性的观点,即我们作出的观察实际上受到了使用方法的限制。使用随机抽样、组间平均这样的方法,只能发现群组层面的趋势;但是如果我们感兴趣的是个体学习者的长期发展,那必须使用历时设计和非线性的分析方法。后续章节在讨论复杂系统的变异性时还会继续针对该点展开。

(三)复杂系统的自组性

"自组织"(self-organization)是与系统的非线性发展相关的另一个关键概念。Kelso(1995:xi)将其定义为**开放的、非稳态的系统自发形成的模式和模式变化。**Evans(2007:132)对其定义为系统中多个异质部分的合作导致一致的复杂模式化行为,由此自发地涌现复杂的行为形式。宏观层面(即"整个"系统)通过时间的适应性是基于系统组成部分的局部适应性行为,其特点是自组织和涌现——新颖和一致的模式和属性在自组织过程中产生(Van Geert,2008)。

自组织这一概念非常重要,它揭示了为什么复杂性并不等同于杂乱无章,而是有模式可循的。举例来说,二语习得研究历来强调个体差异,通常使用个体差异来解释最终取得的成就为何不同。作为教师,我们也清楚地意识到,不同的学生一定是各有不同,但是经过几年的教学实践和经验积累,我们往往可以对一个班级的学生作出大致分类。这种分类的结果可以视作个体的学习者系统与班级学习环境互动后产生的自组织结果。换句话说,尽管复杂系统又被称作"混沌"系统,但混沌并不等于混乱,研究的最终目的是寻找、揭示、分辨相应的发展模式。研究系统的自组织行为是达到这一目标的有效途径。Dörnyei 在描述动机系统发展时指出,自组织解释了一个动态系统的流动、瞬时和非线性的发展过程如何随着时间的推移能够最终凝结成模式、技能和心理图示(2009)。这也就意味着复杂系统是可以被研究的(Dörnyei,2014),具有现象学效力(phenomenologically valid)(Hiver & Al-Hoorie,2016)。

系统的自组织通常会使系统最终稳定在某种状态,这种状态被称作"吸态"(attractor state)。**从时间维度上理解,吸态是系统较稳定的状态,与之相对的是**

"斥态"(repellor state),指的是系统急剧波动的状态。吸态是系统偏好状态,也就是说,系统经过发展后往往会进入吸态中。但是吸态并非一成不变,而是取决于吸引子(attractor)的强弱。我们可以把地心引力想象成一种极度强大的吸力,某件物品向下坠落便是复杂系统进入吸态的过程。当然,如果有外力介入,将物品向上抛去,那么该物品也就进入了斥态。Hiver 和 Papi(2020)将吸态的概念运用到动机研究,他们认为由二语动机带来的学习兴趣实际上是动机系统自组织发展的结果。动机吸态代表着系统逐渐稳定在动态平原的峡谷处。复杂系统随着时间推移,达到动态平衡,呈现出具有本质区别的动机模式,这种动机模式并不能通过单独观察各组成部分被掌握或了解。在人类和社会世界中,自组织带来的涌现模式是复杂性观点的核心所在(Hiver & Larsen-Freeman, 2020)。

系统稳定在吸态之后,往往需要外力推动才能进入下一个状态。这种外力被称为**"控制变量"**(control parameter)。Larsen-Freeman 和 Cameron(2008)认为,并不是所有的系统变量都能被称作控制变量,**只有那些对系统产生重大影响、推动或改变系统行为的变量才能被称为控制变量**。在语言学习中,她们认为学习动机可以被视作一种强有力的控制变量,能够帮助学习者绕开吸态而保持发展的动力。Baba 和 Nitta(2014)讨论学习者写作流利度时也提到,任务重复(task repetition)也可以成为一种控制变量,帮助学习者能够突破写作平台期,跃升到下一个稳定的吸态。中国学生的二语动机水平发展研究表明,中国特色外语学习环境中的利益攸关考试是动机系统的控制变量,一到面临考试的节点时,学生的动机水平都会有较大飞跃(戴运财 & 于涵静, 2022)。

从一个吸态进入另一个吸态的过程往往不是平稳过渡,而是突然跳跃,这便体现了系统发展的非线性。Baba 和 Nitta(2014)区分了复杂系统的两种变化:连续变化和不连续变化。当一个动态系统突然从前一个状态改变成另一个状态,那么这种不连续变化是系统重组进入更高层级的表现,即相位转移(phase transition, or phase shift),定义为通过系统本身固有的持续过程,出现新的形式或特性(Lewis, 2000)。Baba 和 Nitta(2014)提出四条标准判断系统是否经历了相位转移:突然跳跃,反常差异,分岔,以及吸引子的质的变化。与此同时,相位转移的前后均表现出系统的波动,尽管每个个体发展路径中的波动长短各有不同。

举个语言发展的例子。我们可能会发现经过一段时间的学习,学习者反而准确度下降,错误越来越多,并没有如预期那样稳步提高。如果用相位转移的观点来看,可能这段时间恰恰是学习者语言系统正在经历重组,系统处于急剧波动的斥态。如果能够加大输入,或者辨识出导致系统重组的控制变量而予以加强,很可能达到事半功倍的效果,推动学习者语言进入下一个更高层级的吸态。但是,如果此时教师简单认为这是某种教学方法的失败,或没有起到应有的作用而放弃,反而会错失系统发展的关键期。

"自组关键点"(self-organized criticality)是与相位转移相似的另一个概念,指的也是系统的突然变化和重组。这个观点由丹麦物理学家 Per Bak(1996)提出。他用沙堆的塌陷作为例子。当一座沙堆突然塌陷时,其实我们并不能判断究竟是哪一粒沙子造成了这种结果。因此我们观察到的自组关键点实际上是系统的整体行为,而非系统成分的独立行为。de Bot(2008)将这个概念运用到二语发展中。他的观点是,二语的输入或许并不会导致系统稳定、渐进的发展,而是会积蓄到一个关键点之后促使系统产生突然的大规模重组,从而进入下一个发展阶段。Papi 和 Hiver(2020)通过追踪伊朗英语学习者的个体生命史,发现在不同的人生时期他们都经历了自组关键点,在该过程中根据不断变化的环境要求重新定义、组织和协调他们的学习目标。

换言之,尽管复杂系统又被称作"混沌"系统,但混沌并不等于混乱,通过自组织,复杂系统将会凝结成可被辨认的模式,即为秩序的"涌现"。Thilbaut(2011)提出的"分布式语言观"从语言本体角度回应了语言形式的"涌现"。他认为,语言分为两个层次:第一层称作一阶语言实践(first-order languaging),包含了多个时间维度的实时的语言沟通事件,即为微观尺度上具体的语言使用实例;一阶语言实践必须放置于具体的互动环境中理解,在这个层面上语言不是预先存在的语码系统,而是供使用者激活的符号库存。第二层称作二阶语言(second-order language),即"在更漫长的文化时间尺度上形成的稳定的文化模式"(Thilbaut,2011:216)。换言之,宏观尺度上的二阶语言是可以观测到的稳定模式,即词汇语法模式,是微观尺度上的一阶语言实践实例"涌现"的产物。表面上杂乱无章的语言使用(一阶语言实践)通过语言系统的自组织进入"吸态"(即系统较稳定的状态),凝结成词汇语法形式(二阶语言),同时这些词汇语法形式进而引导或制约新一轮的语言实践。

(四)互适、软组装与协调结构

"相互适应"或"互适"(co-adaptation),这一关键概念描绘了复杂系统之间或者复杂系统与环境之间的互动联系。Larsen-Freeman 和 Cameron(2008:202-203)将互适定义为**"两个或两个以上复杂系统的交互作用,相互依据对方的变化而作出的适应性反应"**。复杂系统反对简单线性因果观,倡导多种因果(multicausality)或互为因果(mutual causality),互适体现这种本体观。一个系统会导致另一个相关系统的变化,同时另一个系统也会与之交互。Larsen-Freeman和Cameron在她们的论著中,用语言学习和语言测试之间的关系举例说明。利益攸关考试具有反拨效应(washback effect),使得教师和学校改变他们的教学策略,因而改变学生的语言学习路径;但是学生的语言水平同时又会反哺考试改革。如果希望某个重要技能得到学校教学的重视(例如口语表达),可以在考试中加大口语测试的比重,也能够促成学校教学的互适行为。另一个例子是课堂互动。如果将课堂视为一个复杂系统,那么教师和学生、学生同伴间的互动都展现出多个层面的互适特征。通过互适行为,系统的模式得以从繁杂纷乱中涌现。

　　系统的互适过程可以用"软组装"(soft-assembly)这一概念加以概括。Thelen和Smith(1994)在儿童发展研究中最早对其概念化,研究发现婴儿学会用手够物的动作均是回应具体任务变量的属性。换句话说,该动作的发生并不是事先编入的程序(hard-wired),而是婴儿根据任务、自身发展的水平和当时当地的情境等具体情况,现场组装多样资源而作出的反应(soft assembled)。也就是说,该种能力也会随着任务需求的不同而改变。Larsen-Freeman和Cameron(2008)套用了"软组装"来描述语言学习和语言使用,她们认为学习者有意识地使用语言资源回应交际压力,才促成了语言实践。软组装的策略也促成了对话者之间的互适。从这个角度看,语言习得并不遵循固化不变的顺序,而需要更充分地考虑到学习者自身的学习水平、具体的情境特征等。

　　"软组装"对研究复杂动态的语言系统有所启示。无论是语言发展,还是学习者特征,都是植根于情境的、具体的,而非抽离的、真空的。正因为如此,传统牛顿经典思维的主客体分离的二分法不再适用。所有复杂系统都是嵌入在具体情境之中,难以脱离情境因素而讨论孤立的发展现象。例如,Larsen-Freeman(2015)在讨论学习者动机时论述道,动机并不应视为学习者心智内部固定不变的特征,并不存在事先编入的、独立于环境的动机系统。所以,我们不能假设学习者的动机在任何情境下都能随时被激活或即刻上线。相反,他们的动机机制包含了学习者系统与环境的互适,而且只能在具体的情境或任务中体现出来,同时也取决于学习者自身拥有的工具和资源。

　　"协调"(coordination)或"协调结构"(coordinative structure)从另一个角度论述了复杂系统的互适行为。复杂系统持续不断地重组其内部成分,并根据外界的变化作出适应性反应。Kelso(2014)将"协调结构"定义为**具体系统成分与环境的耦合关系**。他认为主体与环境是一个整体的、共同进化的系统。不难看出,此处的共同进化便是上文所述的互适。也可以把这种"协调结构"理解成为一种功能性的协同(functional synergies)(Kelso,2016)。Papi 和 Hiver(2020)认为,"协调结构"描述的是一种暂时性的关系,复杂系统具体成分和环境之间的耦合关系并不是固定不变的。同时这种协调结构也催生了适应性互动,是推动系统进一步自组发展的重要动力。Lowie 和 Verspoor(2015)也指出,语言子系统之间的动态协调产生了学习者个体内差异,这些个体内差异恰恰体现了系统的自组发展,也是标志系统即将跃升的关键信号。Larsen-Freeman(2017)由此提出,个体发展过程中的差异实际上与稳定的吸态同等重要,因为前者体现了个体与环境的协调互适过程,也在过程和结果中架起了一座桥梁。通过洞察他们在环境中的具体经历,学习者作为复杂自适应系统能够预测到一定的关系,这些关系可能会带来什么后果,并且采取行动以适应不断变化的环境。尤其需要注意的是,所有对"协调"或"协调结构"的论述都强调该种关系或结构的暂时性。也就是说,它会随着环境改变、时间推移而重新组合,充分显示了复杂系统实际上是内嵌于一个时空连续体(space-time continuum)之中。因此,复杂系统的核心就是语言能力来自于软组装,而非事先编码的硬连接。

在后续论述中,Larsen-Freeman(2019)认为人的能动性便来源于主体(例如学习者自身)和结构(例如外界环境)之间的迭代互动,而且这种变化是共时发生的,也是双向影响的。她引用了 Kelso(2016:491-492)的一段经典论述:

> 复杂系统能够通过软组装,以情境敏感的方式形成功能性协同或协调结构,这个过程为重要的选择优势提供了启示。协调性结构是功能等价原则的体现:他们能够有效处理生物体的简并性,使用元素的不同组合在"运行过程中"形成性的通路,但同样能达到同样的效果。

从这个角度来说,人只有意识到环境的变化,后续才有可能发展出能动性。这是因为,主体意识到了环境因素或时间因素的改变,相应地开始调整自身行为以适应这种变化。

人与环境的互适、协调结构和软组装能够揭示语言发展中的一些特别有趣的现象。美国麻省理工学院媒体实验室的认知科学家 Deb Roy 在 2011 年的 TED 演讲 The birth of a word("一个单词的诞生")中描述了他两岁的儿子如何开口说出第一个单词"water"。刚开始的时候,孩子一直使用"gaga"两个音节来表达水的意思,可是半年之后突然有一天他可以清晰地吐出"water"两个音节。Deb Roy 通过回看家庭录像后发现,这个词的发音前后,恰恰对应的是照顾孩子的看护人简化语言输入,尤其突出"water"两个音节的时间节点。而且,不仅是"water"一词的发音经历了这样的过程,孩子所有第一次正确发音的单词都经历了同样的过程。从复杂系统理论角度解释,正是孩子的发音需求、各种准备条件、认知发育水平等和看护人简化的语言输入形成了协调结构,促使孩子的语言系统突然跳跃到了另一个阶段,成功地正确使用、产出了第一个单词。换句话说,单词的诞生并不是事先编码在孩子大脑中的任何一种先天机制的映射,而是孩子根据现时现地的需求,软组装所有能够获取的资源,达到系统协同后成功使用了语言结构。

(五)复杂系统的初始状态、迭代和分形

动态系统具有五大关键特征(de Bot, 2017):系统和成分间持续互动、系统依赖初始状态、系统发展的非线性、系统发展依赖资源、系统的迭代发展。本节将着重讨论初始状态和迭代发展。

复杂动态系统是开放的、自组织、自适应的,同时也非常依赖其初始状态。"蝴蝶效应"即描述了系统初始状态的细微变化可能引起后期的巨大扰动。但是同时,系统也可能吸收扰动,不产生可见的变化。系统的初始状态本身也处于不断变化的迭代过程中,系统此刻的发展取决于其上一刻的状态。换言之,系统的各个状态不是割裂、离散分布的,而是环环相扣,逐步推进。Larsen-Freeman 和 Cameron(2008)用对话分析的动态过程举例,展开对话的两人各自都带有其自身拥有的历史、意识形态和语言文化资源,在话轮的转换中逐步推进对话的展开。

传统第二语言习得研究中的母语迁移可从复杂动态系统理论的角度重新阐释。由于系统极度依赖初始状态,二语学习者的母语背景就可以视作其初始状态。他们以往处理母语输入的经验会自然而然地带入二语学习,有可能是优势(例如正迁移),但也有可能阻碍二语学习(例如负迁移)。举个例子,从基于使用的语言学角度上说(Tomasello, 2006),语言知识是不同程度图示化的自动模式,因此母语对二语来说是一把双刃剑。母语的构式可以为二语构式习得奠定基础,只需要在某些具体的词汇或形态方面稍加调整,但是即使相似的构式在不同语言中也可能存在细节差异,因此母语又会阻碍二语构式的习得(Bybee, 2008)。

与此同时,我们也应该意识到,由于初始状态本身也会改变,所以随着二语学习体验增加,也会反过来影响到母语的状态,也就是通常理解的逆向迁移(back transfer)。例如,长期生活在二语环境中可能会导致母语退化,也可能导致母语带有二语口音;在多语习得研究中也发现,后习得的语言受到先习得语言的影响与限制,但是同时又会影响先习得的语言。因此,语言之间的影响非常常见,也从侧面说明语言系统相互关联、互动,语言之间的界限并非泾渭分明。

然而,在实际操作中很难确定绝对意义的初始状态。因此,Verspoor(2015)认为,**初始状态的操作化定义可以是开始测量时各个子系统的状态。**在语言发展研究中,研究者需要仔细辨析各个语言子系统在初始测量的时候,究竟是正处于较为稳定的吸态还是较为动荡的斥态。

由于系统依赖初始状态,因此系统的发展具有迭代性特征。Thelen(2005)论及:"每一时刻的每一行为都是环境背景与历史的涌现产物,没有任何成分具有因果优先权。"换言之,在复杂系统中没有简单线性关系,也不存在单向因果(Verspoor & Van Dijk, 2013)。因果相互作用,循环迭代。学习者语言发展过程中每一刻的状态都取决于上一刻的状态和当下特定的环境(Verspoor, Lowie, & de Bot, 2021)。由于学习者各自和环境的互动协调有所不同,因此个体发展的路径很难是固定不变、符合预设的,也由此产生了个体的变异。

复杂系统发展的另一概念是"分形"(fractal)。分形最开始是一个数学的概念,由数学家芒德布罗(Mandelbrot)提出,指的是**一个粗糙或零碎的几何形状,可以分成数个部分,且每一部分都(至少近似地)是整体缩小版的形状。**因此,分形描述的是不同时间尺度上的自相似性(self-similarity)。英国的海岸线就是一个很好的分形的例子(de Bot et al., 2013),自然界其他分形的例子还包括朵、蕨菜、海岸线、河流三角洲、星系和花椰菜(Larsen-Freeman & Cameron, 2008a)。这些例子中,无论是从整体尺度观察,还是近距离微观观察,都具有同样程度的不规则性。在有些分形中,每一个尺度上的形状和它上一层尺度的形状具有自相似性,就好比花椰菜的小菜花和整个花椰菜具有相同形状,每个小菜花内部的形状也是相似的。

de Bot等(2013)提醒我们,分形的概念涉及系统发展的时间尺度(timescale)。系统发展不仅分布在不同的空间中,也分布在不同的时间尺度上,具有时空性。他们提出,语言发展贯穿以十年、年为单位的生命史,但是在更短的时间区间,例如月、周、日这样时间单位上的发展,也显示出变异和模式。更重要的是,时间尺度之间也是互相影响的。在宏观尺度上的语言停用,也会对微观尺度上的心理语言学的语言处理过程产生影响;微观尺度上某个词汇的处理速度加快,也可能会影响到宏观尺度上的长期储存。

二、主要研究主题和相关研究

近年来,国内外陆续发表了一些复杂动态系统理论的研究综述(郑咏滟,

2020a；Hiver, Al-Hoorie, & Evans, 2022；H. Li & Zheng, 2024）。本章结合最新文献，梳理出复杂动态系统视角下二语研究的三大内容主题。

（一）学习者语言分析

复杂动态系统理论实证研究的起点是学习者语言系统的分析。Larsen-Freeman（2006）的第一篇实证研究考察的便是五名中国留学生的英语口语发展。从此之后，该话题领域得到充分发展。Spoelman 和 Verspoor（2010）的文章聚焦学习者语言分析，采用个案历时追踪研究设计，在理论应用和研究方法上都具有引领性作用。之后的研究大多采用个案追踪的方法考察个体学习者语言词汇、句法等层面的发展路径，展现了系统的"相位转移""分岔"等特性，也探讨了语言复杂度、流利度和准确度之间的"协调互适"（Baba & Nitta, 2014；B. Polat & Kim, 2014；Yu & Lowie, 2020；Zheng, 2016；江韦姗 & 王同顺，2015；李茶 & 隋铭才，2017；郑咏滟，2015a；郑咏滟 & 冯予力，2017），也有学者开始将该研究范式引入到汉语习得领域（韩笑，李中山，高晨阳，& 冯丽萍，2021；吴继峰，2017），取得了一定的研究成果。

然而，仅关注个体发展路径难免"只见树木，不见森林"。为了回应个体与群体的关联，Verspoor, Schmid 和 Xu（2012）创新使用语料库驱动的横截面研究设计，开创了从数据驱动角度开展复杂动态系统研究的先河。2019 年以后，随着统计方法的突破，研究范围得到进一步拓展。Baba 和 Nitta（2021）率先使用了混合增长模型（general growth mixture model），识别出三种语言发展轨迹类型。Peng 等（2022）则使用时间序列聚类分析法（time-series clustering），识别出五类不同特征的句法和词汇指标。于涵静等（2022）使用多层次建模法，考察了中国学习者口语复杂性。这些研究都试图超越个体发展的异质性来探查群组间凝结的显著模式，在群体层面识别语言发展的规律。

由于复杂动态系统理论本身是关乎发展的元理论，需要对象理论的支持，Larsen-Freeman（2017）提出，对象理论，即能够解释所观察现象的、语言和语言发展的理论，依然需要与元理论的基本原则相一致。她进一步指出，有可能的对象理论包括：认知语言学、语料库语言学、融合语言学、概率语言学、系统功能语言学、基于使用的语言学和构式语法。已有研究者尝试结合构式语法和二语发展（R. Evans & Larsen-Freeman, 2020；Lesonen, Steinkrauss, Suni, & Verspoor, 2021），探究复杂系统的分岔（bifurcation）、涌现（emergence）和变异性（variability）。不过，明确提出兼具元理论（复杂动态系统理论）和对象理论（例如构式语法、计量语言学）的相关研究还非常少，这是未来研究亟待突破的重点。

（二）学习者个体差异

Dörnyei 最早提出的二语学习动机也可以视作一个动态系统（Dörnyei，2005，2009），开辟了复杂动态系统在动机研究中的新方向。诸多研究聚焦课堂中群体动机模式的涌现（Sampson，2015）、个体学习者应该自我和逆反自我动机类型的起伏发展（Thompson，2017）、认知资源与社会心理资源之间的动态互动（Serafini，2017）、英语学习者长期学习动机和人生境遇的转换（Papi & Hiver，2020）、英西双语学习者整合型动机和工具型动机与环境的互适发展（Zheng，Lu，& Ren，2020）、双外语动机系统的自组织与涌现（T. Huang，Steinkrauss，& Verspoor，2021a）等。例如，Zheng 等（2020）的研究聚焦一组英西双语学习者，创新使用了 Q 方法，结合长期历时设计，打破了动机类型二分对立的观点，构建了整体的、动态的、关联的多语动机系统模型。Huang 等（2021）发现，英俄和英日双外语学习者的英语理想自我反而比单英语学习者的英语理想自我更加清晰，不同语言的动机自我互动交互，引发多语学习动机系统的涌现。国内相关动机研究（常海潮，2017，2018，2019，2021；戴运财 & 于涵静，2022；于涵静 & 刘天琦，2021）以英语学习动机为对象，通过聚类分析、潜变量增长曲线建模、回溯性访谈、轨迹等效建模法等量化或质性方法，结合个体层面与群体层面的发展趋势，为动机研究和个体差异研究提供了扎实的实证数据。

不过，最近的理论发展也出现了一些怀疑之声。Henry 和 Liu（2023）对二语动机自我系统能否作为一个系统提出疑问，他们主张自我调控系统是更具有效力的概念，学习者的策略使用是个人需求和现时现地的环境条件互适的产物（Amerstorfer，2020）。未来的研究或许会从研究动机本身扩展到动机与自我调控以及其他心理因素之间的互动关联，进一步拓展复杂动态系统理论在个体差异领域的研究范围。

另有一条逐渐兴起的分支，采用学习者个体差异来解释学习者迥异的语言发展模式。Kliesch 和 Pfenninger（2021）发现一组 64 岁以上的德国老年人在接受了为期 7 个月的西班牙语训练后西语水平显著增加，个体的教育背景、多语言经历显著预测了西语水平。Wood 等人（Nematizadeh & Wood，2019；Wood，2016）的研究则试图建构交际意愿与口语流利度之间的动态交互机制。不过，Lowie 和 Verspoor（2019）提出不同意见，认为个体间差异（包括动机、年龄、语言水平）并不能显著预测语言的增长幅度，反而个体内差异能够预测。因此，个体差异与语言发展之间究竟呈现何种互动机制仍需继续探讨。

最近两年的个体差异研究突破了传统的动机、策略或学习风格研究，扩展到外语学习者情感因素的动态发展和因素之间的交互机制(Shirvan, Taherian, & Yazdanmehr, 2021；Zhou, Hiver, & Zheng, 2023；于涵静, 彭红英, 黄婷, & 郑咏滟, 2024)。具体来说, Zhou 等(2023)发表在 *Applied Linguistics* 上的研究考察了一学期内 686 名大学生课堂学习投入(engagement)和消极怠学(disengagement)两种心理构念, 采用混合效应增长曲线模型(mixed-effects growth curve modeling), 在个体和群体两个层面对投入和怠学的动态发展关系进行建模。结果表明, 学习投入和消极怠学均为情境性的、动态变化的, 且二语学习动机是两者变化的先决条件。沿着这个思路, 于涵静等(2024)继续讨论外语愉悦(enjoyment)和学习投入之间的历时互动变化与动态交互机制。追踪 250 名中国英语学习者为期四个月的英语学习过程, 通过使用增长混合模型(growth mixture modeling), 揭示了外语愉悦联合学习投入逐渐浮现的两种发展模式, 并且后续的平行过程增长混合模型(parallel process growth mixture modeling)分析表明, 外语愉悦和学习投入可以视作内嵌在个体学习者幸福感整体复杂系统内的两个子系统, 存在双向支持关系, 并且能够在持续交互中不断互适、重组, 演化出新的发展态势, 从而迸发出新的聚集体。这些研究均采用前沿、创新的研究方法, 不断深化对复杂系统"互适""浮现""协调结构"等概念的认识, 呼应了二语发展研究的整体观和生态观。

(三)教师教学与课堂研究

在国际上复杂动态系统理论研究很早就运用到了教师发展中。Hiver 和 Dörnyei(2017)基于生物机体免疫提出了"教师免疫力"这一概念。他们认为, 教师不断适应高压教学环境带来的干扰和问题, 从日积月累的体验中产生了教师免疫力。该视角汲取了复杂理论和生物学之间的平行关联, 创新运用到教师发展研究中。另有研究分别讨论了教师信念(Feryok, 2010；Feryok & Oranje, 2015)、教师多语意识(Jessner, La Morgia, Allgauer-Hackl, & Barbara, 2016)如何从教师主体与环境之间的互适过程中涌现。近年来也有多项研究采用质性方法揭示教师能动性也是重要的系统控制变量, 能够改变教师信念发展的轨迹。外在关键事件(如突发的公共卫生事件)也可能成为重要控制变量, 导致教师内在信念发展进入不同种类的吸态(Karimi & Nazari, 2021；Sulis, Mercer, Mairitsch, Babic, & Shin, 2021；Yuan & Yang, 2022；陶坚 & 高雪松, 2019)。这些研究均表明教师发展研究已成为复杂动态系统理论应用的重要研究话题, 愈发得到国内外研究者的重视。

尽管复杂动态系统理论比较艰深, 不过还是有部分研究在课堂研究中有所应用。Smith 和 King(2017)别出心裁地考察了外语课堂中教师提问后的停顿时间,发现教师在抛出一个问题后的停顿时间如果超过 2 秒,就能有效改变课堂话语模式,激发出更多学生主导的对话。另一个研究使用反溯法考察任务活动小组的动态互动机制,发现小组内互动和组员的行为、情绪水平、互动中的关键时刻,以及系统的初始状态相互作用(Poupore, 2018)。最近,有研究者(Smit, van Dijk, de Bot, & Lowie, 2022)设计出一种称作"State Space Grids"(状态空间网格)的方法,对课堂互动模式可视化,并对每节课的个体内差异量化,结果表明需要提升教师与学生的互适水平以提高课堂互动质量。可以看出,教师发展与课堂研究关注个体与环境的交互作用,呼应了复杂系统的涌现观和关联观。

三、现有研究的不足

复杂动态系统理论指导下的二语发展研究已经取得长足进步,新话题、新方法层出不穷,研究范围也在不断拓展。但是,笔者认为现有研究还存在一些不足。

(一)理论攻关有待加强

复杂系统理论本身包含很多的理论概念,对语言、语言使用、语言发展都作出了新的阐释。如上所述,实证研究已经探索了"相位转移""分岔""涌现""协调""互适"等概念,通过丰富的实证数据描述复杂系统特性、识别其发展模式与路径。然而,仍有一些概念并未得到充分挖掘。例如,语言发展的"迭代"和"软组装"如何使用真实的语言数据进行模拟?"蝴蝶效应"如何能超越隐喻,在真实数据中得以体现?又如,在复杂系统中常见的"分形"(即不同尺度发展中表现出的自相似性)如何应用到语言发展研究中?现仅有一篇(R. Evans, 2020)论文作出初步探讨。笔者认为,未来研究应就关键概念展开攻关,加强对理论的探索推进,进而对语言发展的本质获取新的认识。

(二)研究对象有待充实

语言是一个整体系统,联动语音、词汇、句法、语篇多个层面追踪语言发展,有利于理解语言的整体性和涌现性。de Bot(2008)指出,语言发展是一个非线性的涌现过程,建基于局部到整体的建构和整体到局部的制约。因此,需要在研究中整体呈现这种"局部到整体""整体到局部"的过程,若仅局限在词汇和句法层面,恐怕只能验证以往研究结果,难以产出创新性成果。现有研究缺乏考察局部词汇、句法如何能够影响到语篇的动态涌现,未来应就此探讨其中的机制。

现有的二语研究多以单个语言系统为研究对象,尤其是国内研究大多还是以英语学习者为主。然而,学界已经指出,二语研究应与时俱进,探索多语世界语言学习与教学的本质(Douglas Fir Group, 2016),有必要纳入更多的语言系统,探索整体语言库存(whole linguistic repertoire)(Cenoz & Gorter, 2015)的涌现和发展。已有零星的双外语复杂动态发展研究(T. Huang et al., 2022; T. Huang et al., 2020; T. Huang, Steinkrauss, & Verspoor, 2021b; 黄婷 & 郑咏滟, 2022),探讨了不同语言系统的全面联结性,但尚未形成规模,考察的层面也较单一。

(三) 研究场景有待拓展

现有研究在外语课堂互动、任务活动小组等实体课堂场景多有应用,并开发出了一些创新研究方法(如 Smit 等人的状态空间网格),能够推进复杂动态系统理论这个较为艰深的理论视角进入一线课堂,为一线教师所用。特别是 2023 年以来,以 ChatGPT 为代表的生成式人工智能对外语教育产生极大影响,教育技术的迅速发展正在重塑外语学习的环境。复杂理论持有的生态观能够很好地阐释技术如何成为生态环境中的给养,与学习者主体进行互适,为数字学习中学习者能动性的涌现提供理论切入点;同时,复杂系统强调的"协调结构""软组装"等概念,可以用来阐释人类用户如何通过不断修改用户指令(prompt)与大语言模型交互,如何动态调整学习策略,发展出"人机互动协商能力"(文秋芳 & 梁茂成, 2024),为研究人机共生的语言使用提供理论视角。总之,复杂系统强调系统内部成分、学习者内外环境的层层互动,在数字化学习场景的应用中具有很大潜力。

(四) 系统干预有待探索

Hiver 与 Al-Hoorie(2016)指出,复杂理论研究需要完成四个核心目标:描述复杂系统,识别动态模式,建模复杂机制,干预系统行为。现有研究中对复杂系统成分的描述和动态模式的识别已经较为成熟(如 Lowie & Verspoor, 2019; Yu & Lowie, 2020; 郑咏滟 & 李慧娴, 2023 等),也有研究开始使用增长混合模型、个体增长曲线模型等方法对动态发展机制建模(Baba & Nitta, 2021; Zhou et al., 2023; 于涵静 et al., 2024; 于涵静 et al., 2022)。然而,对复杂系统的干预性研究仍未出现。尽管学界已经认识到系统的复杂性、非决定性特征,但不应放弃探索如何干预、影响复杂系统行为,让系统产生积极变化,以此达到连接理论与实践。毕竟,语言是一个人驱的复杂自适应系统(刘海涛, 2021),因此在应用语言学中运用复杂系统的理论终究是需要反哺到语言发展实践中去的。

四、本章小结

过去二十年间,复杂动态系统理论在应用语言学界日益升温,相关著述陆续出版,实证研究相继刊出,已经成为应用语言学领域炙手可热的理论视角。Hiver & Al-Hoorie(2016：742)形容道：

> 自从 Larsen-Freeman 指出复杂动态系统理论视角能够为传统研究范式长久以来无法回答的问题给出满意的答案,该理论在多个领域呈现爆发趋势,包括英语作为通用语、社会语言学、多语研究、教育语言学、二语/外语教学,以及会话分析。事实上,如何理解复杂性现在已然成为大多应用语言学研究者关心的核心问题,这也标志着复杂动态系统理论并非昙花一现。

本章首先系统梳理了复杂动态系统理论的关键概念,通过阐释复杂动态系统语言观与传统的语言学和二语习得研究的差别,提出有必要扬弃现有的以牛顿经典思维为基石的固化观、还原论和二分对立;接着,逐一阐释系统的全面联结性、非线性、自组性、互适、软组装、协调结构、初始状态、迭代、分形,这些概念有些来自于数学(例如分形),有些来自于发展心理学(例如软组装),较为抽象艰深,需要辅以具体的实证研究方能加深理解;最后,从学习者语言、学习者个体差异、教师教学和课堂研究三个主题梳理最新研究,指出了现有研究尚待解决的问题。

第三章 学习者语言复杂性的 概念与测量

学习者语言复杂性至少可以从两方面来理解：一是认知复杂性，二是语言复杂性；前者的出发点是学习者，后者是从语言本身特征出发（Housen & Kuiken，2009）。认知复杂性是一个比语言复杂性更为广泛的概念，并且有可能导致学习或者语言加工的困难，通常在任务复杂性的衡量中有所体现。本书关注的是另一个分支——语言复杂性。"语言复杂性"（linguistic complexity）①这一术语一方面用来描述任务属性，另一方面也可以用来描述语言表现的属性，前者更倾向于描述一种"客观的困难性"，这种困难性是任务本身固有的属性，区别于由面对客体任务时主体的自身能力决定的"主观的困难性"（Pallotti，2009：593）。因此，二语习得研究领域的复杂性也可以描述两种不同的属性，一种指语言相关任务的属性（任务复杂性），另一种指二语表现和能力水平的属性，即二语复杂性。本书的研究主题是学习者语言的发展，因此采用的是第二种概念，使用语言的复杂特征和各种测量指标来观察二语表现和能力水平。本章旨在厘清相关的概念和测量指标，并回顾相关文献。

一、语言复杂性的概念和常见的测量指标

（一）语言复杂性的概念框架

语言复杂性有两种不同的理解方式：一种认为语言复杂性是学习者语言系统的动态属性，即语言整体或系统的复杂性；另一种认为语言复杂性是构成语言学习者语言系统的各个要素的较为稳定的属性，即语言局部或结构的复杂性。因此，从学习者二语系统的层面去考虑，**语言复杂性通常解释为学习者二语系统的规模、复杂程度、丰富度以及多样性；而从单个语言特征本身的层面去考虑时，**

---

① Linguistic complexity 一词有时也译作"复杂度"，例如在张军、王丽萍、吴红云（2017）文中使用的是"复杂度"的讲法。考虑到"性"一般指的是"人或事物的性质或性能"，而"度"一般用作计量单位，本书用"语言复杂性"作为统称指代语言的复杂特性，使用"复杂度"（例如句法复杂度、词汇复杂度）来指代具体的测量特征。

语言复杂性又可细分为二语的形式复杂性和功能复杂性（Housen & Kuiken，2009）。Lu（2012）认为，整体或系统的复杂性主要关于不同语言成分和结构的广度与宽度，而局部或结构复杂性则主要专注语言结构的深度。结构复杂性又可分为功能复杂性（functional complexity）与形式复杂性（formal complexity）。功能复杂性指某个语言结构的意义和功能的数量，以及形式与功能之间映射的透明度与多重性；形式复杂性则可指代更多，如某个语言特征的结构性实质，而这个结构性实质由该语言形式离散成分的数量来决定（Lu，2012）。

　　Pallotti（2015）在 Housen & Kuiken（2009）的基础上丰富了语言学研究中复杂性的定义。她指出，语言学研究中的"复杂性"应包括三种含义。第一种是结构复杂性，指文本和语言系统的形式属性，与它们的元素数量和关系模式相关；第二种是认知复杂性，与语言结构的处理所需认知成本有关，这种含义更多指向难度；第三种是发展复杂性，即在语言习得（包括第一语言和第二语言）中语言结构被掌握和出现的顺序。她进一步提出，在进行语言复杂性研究的时候有必要区分这三种不同的语言复杂性。为此，Pallotti（2015：3）举例说，如果不将三者进行区分，则在写作中容易出现混淆，"复杂的结构通常更难，因此会更晚习得"。为避免混淆这三种复杂性，Pallotti（2015）对语言复杂性作出了一个简单、只限定语言结构复杂性的定义。在该定义中，Pallotti 从三个层面阐释了语言复杂性。这三个层面分别是词素复杂度（morphological complexity）、词汇复杂度（lexical complexity）、句法复杂度（syntactic complexity）。

　　Bulté & Housen（2012）从另一个角度论述了语言复杂性的概念内涵。他们认为，语言复杂性应该从理论层面、观测层面、操作层面展开。从理论层面来讲，语言复杂性是一个认知构念（cognitive construct）；从观测层面来讲，语言复杂性是一个行为构念（behavioral construct）；从操作层面来讲，语言复杂性是一个统计构念（statistical construct）。以语法复杂性为例，理论层面上的语法复杂性这一认知构念在观测层面上即为二语表现中语法复杂性的表面表现，而在实际操作层面即为衡量复杂性的指标。语法复杂性本身也可以从系统复杂性与结构复杂性来解释。语法的系统复杂性可以理解为语法的"宽度"，而语法的结构复杂性可以理解为语法的"深度"。采用这两种不同理论视角的语法复杂性在观测与操作层面都有所不同。在观测层面，语法的系统复杂性表现为语法多样性，语法的结构复杂性表现为语法的复杂程度。语法的多样性和语法的复杂程度都由句法复杂度和形态复杂度来体现。其中，句法复杂度又包含了句子层面的复杂性、子句层面的复杂性，以及短语层面的复杂性；语法的复杂程度具体表现为词法形态复杂性,包含屈折形态复杂性和派生形态复杂性。在操作层面有着更加细化的衡量指标,且某一个观测层面的语法复杂性由一个或多个指标来加以衡量。

Bulté 和 Housen(2012)按照这一思路,继续整合了词汇复杂度这一概念。理论层面的词汇复杂度在观测层面即为二语表现中词汇复杂度的表面表现,在实际操作层面即为衡量词汇复杂度的指标。词汇系统复杂性则为二语词汇与搭配量的大小、广度与宽度,在观测层面上主要考察词汇的密度、多样性、复杂程度;而词汇结构复杂性则为二语词汇与搭配的深度,在观测层面上主要考察词汇的合成性、复杂程度。在操作层面上,词汇密度、多样性、词汇语义合成性以及复杂程度由一个或者多个指标来衡量。

Bulté 和 Housen(2012)通过对 1995 年到 2008 年间的 40 个基于任务的语言学习研究的分析,总结出以往研究中常见的语言复杂性测量指标,见表 3.1。

表 3.1　各类语言复杂性常见衡量指标[引自 Bulté & Housen(2012)]

语法复杂性		
句法复杂度	整体指标	平均 T 单位长度
		平均 c 单位长度
		平均话轮(turn)长度
		平均 AS 单位长度
		平均话语(utterance)长度
		S 节点/T 单位
		S 节点/AS 单位
	句子层面-并列结构	并列子句/子句
	句子层面-从属结构	子句/AS 单位
		子句/c 单位
		子句/T 单位
		从属(dependent)子句/子句
		从属子句的数量
		从属子句/子句

句法复杂度	句子层面-从属结构	从属(subordinate)子句／从属(dependent)子句
		从属子句／T 单位
		关系子句／T 单位
		动词短语／T 单位
	次句子层面(从句和短语)	子句的平均长度
		S 节点／子句
	子句	句法论元／子句
	短语	从属词(dependents)／动词和名词短语
	其他	被动形式的频率
		不定式短语的频率
		合并子句的频率
		Wh-子句的频率
		祈使成分的频率
		组词成分的频率
		比较成分的频率
		条件成分的频率
词法形态复杂度		
	屈折形态	时态形式的频率
		情态的频率
		不同动词形式的数量
		过去时态形式的多样性
	派生形态	词缀指标
词汇复杂度		
	词汇多样性	单词类符数
		TTR

		平均节段性 TTR(MATTR)
	词汇多样性	Guiraud 指数
		(单词类符数)²/单词数
		D
	词汇密度	词汇词/功能词
		词汇词/总单词数
	词汇复杂度	低频词/总单词数

Bulté 和 Housen(2012)通过总结已有研究,发现很多研究已使用了大量不同的语言复杂性衡量指标,其中某些方面的语言复杂性(如通过从属关系测量的句法复杂度以及词汇多样性)涵盖了一系列的指标,然而某些其他方面的复杂性却只有一个或者两个指标,如词汇密度和词汇复杂度,甚至有些复杂性并没有相应的指标加以测量,如派生形态复杂性、搭配词汇复杂性等。具体来说:(1)大部分研究都倾向于采用能够测量整体复杂性的比较综合的指标,如 T 单位平均字数,T/c/AS 单位平均子句数量,而更少的研究采用了能够测量学习者二语词汇和语法中更加具体的特征的更为精细化的指标;(2)声称测量二语复杂性的研究却往往只测量了几个,或者甚至只有一个复杂性指标;(3)只有几个指标被广泛使用,而其他很多指标很少在实证研究中被使用到;(4)有一些研究采用不同的指标重复测量同一个复杂性构念。

（二）二语句法复杂度

本书考察学习者语言发展时,主要使用的就是句法复杂度和词汇复杂度的各类指标。因此,本节将详细回顾两类语言复杂性的度量和相关研究。

句法复杂度通常用于量化以下一项或者多项内容:句法结构的范围,单元长度,某些句法结构的结构复杂程度,以及并列结构、从属结构和嵌入结构的数量和类型(Bulté & Housen, 2012)。 很多复杂性的指标都是混合指标,能同时反映几个不同的甚至相互独立且不相关联的复杂性构念(Bulté & Housen, 2012)。例如,当采用计算词素的方法来计算单位长度时,这时候的长度单位便同时测量了句法复杂度和词法形态复杂性;而采用从属结构来衡量句法复杂度时,不仅衡量了句法的结构性、复杂性,还衡量了句法的"困难"程度(Bulté & Housen, 2012：36)。

二语学习者句法复杂度指二语学习者产出语言的语法结构多样性和复杂性，是衡量学习者整体二语水平的一个重要指标(Lu，2010，2011；Ortega，2003，2015；Wolfe-Quintero，Inagaski，& Kim，1998)。句法复杂度用于衡量语言产出复杂程度和产出形式多样性，能反映语言发展的程度、描述语言产出的特征和预测产出文本的质量(Ortega，2012)。1998 年由 Wolfe-Quintero 等人出版的《二语习得中的写作发展：流利度、准确度和复杂性指标》专著，是第一本系统论述流利度、准确度和复杂性(CAF)与写作质量之间关系的著述，标志着句法复杂度这一构念第一次正式出现在二语得研究中。自此，越来越多的实证研究开始采用句法复杂度这一构念来考察第二语言习得与发展：或作为自变量考察句法复杂度如何影响综合语言能力，或作为因变量考察句法复杂度这一变量受到何种因素的影响。

随着句法复杂度相关研究的深入，学界对句法复杂度结构的认识和理解经历了从单一到多维的发展历程(Ortega，2003，2012)。Wolfe-Quintero 等人(1998)提出"子句与 T 单位之比"以及"从句与子句之比"是衡量句法复杂度的最有效指标。随后 Ortega(2003)指出"平均句长""平均 T 单元长度""平均子句长度"与"子句与 T 单元比"这四项指标能有效区分学习者水平。至此，学界认为句法复杂度是一个可以由长度或从属指标测量的单维概念。与此同时，Ortega(2003)这篇文章成为语言复杂度研究中非常具有影响力的文章，大量后续研究均采用了这四项指标。特别需要指出的是，Ortega(2003)也提出，在大学英语学习阶段，句法复杂度发生显著变化需要大约一年的时间。

Norris & Ortega(2009)率先提出句法复杂度是一个多维的构念，全面描绘学习者的句法特征不仅应包括从属指标和长度指标，更应包含并列、从属和短语复杂性这三个层面，并指出这三个层面分属于学习者句法复杂度发展的三个阶段。学习者在从低水平到高水平发展的过程中，一般会从并列结构为主的句法特征，逐渐发展到从属结构使用，最后过渡到短语结构使用。这便是非常著名的句法发展阶段性假说。Bulté & Housen(2012)在此基础上进一步指出，句法复杂度包括宏观句子复杂性、微观从句复杂性和短语复杂性三个维度。句法复杂度指标应该量化以下方面：句法结构的广度，句法单位的长度，结构复杂性，以及并列关系、从属关系、嵌套关系的数量和类型(Bulté & Housen，2012)。此后，句法复杂度的多维性逐渐成为学界共识。

相似的是，Verspoor 等(2012)采用基于使用的动态视角(a dynamic usage based perspective)，考察了 437 篇处于中等二语水平的荷兰二语学习者的作文，并从以往文献中析出 64 个单词、短语、句子层次的指标进行分析。他们发现，在第一和第二阶段之间,主要是词汇使用产生变化;在第二和第三阶段之间,主要是句法使用产生变化;在第三和第四阶段之间,词汇和句法使用均发生变化;最后,从第四阶段到第五阶段之间再次回归到词汇使用,尤其是小品词、复合词和固定短语的使用。

句法复杂度多维性的广泛认同促进了句法复杂度的测量手段和分析工具的不断发展。二语习得句法复杂度研究,近年来经历了从运用粗颗粒指标对句法单位长度、数量等的测量到运用细颗粒指标对句法成分之间关系的测量的转变(J. Jiang、Yu、& Liu, 2019)。出于准确且高效地提取大量的细颗粒指标的需要,自动标注工具以及按特定句法标注的语料库等工具得到广泛推广和使用。这些工具包括:Biber Tagger(Biber, Gray, & Poonpon, 2011),Coh-Matrix(McNamara, Graesser, McCarthy, & Cai, 2014),L2 Syntactic Complexity Analyzer(L2SCA)(Lu, 2010),TAASSC(Kyle, 2016),以及近年来颇受关注的依存句法自动分析器——Stanford Dependency Parser 3.6.0(Chen & Manning, 2014)。

现有研究通常采用自动分析器 L2SCA 提取句法复杂度的各个指标。其中使用最为广泛的是二语句法复杂度分析器,可提取句法复杂度 5 个维度 14 个指标(见表 3.2)。近年来,考虑到 L2SCA 往往只能提取传统宏观句法复杂度的指标,Kyle 开发的 TAASSC 使用日益广泛。该软件能够更好地捕捉到细致的、微观层面的句法复杂度特征,一般能提取 31 个从句复杂性指标(见表 3.3)。除此之外,TAASSC 还能提取短语复杂性的 131 个指标,共计 17 个大类。由于篇幅限制,在此只列出短语的 17 个类型(见表 3.4),更加具体的 131 个指标便不再一一列出,感兴趣的读者可以参见 Kyle(2016:56 - 58)。

表 3.2　L2SCA 提取的 14 个句法复杂度指标[引自(Lu, 2010)]

类　　别	指　标　名　称	指　标　意　义
单位产出长度指标	从句平均长度	单词数/从句数
	句子平均长度	单词数/句子数
	T 单位平均长度	单词数/T 单位数
句子复杂性	每个句子中的从句数量	从句数/句子数
从属从句使用量	T 单位中从句比率	从句数/T 单位数
	复杂 T 单位比率	复杂 T 单位数/T 单位数

类　别	指 标 名 称	指 标 意 义
从属从句使用量	从属从句比率	从句数／句子数
	T 单位中从属从句均数	从句数／T 单位数
并列结构使用量	从句中并列短语均数	并列短语数／从句数
	T 单位中并列短语均数	T 单位数／句子数
	句子中 T 单位均数	复杂名词短语数／从句数
特定短语结构	从句中复杂名词短语均数	复杂名词短语数／从句数
	T 单位中复杂名词短语均数	复杂名词短语数／T 单位数
	T 单位中动词短语均数	动词短语数／T 单位数

* 原表格翻译自 Lu(2010)

表 3.3　从句复杂性指标(Kyle, 2016; Kyle & Crossley, 2017)

指　　标	指　　标	指　　标
形容词补足语均数	there 存现句均数	作时间状语的名词短语均数
状语从句均数	间接宾语均数	非限定性从句补足语均数
施事均数	间接宾语均数	控制主语均数
并列连词均数	名词补足语均数	副词修饰语均数
从句补语均数	否定句均数	助动词均数
连词均数	名词主语均数	被动句情态动词均数
主语均数	被动句名词主语均数	情态动词均数
被动从句主语均数	插入语均数	依存成分均数
不可识别的依存成分数	介词补足语均数	依存成分均数的标准差
话语标记语均数	介词均数	
直接宾语均数	短语动词小品词均数	

表 3.4　短语复杂性指标的 17 个短语结构类型
(Kyle, 2016；Kyle & Crossley, 2017)

短语类型(7 个)	依存类型(10 个)	
名词性主语	限定词	副词性修饰语
被动名词性主语	形容词性修饰语	连词"and"
施事	介词短语	连词"or"
名词性补足语	所有格	
直接宾语	动词性修饰语	
间接宾语	名词作修饰语	
介词宾语	定语从句作修饰语	

　　二语学习者的语料中不可避免地会出现句法错误,这些句法错误会影响句法复杂度的分析,所以 Kyle(2016)提出应据依存关系来分析短语层面上的句法复杂度,并指出文本的依存表征在识别和提取二语写作的句法结构时十分高效且可靠。更加值得指出的是,尽管 TAASSC 以分析英语为主,但是实际上依存句法分析并不局限于某种特定的语言,因此如果研究多语种语言发展,依存句法分析具有较大的潜力。

　　Biber 团队(Biber et al., 2011)基于大量的语料库研究,提出了不同的分类框架。他们立足语域差异,对比区分了口语与书面语的语言特征,发现口语与书面语具有不同的句法特征,其中口语特征以从属结构为突出特征,而书面语特征以短语复杂性更为突出。借此,他们提出了与 Norris 和 Ortega(2009)相似的学习者句法复杂度发展阶段,并强调多维度指标的重要性。然而,他们也提出了更为细致的描述性句法框架。他们认为,虽然 T 单位和从属子句一类的指标在二语习得研究中被广泛运用,但是这些指标是否适用于衡量语言的发展却并没得到足够多的实证证据(Biber et al., 2011),同时这些综合型指标(omnibus measures)无法解释具体哪类句法结构的变化导致了单位长度的变化(Biber, Gray, Staples, & Egbert, 2020)。因此,在衡量学习者句法复杂度发展时有必要引入基于具体句法参数的更精细化的指标(Deng, Lei, & Liu, 2021)。Biber 等(2011)认为,学习者的写作会在更高级的阶段变得更加复杂,但是这些复杂性往往并不能被 T 单位长度指标或简单的从属结构指标捕捉到。为此,基于他们对口语语料和书面语写作语料的分析,Biber 等(2011)提出了语法复杂度发展五阶段假设(见表 3.5),认为学习者在五个不同的发展阶段呈现出不同的描述性句法结构特征。

表 3.5　语法复杂度发展阶段假设[引自 Biber et al.(2011)]

阶段	语　法　结　构
1	由极其常见的动词(如 think, know, say)主导的限定补语从句
2	由更广泛的动词主导的限定补语从句
	限定状语从句
	由常见动词(如 want)主导的非限定性补语从句
	句子中的短语成分嵌入:副词作状语
	名词短语中的简单短语嵌入:定语形容词
3	句子中的短语嵌入:介词短语作状语
	形容词主导的限定补语从句
	更广泛的动词主导的非限定性补语从句
	that 引导的定语从句(特别是有生命的中心名词)
	名词短语中的简单短语嵌入:名词作前置修饰语
	名词所有格作前置修饰语
	of 短语作后置修饰语
	简单介词短语作后置修饰语,特别是当他们具有具体意义且与 of 以外的介词一起使用
4	形容词主导的非限定性补语从句
	外延式补语从句
	非限定性定语从句
	名词短语中的名词短语嵌入,即定语形容词、名词作前置修饰语
	简单介词短语作后置修饰语,特别是当他们含有抽象意义且与 of 以外的介词一起使用

阶段	语　法　结　构
5	介词＋非限定性补语从句
	名词引导的补语从句
	同位名词短语
	名词短语中大量的短语嵌入：多个不同层次嵌入的介词短语作后置修饰语

（三）二语词汇复杂度

学习者语言中使用的单词的范围、种类、多样性可以反映学习者词汇知识的复杂性，甚至可以反映学习者的语言水平（Jarvis，2013；Read，2000）。现有研究多采用 Read（2000）的建议，将词汇丰富性作为一个涵盖所有词汇概念及其相关测量指标的概括性的术语。Read（2000）最早提出词汇丰富性的概念，**主要涵盖词汇密度、词汇复杂度、词汇多样性、词汇使用正确性等方面的信息。** 其中，词汇密度指语料中名词、动词、形容词、副词等词汇词（或实词）的比例；词汇复杂度，又称词汇稀有度，指语料中非常用词和高级词汇的比例；词汇多样性指非重复用词的比例；词汇使用正确性指在语言使用中正确使用词汇的比例，而常见的词汇使用错误包括词汇选择错误、词汇形式错误、词汇拼写错误等。

词汇复杂度可以由词汇多样性（lexical diversity）、词汇复杂度（lexical sophistication）、词汇丰富性（lexical richness）来衡量（Jarvis，2002，2013）。 词汇多样性又可以称为词汇多变性（lexical variability / lexical variation / lexical variety），这一术语常用来表示语言使用中非重复单词的比例。词汇复杂度反映语言使用中低频词的使用情况，因此被认为反映出了更高级的词汇知识。词汇丰富性最初指心理词汇的数量，到后来逐渐被用以指代语言使用中单词的数量和多样性。词汇多样性之所以重要，是因为更多样的词汇表明词汇知识更加丰富和熟练（Crossley，Salsbury，McNamara，& Jarvis，2011）。在一些研究中，词汇多样性是一个单独存在的构念；在其他一些研究中，词汇多样性被用来衡量词汇知识的广度，其原理在于他们假设词汇量大的学习者会产出更多的词汇类型，而词汇量大小是对词汇知识的一种衡量（Crossley，Salsbury，& McNamara，2015）。在 Crossley 等（2011）的研究中，词汇多样性是学习者写作文本词汇能力水平客观评分的最佳预测变量，因此词汇多样性又可以作为一个词汇量大小的指标，最能说明词汇使用的熟练程度。

词汇丰富性在二语使用中表现为产出性语言中词汇的广度和复杂程度,与二语学习者口语或书面语形式实现有效交际密切相关,是二语教学与研究中的一个重要构念(Lu, 2012)。**词汇丰富性涵盖三个维度,即词汇密度、词汇复杂度和词汇多样性。**三者之间不存在显著的相关性,因此三者是相互独立的构念。Lu(2012)的研究发现,词汇多样性与二语学习者口语成绩的主观评分最显著相关,而词汇密度和词汇复杂度与口语主观评分之间不存在明显相关性。从表 3.6 中的 20 个衡量词汇多样性的指标来看,最佳指标只有 9 个,分别是:类符数量(NDW)、10 个随机 50 词样本的平均类符数量(NDW-ER50)、10 个序列 50 词样本的平均类符数量(NDW-ES50)、50 词节选平均类符形符比(MSTTR-50)、修正类符形符比(CTTR)、类符形符比的平方根(RTTR)、D 指标、动词多样性-I 的平方(SVV1)、修正动词多样性-I(CVV1)。类符数量(NDW)受到语篇长度的影响较大,所以当语篇产出受时间控制时,NDW 是一个很好的选择,但是当语篇产出时间不受限制且语篇长度不一时,最好采用标准化的类符数量,即 NDW-ER50 和 NDW-ES50。本研究还发现,有的指标之间存在较强的相关性,因此在选取指标之前研究者应该考虑指标之间的共线性,尽量选取不相关或者相关性较弱的指标。在一系列的类符与形符比例的指标中,转换过的类符形符比,如 LogTTR、CTTR、RTTR 等,比原始的 TTR 指标更为有用。表 3.6 总结了 Lu(2012)提出的所有词汇丰富性测量指标。

表 3.6 词汇密度、词汇复杂度、词汇多样性衡量指标

指　标		常用缩写	计　算　公　式
词汇密度	词汇词(实词)密度	LD	实词数量/单词总量
词汇复杂度	词汇复杂度-I	LS1	非常用词汇数量/单词总数
	词汇复杂度-II	LS2	2 000 常用词以外的单词数量/单词总数
	动词复杂程度-I	VS1	非常用动词数量/动词总数
	修正动词复杂程度 1	CVS1	非常用动词数量/2 倍动词总数的平方根
	动词复杂程度-II	VS2	非常用动词的平方/动词总数

指　标		常用缩写	计　算　公　式
词汇多样性	不同单词的数量	NDW	类符
	前 50 字的不同单词数量	NDW - 50	前 50 词的类符
	期待随机 50 词的不同单词数量	NDW - ER50	10 个随机 50 词样本中的平均类符
	期待序列 50 词的不同单词数量	NDW - ES50	10 个序列 50 词样本中的平均类符
	类符形符比	TTR	类符/形符(单词总数)
	50 词节选平均类符形符比	MSTTR - 50	所有 50 词节选类符形符比的均数
	修正类符形符比	CTTR	类符/单词总数 * 2 的平方根
	类符形符比的平方根	RTTR	类符/单词总数的平方根
	对数类符形符比	LogTTR	类符的对数/形符的对数
	Uber 指数	Uber	形符对数的平方/类符形符比的对数
	D 指标	D	见图 3
	词汇词多样性	LV	实词类符数量/实词总数
	动词多样性-Ⅰ	VV1	动词类符数量/动词总数
	动词多样性-Ⅰ的平方	SVV1	动词类符数量的平方/动词总数
	修正动词多样性-Ⅰ	CVV1	动词类符数量/动词总数 * 2 的平方根
	动词多样性-Ⅱ	VV2	动词类符数量/实词总数
	名词多样性	NV	名词类符数量/实词总数
	形容词多样性	AdjV	形容词类符数量/实词总数
	副词多样性	AdvV	副词类符数量/实词总数
	修饰词多样性	ModV	形容词类符与副词类符数量之和/实词总数

但是,我们需要注意,以上常用的指标是应用语言学传统的指标,还存在一些问题。例如,词汇复杂度指标中所谓的常用词,参照的是外源性词库,比如BNC(British National Corpus)或者 COCA(Corpus of Contemporary American English)。但是,学习者的词汇在多大程度上能够与母语使用者的大型语料库相比较,这还是一个未达成共识的问题。

二、语言复杂性的实证研究概述

语言复杂性研究已经逐渐成为二语习得与发展研究中的主流,Ortega(2012:127)甚至将二语习得研究中的复杂性研究统称为"中介语复杂性"(interlanguage complexity)①。二语习得研究中,复杂性研究主要循着三条主线展开:(1) 描述学习者语言表现,(2) 区分或者预测学习者语言水平,以及(3) 描绘学习者语言发展阶段。2010 年以后,随着研究工具的发展(例如二语句法分析器、Coh-Metrix 等)和语料库技术的成熟,涌现出大量二语学习者语言复杂性分析研究。鉴于本书汇报的成果均以语言复杂性(句法复杂性和词汇复杂性)来衡量学习者的语言发展,以下将对现有的语言复杂性研究进行简要回顾,为后续章节的主要研究内容铺陈基础。

(一) 学习者语言复杂性的特征研究

受益于语料库语言学的发展,应用语言学研究者得以对学习者语言复杂性特征展开较为全面和细致的刻画,这类研究多以英语本族语者的语言复杂性特征作为参照系来揭示二语学习者的语言复杂性特征,以陆小飞教授团队从 2012年开始的一系列研究为起始。研究发现,中国英语学习者与英语本族语者的写作在句法复杂度的长度类指标、从属结构类指标、并列结构类指标、复杂短语类指标四个维度上表现出显著差异,且前者低于后者(Ai & Lu, 2013)。在不区分母语背景时,英语学习者的写作文本中只有一个单位长度指标和两个短语复杂度指标与本族语者存在显著差异;但是当把学习者一语背景纳入考量时,非同一语背景的英语学习者在句法复杂度上表现出不同的特点。基于此,在研究句法复杂度与二语语言能力水平之间的关系时,研究者们应该把学习者的母语背景纳入考量(Lu & Ai, 2015)。当语料是硕士、博士阶段的论文时,以英语本族语硕士、博士论文为参照,中国英语学习者写作中的单位长度高于本族语者,而从

---

① 尽管本书采用"第二语言发展",替代了"第二语言习得",但是由于 Ortega 原文使用了"中介语"的说法,此处暂且沿用,特此说明。

属结构少于本族语者。单就中国学习者而言,中高级水平英语学习者单位长度指标、从属结构数量、短语复杂度显著低于高级英语水平学习者(雷蕾,2017)。刘黎岗、明建平(2020)以英语本族语者和其他三个非英语国家(日本、德国、法国)的英语学习者口语产出为参考,分析研究了中国英语学习者口语句法复杂度的特征。通过对口语句法复杂度采用单位长度、从属结构、短语结构三个层面的6个指标的测量,结果发现:单位长度方面,中国英语学习者口语中使用更多的子句,因此句子更长;句式结构方面,中国英语学习者口语使用更多的从属子句;短语结构方面,中国英语学习者口语使用更多的动词短语数量。两位作者得出结论,这些差异出现的原因与汉英两种语言不同的概念化方式有关。

Mancilla 等人将网络学习情境纳入考量,考察了在线平台讨论中二语学习者和英语母语者产出的语言复杂性差异(Mancilla, Polat, & Akcay, 2017)。他们从单位语言长度、从属结构数量、并列结构数量、短语复杂程度四个指标对比分析了网络学习平台中非英语母语学习者与英语母语学习者网上讨论的语料。结果表明,英语本族语者产出更多的从属结构,而非母语学习者产出更多的并列结构和更为复杂的短语。其中,高水平英语学习者与英语本族语者之间不存在显著差异,而低水平英语学习者与英语本族语者之间的差异主要体现在从属结构的使用上。

近年来,更多研究开始沿着语域、语体、学科等维度进行语言复杂度比较。例如,Ansarifar 等人(Ansarifar, Shahriari, & Pishghadam, 2018)研究了伊朗硕士、博士研究生学术写作与专家学术写作之间在一系列精细化句法复杂度指标上的差异。分析结果显示:硕士研究生的学术写作在四类修饰语上与专家的学术写作存在显著差异,这四项分别是名词前置修饰语、过去分词作后置修饰语、副词-名词作前置修饰语、多个介词短语作名词后置修饰语;博士研究生写作与专家写作无显著差异。不过语言水平和母语水平对句法复杂度的发展产生交互效应。Phuoc 和 Barrot(2022)搜集了 3 606 篇亚洲学习者语料库中的议论文,考察了其复杂度、准确度和流利度如何受到语言水平和母语背景的影响。结果表明,具有较高跨语言背景稳定性的指标包括平均小句长度、T 单位、每小句复杂名词短语数量和流利度指标。同时,语言类型相近的二语学习者在复杂度、流利度和准确度上的某些指标具有较高相似度。

学科也对学习者的句法复杂度产生影响。中国学者在不同学科的国际期刊发表论文,在句法复杂度不同层面表现出差异。具体来说,句子整体句法复杂度方面,理工学科论文低于人文学科;语言产出单位长度方面,机械学科低于法律学科;从属结构方面,机械和医学学科低于法律学科;并列结构方面,各学科不具有显著差异;短语复杂度方面,理工学科动词结构少于人文学科(吴雪,2017)。结合大型语料库研究,Lan 等(2022)使用 BAWE 语料库中的论文语料库,在不同学术水平的学习者中随机抽取 200 篇人文社科论文,选取 Biber et al. (2011)名词修饰语的 11 个不同位置和语法类型的指标对名词短语复杂度进行操作。两种语言背景学习者的卡方检验结果显示,语言水平对 8 个指标包括形容词性修饰语、关系从句等有显著作用。对文本质性分析的结果表明,母语者会使用更多样的名词短语,但二语学习者能够使用信息密度更高的复杂名词短语,更接近高级学术语篇写作的标准。

　　以上回顾的研究表明,简单地将非母语学习者与英语母语者相对立来考察语言复杂性,是远远不够的。语言水平(新手 vs.专家)、语体、体裁和学科差异都对语言复杂性产生了错综复杂的影响。语言复杂性并非一成不变的固化概念,文本是流动的,以各类复杂度为衡量单位的文本表现也相应是流动的。如果我们要更加深入、全面地理解语言复杂性,势必要考虑到文本表现与其他各种因素的交叠影响,而不能将文本仅仅视作孤立的存在。

(二)语言复杂性与语言水平、语言产出质量的关系研究

　　第二类语言复杂性研究主要集中在与语言水平之间的关联研究。国际上比较早开始关注语言复杂性对语言水平的区分度,见于 Crossley 团队的成果(Guo, Crossley, & McNamara, 2013),他们研究了托福考试中写作语言特征与写作水平之间的关系,其中写作语言特征包括词汇复杂度、句法复杂度、语篇连贯性和语篇基本信息(文本长度)。写作文本包括两种任务类型,一种是综合写作,一种是独立写作。研究表明,在两种写作任务中,写作语言特征都能预测写作分数。

　　Qin 和 Uccelli(2020)对比分析了不同母语背景的初级、中级、高级英语学习者的写作文本中的语言复杂性。语言复杂性主要从词汇复杂度(词汇多样性)和句法复杂度(名词短语复杂度和子句从属结构)两个维度去考察。研究分析显示,词汇多样性与名词短语复杂性能够显著正向预测英语能力水平,然而从属结构使用的多少与英语能力水平成反比,即随着水平升高,从属结构的使用逐渐减少。Khushik 和 Huhta(2021)考察了句法复杂度是否能够区分欧洲共同参考框架下 A1、A2、B1 写作能力水平。研究表明,绝大多数的句法复杂度都能区分不同的写作能力水平,其中最有效的指标为单位长度指标、从属结构类指标、短语密度类指标。Barrot 和 Agdeppa(2021)采用语料库研究方式,考察了语言的复杂性、准确性、流利性是否能够区分四个不同语言能力水平的二语写作者。结果显

示,单位长度指标、短语的复杂程度、子句比例、文本长度是能够区分写作者二语能力水平等级的有效指标。

吴雪、雷蕾(2018)就二语水平与句法复杂度的关系展开元分析。结果表明,长度指标可作为句法复杂度和二语水平的主要观测变量,且并列性与从属性为次要观测变量。句法复杂度和二语水平受到一系列因素的影响,其中写作体裁、任务类型、综合语言测试的方法这三者的影响效应最大。高霞(2021)考察了宏观和微观层面的句法复杂度与中国不同水平学习者英语作文等级水平之间的关系。从宏观句法复杂度来看,复杂 T 单位比率与 T 单位中并列短语数量与从句中复杂名词短语数量可显著预测写作文本的等级;微观层面上,从句中非限定性从句补足语和多种依存成分是高级写作水平的特性,名词短语依存成分的多样性,特别是名词主语、不含代词的名词短语、直接宾语和间接宾语,是高水平写作的特性。因此作者指出,宏观句法复杂度可有效预测语言水平,但是全面考察语言水平还应该纳入微观从句和短语层面的复杂度,后者是语言水平发展变化的有效描述性指标。另有研究基于语料库方法,探究了中学生书面语句法复杂度随年级升高的变化发展趋势(张会平 & 张思雨,2020),结果基本符合之前 Norris 和 Ortega(2009)提出的句法发展三阶段假设,即并列结构下降、从属结构先升后降、复杂名词使用逐渐增多。

语言复杂度如何能够预测写作质量也成为近年来学界关注的热点。Bulté 和 Housen(2014)指出,词汇复杂性并不能捕捉二语写作能力在一学期内的发展;句法复杂度和词汇复杂度的不同层面发展速度不一,因此要想全面展示二语发展不仅需要审慎选择复杂性测量的指标,且选取的指标应该尽量涵盖更广的范围。Bi 和 Jiang(2020)发现句法复杂度与句法多样性分别都能很好地预测写作质量,但是当句法复杂度和句法多样性同时放入回归方程内时,对写作质量的预测效力达到最高。因此他们提出,从依存关系角度出发计算的句法多样性可作为衡量二语写作质量的一个有益指标。张晓鹏、李雯雯(2022)发现,相较于并列结构和单位长度类的宏观句法复杂度指标,复杂名词、充当修饰语的关系子句、直接宾语中形容词修饰语等微观句法复杂度指标更能有效预测二语英语说明文的写作质量。

然而,以上的研究大多采用 Coh-Metrix 或者二语句法分析器等自动分析软件考察句法复杂性的宏观指标,即粗颗粒的句法复杂度。近年来也有学者基于 Biber 团队提出的精细化句法复杂度指标(Biber et al., 2011; Biber et al., 2020)对原有的粗颗粒或宏观句法复杂度指标进行补充。这类研究发现,在粗颗粒指标中,写作能力水平越高的学习者能够产出更长的语言单位、更多的从属结构与并列结构,以及更多的名词短语。在精细化的指标中,写作能力水平越高,文本中会出现更多的状语从句、补语从句、定语从句,以及介词短语作名词修饰语、形容词性定语从句作名词修饰语(J. Jiang et al.,2019)。聚焦到名词短语的使用,Lan 等(2019)发现名词修饰语的频率与二语写作能力水平之间存在一定的关联。其中,定语形容词、定语从句、前置修饰名词,以及介词短语这四种名词修饰成分对二语写作能力水平的预测最具效力。然而,这类研究刚刚起步,使用精细化句法复杂度指标的研究尚不多见。

从精细化复杂度指标出发,Kyle 和 Crossley(2018)对比了传统句法复杂度指标、精细化从句类复杂度指标和短语类复杂度指标对写作质量的预测效力。研究发现,精细化的短语类指标对于写作质量的预测效力高于其他两者。该研究得出结论,精细化指标对传统指标的相关发现提供了有益补充,更能揭示更为高级的二语写作者在写作过程中采用的复杂结构信息。相似的是,李慧娴等(2022)采用了 15 个精细化句法复杂度指标探测句法复杂度与写作质量的关系。研究结果显示,精细化句法复杂度能更细致地呈现高质量作文句法的特征;从发展的角度来看,从句内部结构的变化趋势具体表现为动词后非谓语 ing 作补语、过去分词后置修饰名词,以及形容词前置修饰名词这三种句法结构的增长。他们得出以下结论:精细化句法复杂度能作为综合型句法复杂度的有益补充,更好地预测写作质量。

不过,现有的复杂度指标的计算仍然多以传统的语法构念切入句法复杂度,无论是从属类结构还是并列结构,还是动词后非谓语 ing 作补语这类指标,都源于结构主义描述型语法。事实上,在应用语言学界,已经有学者提出,使用依存关系分析短语层面上的句法复杂度或许更加可靠,通过依存表征在识别和提取二语写作的句法结构时十分高效,且不易受到学习者语言错误或不准确性等特征可能造成的影响(Kyle,2016)。实证研究也验证了计量语言学中最常用的依存关系是传统句法特征描述性指标的重要补充。例如,Bi 和 Jiang(2020)的研究就发现,由依存关系的修正类符形符比来衡量的句法多样性能够很好地预测写作质量。Kyle 和 Crossley(2017)从基于使用的语法角度出发,提出动词论元结构出现的频率、动词论元结构与动词之间连接的强度可以用来衡量句法复杂程度。他们发现,以动词论元结构为基础的句法复杂程度指标更能解释写作质量的高低。不过,以依存关系和论元结构为基础的句法复杂度指标研究还非常少,应该说是今后可以突破的研究新方向。

在句法复杂度测量方面,不仅计量语言学的依存关系指标可以对传统应用语言学指标作出补充,而且计量语言学的词汇指标也展现出了较大的应用潜力。刘飞凤、郑咏滟(2023)基于大规模学习者口语语料库,通过对比应用语言学和计量语言学词汇指标,衡量学习者口语表现的任务复杂度效应,希望能够找到更能捕捉口语表现的有效指标。研究使用了 Robison(2011b)任务复杂度分类框架,将现有的语料库中的口语任务分为低、中、高三个水平。传统指标包括 Uber 指标、实词所占比、词汇频率概览中的 Beyond - 2000 值,计量指标包括 h 点、单现词比、作者视野、平均例符长度四个指标。分析结果表明,随着任务复杂度的增加,计量指标均呈现出非线性的变化特征,而传统的词汇指标并不能呈现出该特征。相比传统应用语言学指标,计量指标的变化更贴合人类语言的复杂动态非线性变化特征。这也说明,任务复杂度对语言复杂性的影响需要采用更加多样、细致的指标进行测量,才能更加全面、细致。本研究结合语料库和计量语言学探究任务复杂度效应,表明数据驱动的语言学研究可以为二语习得核心问题研究拓展思路。第六章讨论复杂系统"互适"时还会针对该话题进一步深入探讨,此处暂不赘述。

遗憾的是,无论是句法复杂度中的依存关系指标,还是词汇复杂度中的计量指标,在现有的学习者语言研究中都还比较少见。这也应该成为未来研究可以继续推进的重要方向。

(三) 语言复杂性的环境影响因素研究

语言复杂性也受到一系列环境因素的影响。上文提到学习者的母语背景、学科背景等,可以视作学习者自身较为宏观的背景因素。从微观的环境因素来看,学习者语言产出的复杂性和话题熟悉度之间的关系是被最广泛研究的话题。Yoon(2017)全面探索了句法复杂度、词汇复杂度和形态复杂度是否能够捕捉二语写作中语言水平与话题之间的区别,并考察词汇、句法,以及形态复杂度如何测量和反映语言复杂性的不同维度。该研究从任务话题和学习者二语能力水平角度出发,分析了 1 198 篇中国大学英语学习者议论文写作文本的语言复杂性。研究结果显示,学习者在与自身经验相近的话题中能产出更为复杂的语言;短语层面的句法复杂度、词汇复杂度和形态复杂度能够区分学习者二语能力水平,但是从句层面的指标(T 单位从句数量、每个句子 T 单位数量)不能区分学习者二语能力水平。因子分析结果显示,词汇复杂度与形态复杂度两个维度荷载到同一个因子上,而不同单位的语言长度类指标荷载到同一个因子上。

现有的研究对话题熟悉度和语言复杂性之间的关联基本达成了一致的结

果：学习者书面语复杂性受到话题熟悉度的影响，熟悉度越高，书面产出语言的复杂性就越高（Abdi Tabari, Bui, & Wang, 2021；Abdi Tabari & Wang, 2022；顾琦一，徐云凤，& 金夏妃，2022）。当话题熟悉度和策略性任务准备时间两个条件结合在一起的时候，话题熟悉度对句法复杂度有着积极的、实质性的影响，对词汇复杂度也有一定的影响。策略性任务准备也促进了短语层面的句法复杂度，但是对词汇复杂度的影响有限。但是另一项研究（Yang & Kim, 2020）则发现，中国英语学习者在熟悉度较低的话题中产出的词汇复杂度更低，而句法复杂度则不受话题熟悉度的影响。

体裁也是影响语言复杂性的重要影响因素之一。Bi（2020）考察了体裁对于不同能力水平学习者二语写作中的句法复杂度与词汇丰富性的影响。该研究根据受试者学习阶段的不同划分了三个小组，分别为初中学习者、高中学习者、大学学习者。这三组学习者分别代表了不同能力水平的学习者。研究发现，初中学习者的写作句法复杂度几乎不受体裁的影响，高中学习者在 6 个句法复杂度指标上受到体裁的影响，大学学习者在 4 个句法复杂度指标上受到体裁的影响；但在词汇方面，三个学习组的写作词汇多样性均受到体裁的影响。从语域角度切入，Larsson 和 Kaatari（2020）分析了英语学习者在学术散文、科普文章、新闻、小说四个体裁写作中的句法复杂度之间的差异。研究发现，在学术写作这个语域中，相比于专业人员的写作来说，英语学习者采用了更少的形容词修饰语和介词修饰语，因此短语层面的句法复杂度能够很好地区分写作的正式程度。由此可见，学习者的水平或者专业程度和体裁因素交织在一起，形成了更加复杂的图景。

另一大类影响语言复杂度的因素是任务复杂度。本书汇报的研究将任务复杂度视作语言产出的微环境，认为任务复杂度和语言复杂度之间的关系可以使用复杂动态系统理论的"软组装""互适"等概念解读，因此我们将在第七章讨论学习者语言系统互适性时详细回顾任务复杂度与语言复杂度的实证研究。

三、本章小结

即便以往研究结果都指向语言复杂度与语言水平或写作质量之间的线性关联，但是我们应谨慎地阐释该结果。例如，有研究发现体裁影响了语言复杂性对写作质量的预测关系。Qin 和 Uccelli（2020）就指出，相较于记叙文，学习者的议论文写作中表现出更高的词汇和句法复杂度，且议论文中的词汇和句法复杂度是有效预测写作质量的指标之一,然而在记叙文中,词汇和句法复杂度并不能预测写作质量。由此可见,这种观察到的线性关联可能仅仅存在于某种体裁、某种水平的话题复杂度,或者对某个水平的学习者更为显著。正因为如此,语言复杂性本身也是一种系统性构念,具有复杂性、动态性,通过使用复杂动态系统理论的视角能够对此展开更全面、深入的研究。

　　本章回顾了学习者语言复杂性的概念构成和具体的复杂度测量指标,也总结了现有对语言复杂性研究的三条主线。在指标选取上,笔者提出需要用计量语言学的指标补充常用的应用语言学描述性指标,方可更全面、更细致地捕捉到学习者语言发展的动态性和复杂性。复杂动态系统理论作为元理论,需要和对象理论结合;本研究中计量语言学遵循语言的概率性原则(刘海涛,2017),是一个适切的对象理论。计量语言学以文本为研究对象,聚焦文本的整体特征,通过计算文本计量指标探索语言系统的自适应机制和语言演变的动因。特别在词汇复杂度计算中,不同于以外源性指标为参照系的传统应用语言学词汇复杂度指标,计量语言学建立在齐普夫概率论的基础之上,旨在计算语言单位的使用概率,讨论的是语言的内在结构和规律,以此为手段捕捉文本中各类复杂度的涌现。

第四章　学习者语言发展的动态性

复杂系统的一大重要特征是动态性,具体表现为非线性发展路径,输入和输出不再成正比。正因为如此,复杂系统的行为会变得不可预测,发展路径在可观察的视野内显现出起伏波动。在复杂动态系统理论的指导下,我们必须接受系统行为的结果取决于系统成分的整体组合,特别需要考察不同系统成分之间的互动关系。正如第二章所述,不同成分之间的互动关系可能导致输入和输出不成比例,而输入和输出之间也存在互为因果性。本章节着重考察学习者语言系统作为一个复杂动态系统在发展过程中呈现出的动态性、非线性、跳跃性等,并从构式语法的角度进行解读,力图展示"对象理论"(即语言学理论)和"发展理论"(即复杂动态系统理论)之间的适配性。本章将首先阐释语言发展的复杂度,再介绍语言复杂度分析的手段,最后分析两项实证研究,揭示相似学习环境下学习者书面语发展的迥异路径,展开讨论阐释。

一、第二语言复杂性的发展

二语习得研究聚焦二语语言特征(包括流利度、准确度、复杂度)的动态发展(Baba & Nitta, 2014; B. Polat & Kim, 2014; Spoelman & Verspoor, 2010),其中语言复杂性广受关注。1998 年,《二语习得中的写作发展:流利度、准确度和复杂度指标》(Wolfe-Quintero et al.)出版,这是第一本关于流利度、准确度和复杂度(CAF)与写作质量之间关系的专著,标志着句法复杂度这一构念第一次正式出现在二语习得研究中。自此书出版后,越来越多的实证研究开始采用句法复杂度这一构念:或作为自变量考察句法复杂度如何影响综合语言能力,或作为因变量考察受到何种因素的影响。Norris 和 Ortega(2009:99)认为语言复杂度应被视作"动态的、相互联系的、同时又不断变化的子系统集合"。第三章已详细回顾了语言复杂性的概念内涵和分类框架,此处不再赘述。

近年来,二语习得研究者对语言复杂性的兴趣方兴未艾,尤其是通过结合大型语料库和历时语料库工具取得丰硕成果。二语作文语言复杂度能有效区分学习者的语言水平、预测作文质量,随着语言水平增长更趋复杂,并受到学习者母语背景、任务类型、教学环境等因素影响（Bulté & Housen, 2014；Crossley & McNamara, 2012, 2014；Lu, 2011；Mazgutova & Kormos, 2015；Taguchi, Crawford, & Wetzel, 2013；鲍贵, 2009；邱建华, 2014；徐晓燕 et al., 2013）。语言复杂度中的句法表现尤其受到关注, 大多研究集中在这个方面（Lu, 2011；Lu & Ai, 2015；Mazgutova & Kormos, 2015；Vyatkina, 2013；江韦姗 & 王同顺, 2015；徐晓燕 et al., 2013）。

　　然而, 语言系统是一个整体, 不仅应研究句法复杂度, 也要重视词汇复杂度（Bulté & Housen, 2012；Skehan, 2009）, 不应割裂词法与句法, 而应关注两者的联动变化（Norris & Ortega, 2009；王初明, 2008）。部分研究突破词汇或句法分而治之的传统, 开始关注词汇与句法的共同发展（Bulté & Housen, 2014；Mazgutova & Kormos, 2015；B. Polat & Kim, 2014；Spoelman & Verspoor, 2010；Verspoor et al., 2008；Vyatkina, 2013；鲍贵, 2010；王海华, 李贝贝, & 许琳, 2015）。例如, Spoelman 和 Verspoor 追踪了芬兰语学习者的长期发展, 发现单词复杂度-句子复杂度、单词复杂度-名词性词组复杂度之间存在协同增长的关系, 但是名词词组复杂度-句子复杂度则呈现为此消彼长, 可视作"竞争生长点"（competitive growers）。

　　已有的研究中, 在同一研究设计中同时关注学习者语言系统不同层面的研究仍然有限, 存在以下未解决的问题。

　　首先, 现有研究对词汇与句法联动发展关系未达成共识。例如, 大多现有的词汇研究都关注单个单词的发展, 却忽略了多词词块、词束、搭配等预制词块的发展（Schmitt, 2010）。由于中国学者的研究对象多是大学非英语专业基础阶段学生, 结果发现词汇发展快于句法发展, 句法发展更波动, 甚至会趋于停滞（鲍贵, 2010；王海华 et al., 2015）。Mozgova 与 Kormos（2015）发现低水平学习者的句法与词汇发展都很快, 但中等水平学习者词汇发展明显快于句法, 后者趋于停滞。相反, Vyatkina（2013）长期跟踪的德语初级学习者在一年间词汇与句法表现平行发展。Bulté 与 Housen（2014）的语料库研究却发现经过四个月的密集学习, 中等程度学生作文的词汇多样性没有改变, 句法指标却取得进步。以上研究结果不一致, 或因为学习者水平是一个重要变量。大多研究关注中低水平学习者, 中高水平甚至高水平学习者的语言特征发展路径尚不清晰, 所以有必要将全学段学习者纳入研究范畴, 因为"只有这样才可以在二语写作的完整发展路径上更适切地探索语言复杂性"（Ortega, 2015：88）。

　　其次, Norris 与 Ortega（2009）提出要关注复杂度子成分的各自发展途径, 并关注子成分间的"曲线关联"。例如,Spoelman 与 Verspoor(2010)、Verspoor 等(2008)、江韦姗与王同顺(2015)从复杂动态系统理论的角度开展长期追踪研究,都体现出词汇与句法或句法结构内部的交互竞争、此消彼长趋势。不过,研究者多从认知资源竞争的角度解释,从语言学角度解释的不足。这恰恰折射出复杂动态系统语言发展研究的一个困境。该理论本身是一个关乎发展的理论而非语言学理论,因此需要和"对象理论"结合,方能展现出它在语言发展研究方面强大的阐释力。

　　本章主要论述两个研究,详细阐述语言复杂度的发展。以"基于使用的语言习得观"(Verspoor & Behrens, 2011; Verspoor et al., 2012; 王初明, 2008, 2015b)为出发点,第一个研究聚焦在学习者书面语的词汇发展,具体来说是单个单词和多词词束的动态发展关系;第二个研究动态考察了学习者书面语语言复杂度的发展,加深对学习者复杂系统动态性的理解。

二、基于使用的语言习得观

　　基于使用的语言习得观(Verspoor & Behrens, 2011; 王初明, 2011)融合了复杂动态系统理论下的语言发展观(de Bot & Larsen-Freeman, 2011)与基于使用的语言学本体理论(usage-based linguistics)(Bybee, 2010; Tomasello, 2003)。基于使用的语言学是一个涵盖了遵循相同理念的多个语言学路径的总称,包括认知语言学、构式语法、语言涌现理论等。该理论假设语言知识包含"一个由规约化的语言单位组成的结构性库存"(Langacker, 2008),这些语言单位就是具有不同程度抽象性和复杂性的形式功能配对(form-function pairing)(Goldberg, 2003)。形式或功能相关的构式之间产生联系,以网络的形式组织在一起。例如,表达评价功能的语言形式主要有两种:一种使用动词形式来实现(e.g. I like dogs),另一种使用形容词来实现(e.g. Dogs are cute)。

　　基于使用的语言习得观认为,语言系统并非独立存在,而是内嵌于我们的文化、社会和心理环境中,各个环境间相互影响(Verspoor, 2017)。儿童在母语习得过程中,使用他们的普通认知功能和社会认知技能,通过与成熟的语言使用者不断互动,最终缓慢地建立起自己的语言库存(Tomasello, 2003)。Tomasello(2006)认为,儿童使用语言主要是为了获取像其他人一样做事的能力,因此语言学习自然而然是文化学习和社会学习的一部分,是儿童整体发展的一部分。从这个角度来说,语言学习是一个"零敲碎打"的过程(a piecemeal process),而非自上而下的规则学习。只有通过在具体语境中不断地使用语言,儿童才能从具体的构式中将抽象的形式概括出来。不仅如此,语言输入中构式的频率具有决定性作用,频率越高的构式也更容易被儿童习得。

基于使用的语言习得观认为,语言形式并非独立存在的模块,而是相互联结与交互,既符合复杂动态系统理论认为的语言形式"全面联结性"(de Bot et al.,2007),也呼应构式语法反对模块论、将语言视为连续统的观点(Bybee, 2008)。因此,语言系统是一个由不同层面的构式组成的连续统,语素、单词、短语、子句、句子均可视为构式(Bybee, 2008)。例如,语素-ly 是一个最小的音、形、义结合体,可以表示副词(如 slowly),也可以表示名词变为形容词(如 lovely、friendly)。我们非常熟悉的单个单词可以是一个构式,同时多词词束(lexical bundles)指的是复现型的惯用语被定义为特定语体中最常重现的词汇串,例如"at the end of",也可以视作一个完整的构式。

构式反映了人类语言与处理过程中的认知范畴化过程与处理机制,因此语言发展是多重因素(例如频率效应、认知技能、人际互动)相互作用的结果(Goldberg, 2003)。较小的构式与较复杂的构式间会产生内嵌交互(王初明,2015b),所以应尽量扩大不同类型构式的考察范围,聚焦构式间的互动关系(Verspoor et al., 2012)。

基于使用的语言习得观反对语言天赋论,认为语言发展并非由内隐的语法习得机制决定,而是由学习者通过大量语言接触、借由具身体验(embodied experience)逐步发现语言的内在规律与结构模式。语言在具体情境中的使用推动了二语发展,二语语法在具体话语中逐渐发展、涌现(Langacker, 2008)。因此,语言能力现阶段的状态取决于上一阶段的状态与可用资源的迭代作用,语言形式使用过程中通过语法系统内部重组逐渐涌现(Lewis, 2000;Mac Whinney,2005),也因此会出现动态发展特征与个体间差异(Spoelman & Verspoor, 2010;Verspoor et al., 2012)。换句话说,学习者的语言使用根据每次交互场景不同,也都会产生不同,学习者在这些变化中逐渐学会更有效地学习使用语言(Lesonen et al., 2021)。有时候这种变化可能会暂时导致无效交际,甚至语言水平后退,但是语言发展中的进步和后退均应被同等视作发展的表现(Larsen-Freeman, 2015)。该观点与复杂动态系统理论中的"软组装"(soft assembly)概念一致。Thelen 与 Smith(1994)最先在儿童发展领域指出,儿童行为发展并不存在某种先天机制"硬配置",而是个体通过"软组装"各类可用资源对环境中的刺激作出反应,发展出高级的行为特征。运用到语言发展,Larsen-Freeman 与 Cameron(2008a)提出不存在能力与表现的区分,反对先天语法习得机制。语言学习是学习者通过具身体验与现时现地的语境、情境互动,通过"软组装"各类语言资源对具体的交际需求作出匹配反应,更高级、更复杂的语言模式在使用过程中逐渐涌现。

　　近年来,研究者也开始从基于使用的语法角度开展复杂动态系统实证研究。最早使用基于使用的语法视角的是 Verspoor 等(2012)发表在 *Journal of Second Language Writing* 的横截面语料库研究。他们首先对 437 份由荷兰的英语学习者产出的英语作文进行了整体评分,并根据欧框分成了 A1.1 到 B1.2 五个水平层次;再根据不同水平层次用 64 个不同的语言形式变量进行标注,其中包括句子构式、短语构式、动词短语构式、词块、词库和正确率。他们发现,不同的语言形式可以区别不同的水平层次。整体来说,学习者的书面语经历了词汇变化到句法变化,再到词汇句法都有变化,最终更高级的学习者主要产生词汇变化。

　　Lesonen 等(2017)使用单个案历时研究设计,发现该学习者在语言发展初期交替使用评价功能的两种形式(动词形式和形容词形式):刚开始的时候几乎全部都使用动词形式,之后开始逐渐出现形容词形式,最终两种形式达到平衡。之后,Lesonen 等(2021)从基于使用的动态视角出发,考察了四名初级芬兰语学习者如何实现评价功能。通过采用历时追踪研究,结果证实了前期研究中两种评价功能构式之间的竞争关系,学习者在习得了某一特定评价功能的一种语言形式之后,另一种语言形式则会倒退;与此同时,他们还发现,在语言水平快速发展的时期,构式的使用也会出现较大波动,但是在语言水平发展平稳甚至倒退时,构式使用的波动性则会降低。他们认为,该结果表明二语作为一个完整的系统,不同层面的发展都具有联动作用。

　　基于以上回顾,我们认为基于使用的语言习得观可作为一个完整框架,有效整合以往研究中分别关于词汇和句法发展的发现。本章节陈述两项研究,以展示学习者书面语系统发展过程中的动态性特征。第一个研究以中高级水平学习者的单个单词和多词词束的发展为研究对象,第二个研究则聚焦高水平学习者的构式发展路径。

三、中高级水平学习者的词汇构式发展路径①

　　坚实的词汇系统对成功的二语学习是至关重要的。以往的研究表明词汇知识是一个多层面的概念,词汇知识的发展是波动性的、渐增式的(Nation, 2011;

---

　　①　本节汇报的部分成果发表在笔者 2016 年的英文论文。本节写作添加了数据分析,并重新进行了阐释。特此说明。

Schmitt, 2010）。越来越多的研究也表明熟练的、流畅的语言使用是建立在惯用语使用的基础上的（Paquot & Granger, 2012；Wray, 2013）。然而，大多数二语词汇相关研究都聚焦于个体词汇，鲜有研究将个体词汇与惯用语联系起来，而关于二者如何共同发展的历时研究就更少了。鉴于以上原因，本小节研究的一个目标就是使用多种词汇指标探究词汇知识的多维度本质特征，以及更好地把握住多层面的词汇知识（Nation, 2011；Schmitt, 2010）。尽管个体词汇和多词构成的词条在词汇使用中具有同等重要性，但它们之间的关系却远非线性的（Schmitt, 2010）。为了解决这个问题，本研究将探究个体词汇与惯用语，即多词词束，在具体使用中是如何联系的（Biber, Johansson, Leech, Conrad, & Finegan, 1999；Staples, Egbert, Biber, & McClair, 2013）。考虑到词汇发展的渐增式特征（Schmitt, 2010），那么最佳的方法应该是运用多样测量方式对二语词汇使用展开长期跟踪。

（一）以往研究中单个单词和多词词束的发展

现有的词汇研究多集中在单个单词的研究。个体词汇的产出通常使用"词汇丰富度"（lexical richness）衡量（Read, 2000）。根据 Read 的分类，词汇丰富度包括词汇多样性（即文本中单词的形符-类符之比，简称 TTR）、词汇复杂度（即文本中低频单词占总词数的比例）、词汇密度（即文本中实词占总词数的比例）。具体到书面词汇使用来说，在写作中产出词汇，要求学习者具有词汇多方面的知识（Nation, 2001），二语词汇的选择受到认知、动机、社会文化等诸多因素的影响，学习者对写作文体、话题的足够熟悉度也会显著提升词汇丰富度（Schmitt, 2010）。与此同时，词汇丰富度的不同维度在长期发展中遵循不同的路径。通常来说，词汇多样性和词汇密度会随着学习者学习水平的不断提高而增强（B. Polat & Kim, 2014）；词汇复杂度则发展缓慢，在达到一定水平后甚至可能停止发展（Morris & Cobb, 2004）。这种现象也被称为"词汇高原"。"词汇高原"现象的出现，可以视为二语发展中的"停滞"，学界探讨这种现象与心理、认知、动机等多种因素相关（Han, 2004；N. Jiang, 2000）。值得一提的是，词汇高原通常与词汇复杂度相关，因此词汇复杂度处于停滞时，若要更好地理解词汇高原现象，就有必要加深对其他词汇丰富度组成部分的理解。

近年来，随着语料库技术的发展，人们日益意识到惯用语和个体词汇同等重要（Granger & Meunier, 2008；Paquot & Granger, 2012）。多词词束作为一类复现型的惯用语，指的是特定语体中最常重现的词汇串，与建立在预先设置的截止频率的语料分析相关（Biber et al., 1999）。以往研究表明语束一方面给使用者提供了认知处理过程的极大便利,另一方面作为一个具体的文体特征也发挥着重要的话语功能(Biber, Conrad, & Cortes, 2004a; Paquot & Granger, 2012)。针对词束和二语水平之间关系的研究并没有得出定论。一些研究表明,相较于低水平的二语学习者,更高水平的二语学习者倾向于使用更广范围的词束(Ädel & Erman, 2012),因此认为词束的丰富使用和成功的、专业的学术写作紧密相连。相反,一些研究表明词束的使用与语言水平成反比关系(Staples et al., 2013)。

　　需要指出的是,大多数针对词束的研究是依赖于横截面设计语料库方法的,鲜少有历时研究。两项针对词组习得的历时研究显示该过程相当缓慢。Li 和 Schmitt(2009)研究了一位高水平中国学生在一所英国大学学习的一年中词组产出情况。他们发现该学生词组知识的增强主要表现在更得体地使用以往学到的词组,并没有习得新的词组知识。类似地,Schmitt 等人(Schmitt, Dörnyei, Adolphs, & Durow, 2004)历时三个月的研究,表明虽然学习者的接受型和产出型词组知识都增加了,但是学习者词组学习能力和扩大个体单词接受型知识的能力之间并无联系。因此,他们认为个体单词和惯用语之间并无直接联系。

　　从以上简要回顾不难看出,词汇发展方面的研究存在一种有意无意将单个单词与多词词束割裂的趋势,这与我们采用的基于使用的语言习得观和构式的连续统观点背道而驰。

　　首先,语言形式并非独立存在的模块,而是相互联结、不断交互。因此,有必要探究单个单词和多词词束在发展过程中究竟存在何种交互关系。事实上,对于多词词束的研究发现,学习者在处理多词词束时往往将其作为一个整体进行处理,而不会将其分割成为单个单词(Conklin & Schmitt, 2012),那么在发展和产出的过程中,这两种既有联系又有区别的语言形式是否存在不同的发展路径?

　　其次,基于使用的语言习得观认为语言系统内嵌于使用的环境中。以往研究也表明,词束的发展更依赖于学习者对语言的接触、与实际使用者之间的交互,然而单个单词的发展似乎能够更加独立,这或许也和母语的迁移有关,毕竟学习者是在已有的母语词汇系统基础上发展二语词汇系统。但是多词词束这个维度往往难以从母语系统中直接迁移。如果能够探究这两种语言形式各自的发展路径,或许对基于使用的语言习得观和复杂动态系统理论的全面联结、连续统观点等都能提供进一步的证据。

　　鉴于此,展开历时跟踪对深入研究二语学习者单个单词和多词词束的使用情况显得尤为必要。复杂动态系统理论框架以语言发展的动态特征为核心,强调整体语言系统中各组成成分之间的相互联结性,适合探讨词汇学习的渐进性、

联结性和动态性特征。下面汇报的研究既关注个体内差异,也关注个体间差异的发展趋势,试图解决以下问题:

第一,一学年间,学习者的单个单词的词汇复杂度、词汇多样性、词汇密度如何发展?

第二,一学年间,学习者写作中的词束使用如何发展?

第三,词汇复杂度、词汇和词汇密度随着时间的变化相互关系如何?单个单词和多词词束的相互关系又如何?

(二)研究设计

参考 Hiver 和 Al-Hoorie(2016)提出的复杂动态系统理论实证研究设计原则,本小节汇报的实证研究采用的"动态集成"见表4.1。

表4.1　中高水平学习者词汇系统发展的动态集成

操作考量	1. 系统:学习者书面语词汇系统 2. 颗粒度层次:系统发展以"学年"为单位,数据层级是单个单词和多词词束
情境考量	1. 情境:中国大学英语专业英语课堂学习环境,暂未考虑语言系统与情境之间的互适 2. 系统网络:考察单个单词内部的词汇丰富度系统、单个单词和多词词束之间的连接关系
宏观系统考量	1. 动态过程:使用移动极值图、移动相关系数等考察系统发展的路径 2. 涌现结果:考察学习者书面语中词汇复杂度和多词词束使用状况,并甄别"词汇高原"
微观结构考量	1. 成分:单个单词的词汇丰富度,多词词束的使用频次 2. 互动:单个单词内部词汇丰富度之间的相关关系,单个单词和多词词束之间的相关关系,以及这些关联如何随时间变化 3. 参数:考察学习者的起始水平对系统变化可能产生的影响

1. 教学环境与研究对象

本研究采用历时设计,以华东地区某重点综合性大学英语专业的一组学生一学年中的作文为语料。研究者在研究期间担任一个16人班的精读老师。"精读课程"是所有英语专业学生的必修课,每周6个学时。该课程的目标是培养学生的综合英语技能,教学的主要手段是精读教材。16名学生的母语均为汉语。大多数学生是在中国的大城市长大,入学前接受了平均8年的正式英语学习。在本研究进行时,他们的年龄介于18至19岁。由于英语专业男女比例失衡,班上只有两名男生。为了保护学生隐私,皆用化名。根据《中国英语能力等级量表》(中华人民共和国教育部 & 国家语言文字工作委员会，2018)，研究对象可被视作处于中高级水平。

2. 研究步骤

学生们被要求课后每个月完成一篇指定话题的作文，研究者向学生说明这些作文不会被评分，只用于学术研究用途，也不会影响他们的最终成绩。研究者作为任课教师就他们作文的组织结构和内容给出反馈意见，但并未对词汇使用情况作出特殊评价。研究开始之前，学生们就填写同意书。其中一个学生学年末退出研究，因此她的数据不在分析范围内，最终的历时语料库包含了 15 名学习者的书面语数据。

写作任务本质上是一般学术写作而不是专业学科写作。每篇文章大约400—455 词。一学年间共收集 8 次作文。最终，15 名学生的 120 篇文章构成了本次历时研究的小型语料库，共 58,645 词。表 4.2 展示了写作话题，以及这个小型语料库中形符的数量。作文话题都与课堂教学的教材内容相关，题材均为议论文。然而，研究结果显示，话题类型及熟悉度都可能对学生们的词汇使用产生综合性影响，这一点在后面一节会详细说明。

表 4.2　作文题与每次作文的总词数

Measurements	Topic of the writing task	Total # of words
No. 1	What is your reaction to the official-English movement in the US? Do you see it as something that will unite or divide the nation?	7 357
No. 2	What are your expectations of the working world? What else do you hope to get out of a job besides a regular paycheck?	7 422
No. 3	How does the Internet affect our daily life?	7 740
No. 4	How would you predict family relationship in the 21st century?	7 841
No. 5	What role does television play in your life?	7 248
No. 6	Please write a critical review on a movie or a book that has influenced your personal growth.	6 711
No. 7	What is the purpose of arts education? Shall we encourage all our children to learn to appreciate arts?	7 374

Measurements	Topic of the writing task	Total # of words
No. 8	According to the author of the text, clichés are something that good writers should get rid of. But do clichés have commonsensical values? What is your position on using clichés?	6 952
Total		58 645

3. 词汇丰富度测量工具

本研究既采用基于词汇类形比,也采用基于词汇频率的分析工具来测量学习者的词汇丰富度。由于传统计算 TTR 的方式受到文本长度的影响,即文本越长,TTR 反而降低,研究者使用一系列数学算式转换原始 TTR 数据以增强词汇多样性的测量信度。有研究表明 Uber 对实词为主的文章或普通词汇的文章都比较合适(Jarvis, 2002),而 Guiraud 对测量学习者的口语数据更合适(Tidball & Treffers-Daller, 2007)。出于这些考虑,本研究采用 Uber 指标标识词汇多样性,计算公式如下:

$$U = \left(\frac{(\log \text{Tokens})^2}{\log \text{Tokens} - \log \text{Types}} \right)$$

本研究使用 Tom Cobb 依据词汇频率概览(LFP)(Laufer & Nation, 1995)设计的在线分析软件 VocabProfile(http://www.lextutor.ca)测量词汇复杂度。VocabProfile 通过内置的词表将文本单词分归于四个词表:最常用 1 000 词、次常用 1 001—2 000 词、学术词汇及归于以上三个词表之外的表外词汇。同时使用"学术词汇+表外词汇"的方法计算出 Beyond-2000 值。VocabProfile 同时计算词汇密度。然而值得注意的是,词汇频率概览(LFP)方法或许并不能完全反映学习者产出词汇的细微差异(Meara, 2005)。数据分析前清除了文本中的标题及引用段落。对文本进行 VocabProfile 分析时,笔者手动将国家、地名、人名等专有名词及作文题中出现的单词调为高频,避免产出词汇量或复杂度指标虚高。或许是由于不限时写作,学生有足够的时间检查,因此作文样本中的词汇错误很少。数据分析前对词汇错误都作出了纠正。

4. 多词词束的识别

识别词束的最广为使用的方法是自动检索方法(automatic retrieving approach),这种方法运用预先设定的截止频率自动从足够大的数据库中抽取各类词束,范围分布标准和其他相关信息(Biber, Conrad, & Cortes, 2004b; Simpson-Vlach & Ellis, 2010)。由于这种方法只能用于足够大的数据库分析,而本研究中的数据文本(58 645 个单词)太小,不能实现有价值的抽取。因此本研究采用一种功能查询的方法,这种方法运用现有发表的词束表作为识别指南,这些词束表包括:(1) 大学课堂教学和跨学科教材中的词束表(Biber et al., 2004a);(2) 学术词块表(Simpson-Vlach & Ellis, 2010);(3)《英国国家语料库》(BNC)和《当代美国英语语料库》(COCA)中的最常用的多词构成表达。之所以选择这些词束表,是因为它们均基于普通大学英语水平,这与本研究中的学习者特征相符。本研究并未采用学科专业词束表(Cortes, 2004)。与已有的研究相一致的是,本研究中的功能查询也包括 3 个和 4 个单词组成的多词词束。

本研究将以上提到的三个词束表合并在一起,将重复的部分剔除,同时纳入一般学术写作中的 521 个常用多词词束,其中有 345 个三词词束和 176 个四词词束。本研究采用语料库分析软件 AntConc(Anthony, 2014)来分析研究中的小型数据库里的这 521 个目标词束。

5. 数据分析

本研究采用 SPSS21.0 版本对数据进行推测性统计分析。此外,复杂动态系统理论的常用技术手段将用来揭示个体学习者发展路径的动态特征。我们采用了移动极小-极大值图表,简称极值图,将数据绘成图表以便反映观察指标的波动变化规律(Verspoor, de Bot, & Lowie, 2011)。

不同词汇测量手段之间的相互关系将通过相关性检验来进行考察。然而,由于可观察到的指标随着时间的变化有较大的波动,并且会影响它们之间真实的相互关系的反映,原始数据呈现出的相关性因而可能会导致结果失之偏颇。因此,笔者通过技术手段将原始数据去趋势化后计算残差(residuals),给定测量手段的数据残差首先是通过符合线性回归而得到的,接着计算数据残差之间的相关性以揭示不同指标之间的支持或竞争关系(Spoelman & Verspoor, 2010; Verspoor et al., 2011)。

由于推断性统计分析不适用于小样本、不规则数据的统计,本研究还采用了蒙特卡罗模拟(Van Geert & Van Dijk, 2002)。蒙特卡罗模拟又称统计模拟法、随机抽样技术,是一种以概率和统计理论方法为基础的计算方法,可以检测出观察到的相关性是不是偶然的。通过几千次随机从原始数据中再抽样,重新模拟计算数据间的关系(例如差异关系或关联关系),并与原始数据的相关关系进行比较。模拟数据中得到的相关关系数值大于或等于原始数值的相关系数的次数除以模拟的次数（例如 5 000 次）即为 p 值（Spoelman & Verspoor, 2010：539）。本研究采用 5 000 次重复的蒙特卡罗模拟，只有当 p 值小于.05 时，我们才能确定观察到的相关性是具有统计意义的。所有的数据模拟分析都是由一套叫作 PopTools 的可内嵌入 Excel 的数据统计工具进行的。

（三）单个单词维度的词汇丰富度发展

数据分析显示，这 15 名学习者单个单词维度上的词汇丰富度——词汇复杂度、词汇多样性和词汇密度呈现出非常不同的发展路径（见表 4.3）。

表 4.3　词汇复杂度、词汇多样性和词汇密度的均值

Measurements	B2000 Mean(SD)	U Mean(SD)	CW Mean(SD)	
1st	10.41(3.59)	22.71(3.46)	.52	(.03)
2nd	10.90(2.54)	25.00(2.86)	.48	(.04)
3rd	12.03(3.42)	27.16(3.27)	.52	(.03)
4th	10.05(2.63)	24.77(2.60)	.53	(.03)
5th	10.90(3.06)	25.87(2.24)	52	(.03)
6th	12.10(2.95)	26.17(2.84)	.53	(.03)
7th	10.33(3.85)	24.90(2.97)	.53	(.04)
8th	11.12(3.14)	26.05(3.48)	.52	(.04)
Repeated measures of ANOVA	Wilks' Lamda＝.211, $F(7, 14)=4.278$. $p=$ .029. multivariate partial eta squared ＝.789	Wilks' Lamda＝.071, $F(7, 14)=14.864$, $p=.001$, multivariate partial eta squared ＝ .929	Wilks' Lamda＝.174. $F(7, 14)=5.414$. $p=$ .015. multivariate partial eta squared ＝.826	

Note：B2000：Beyond - 2000 scores；U：Uber index；CW：content word ratio.

B2000 的总体平均值从 10.41 增长到 11.12，单因素方差检验表明词汇复杂度结果具有显著差异性[$F(7, 14)=4.278$, $p=.029$]。随着 U 的平均值从 22.71 到 26.05[$F(7, 14)=14.864$, $p=.001$]呈现显著增长，表明词汇多样性呈上扬态势。词汇密度在 8 次测量结果中也有显著增长[$F(7, 14)=5.414$, $p=.015$]。不过进一步的分析发现，除了第二次测量结果，CW 的均值保持在.52 和.53 之间。Bonferroni 事后检验证明显著差异来自第二次测量和其他测量之间。总的来看,词汇复杂度和词汇多样性在这一学年中呈现增长趋势,而词汇密度呈现趋稳态势。虽然总体趋势也能揭示重要的信息,但是仅仅汇报平均值可能会掩盖大量的个体差异性,而个体差异性通常又很少遵从总体发展趋势(Larsen-Freeman,2006)。这便是近期讨论十分热烈的遍历性问题(ergodicity problem)(Lowie & Verspoor, 2015, 2019),在第五章会再回来探讨这个问题。

为了探究个体发展路径,本研究采用 Baba & Nitta(2014)的方法选取个体学习者:将每个学习者在词汇复杂度、词汇丰富性和词汇密度测量中的得分与测量次数(n=8)做相关性,并挑选出具有强相关性的学习者,因为根据 Baba & Nitta(2014)的观点,强相关性意味着出现了显著增长①。基于此,笔者分别选取了 LN 和 KT,前者的 B2000(r=.574)和 CW(r=.716)与测量次数呈现最强相关性,后者的 U(r=.549)与测量次数呈现最强相关性。图 4.1(a),(b)和(c)分别呈现了这三项测量结果的极值图(以三次测量点作为一个移动窗口),同时在每个图中画出了趋势线以便更好地揭示总体发展趋势。从图 4.1 可以看出,LN 在第二次和第五次测量间最大值和最小值线图之间的带宽较宽,暗示着较为明显的波动。第五次过后,带宽变窄,此时她的 B2000 值开始增长,到第八次达到峰值。类似的模型也出现在了(b)和(c)中:KT 的词汇丰富性和 LN 的词汇密度在前四次或五次测量中呈现波动,带宽较宽,然后在后面的几次测量中渐趋稳定。

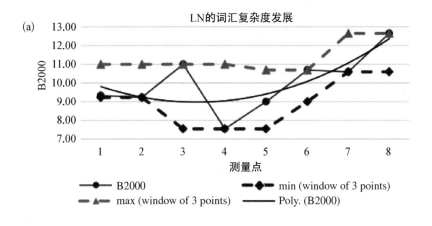

① 事实上,在后来的研究中,研究者也意识到简单将指标与时间进行相关性分析是一种线性的做法,因此在他们最新的研究中(Baba & Nitta, 2021)采取了更前沿的非线性统计方法。

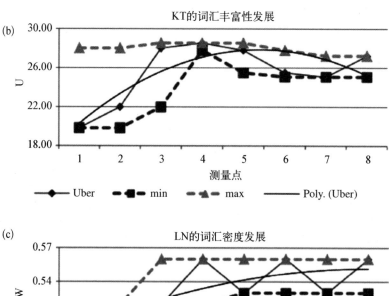

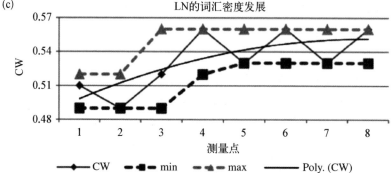

图 4.1　典型学习者的词汇复杂度、词汇多样性和词汇密度的移动极值图

（四）多词词束的发展

本研究结果表明,15 名学生使用大数据库中呈现的 521 个最常用词束的频率很低(每人每篇文章中使用 4 到 10 个词束)(见表 4.4)。

表 4.4　多词词束的使用频率

	1st	2nd	3rd	4th	5th	6th	7th	8th
总词束形符数	139	80	80	103	69	53	102	110
平均词束形符数	9.27	5.33	5.33	6.87	4.60	3.53	6.80	7.33
词束形符数最小值	2	1	0	2	1	0	2	2
词束形符数最大值	20	10	11	18	11	7	15	14

学习者 8 次测量点的词束使用(N=15).

第一次写作任务中出现的词束数量是最多的：总共有 139 个词束,平均每人在每篇文章中有 9.27 个词束(SD＝4.2),不过词束数在接下来的测量中呈现波动。由于词束频率数并非参数性数据,研究者采用 Friedman 检验以检测 8 次测量结果是否有显著差异。统计结果显示,8 次测量中词束使用具有显著性差异,$\chi^2(7, n＝15)＝25.089, p＝.001$。前五次测量的总体平均值呈现明显下降。在第六次降到最低,随后开始回升,在第八次测量时达到次峰值。总的来看,词束使用呈 U 形曲线发展。笔者选取 CD 作分析,她的词束使用量和测量次数之间的相关性最强($r＝.578$)。移动极小-极大值图表(见图 4.2)中,她的词束使用呈现波动但小幅上升的态势。

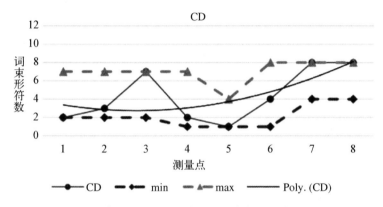

图 4.2　典型学习者 CD 的多词词束发展移动极值图

(五) 单个单词和多词词束不同指标间的关联发展

二语词汇使用不同指标间的相互关系表现在两方面。

首先,笔者通过计算每次测量的 B2000,U 值和 CW 值之间的双侧皮尔逊相关系数来检测三项词汇丰富性指标之间的相互关系(见表 4.5)。

表 4.5　单个单词内部词汇丰富度指标间的关联

变　量	1	2	3	4	5	6	7	8
B2000 和 U 值	.592 $p＝.020$	.768* $p＝.001$	.835* $p＝.000$	.573 $p＝.026$	.906* $p＝.000$	.140 $p＝.619$	.891* $p＝.000$	.718* $p＝.003$
B2000 和 CW 值	.776* $p＝.001$	.704* $p＝.003$	.676* $p＝.006$	.378 $p＝.165$	.366 $p＝.180$	.537 $p＝.039$	.422 $p＝.117$	727* $p＝.002$

变　量	1	2	3	4	5	6	7	8
U 和 CW 值	.743* $p=.002$	.735* $p=.002$	.731* $p=.002$	.308 $p=.264$	.366 $p=.180$	.234 $p=.401$	.566 $p=.028$	.624* $p=.013$

Note：* $p<.017$（with Bonferroni adjustment to account for multiple testing）；B2000：Beyond – 2000 scores；U：Uber index；CW：content word ratio.

从表中可以看出,除了第六次测量,B2000 与 U 值都呈现相对较强的显著关联。这也表明词汇越复杂,词汇丰富性也可能越高。B2000 与 CW 值,U 与 CW 值之间的相关性刚开始呈现较强且显著,中间稍微降低但并不显著,最后变得较强且显著。

在个体层面,词汇复杂度、词汇多样性和词汇密度之间的相互关系呈现较为复杂的情形。研究表明 B2000 值能有效反映二语词汇使用增长情况,因此根据 B2000 变化情况,笔者选取了四名学生进行个体研究。由于本研究的目标之一是探究词汇复杂度趋稳时不同词汇使用指标之间的相互关系,因此研究者选取了 LV 和 JT,她们的 B2000 值和测量次数之间的相关性指数最接近零(LV: $r=.012$; JT: $r=.011$),意味着可能出现了"词汇高原"现象。相反,LN 和 SL 的相关性最强 (LN: $r=.574$; SL: $r=.509$),意味着出现了最显著的增长。笔者分别计算了四位学生的去趋势相关性,同时也运用蒙特卡罗模拟测算了统计意义(见表 4.6)。

表 4.6　去趋势化后 LV、JT、LN、SL 四名学生词汇丰富度内部相关性

变　量	LV	JT	LN	SL
B2000 和 U 值	.877* $p=.002$	.681* $p=.017$	−.029 $p=.533$	.467 $p=.119$
B2000 和 CW 值	.756* $p=.015$	.215 $p=.302$	−.345 $p=.797$	−.106 $p=.601$
U 和 CW 值	.596 $p=.073$	.756* $p=.016$	.307 $p=.343$	.283 $p=.258$

Note：* $p<.017$（with Bonferroni adjustment to account for multiple testing）. B2000：Beyond – 2000 scores；U：Uber index；CW：content word ratio.

尽管 LV 和 JT 的 B2000 值显示这一年中词汇无显著增长,但他们的词汇丰富性指标得分显示强相关性,这也揭示了词汇使用不同维度的协同发展。由于这些

指标测量标准不同,笔者将去趋势数据残差转化为 0−1 值,这样可以将不同指标放在一个图表里以便观察相互关系(见图 4.3)。

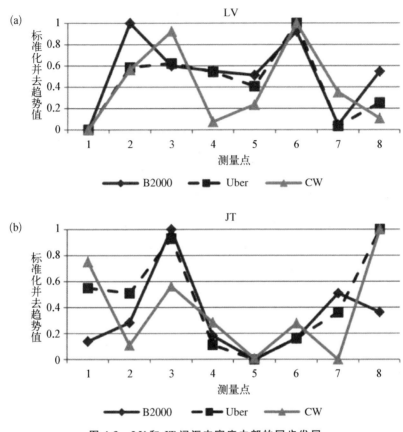

图 4.3 LV 和 JT 词汇丰富度内部的同步发展

不过需要注意的是,尽管 LV 和 JT 的相互关系模型具有高度相似性,JT 的词汇丰富性要高于 LV[JT:B2000 (mean)=14.99, U (mean)=31.07, CW (mean)=.53;LV:B2000 (mean)=8.02, U (mean)=23.23, CW(mean)=.51]。虽然他们看起来都经历了"停滞",但他们实际运用词汇产出的能力是不同的。

相反,尽管 SL 和 LN 词汇复杂度显示最为显著的增长,她们的去趋势相关性(detrended correlations)并不具有统计意义上的显著性。比如,就词汇复杂度和词汇多样性的相互关系来说,LN 和 SL 的 B2000 和 U 值的移动相关性具有共同性(见图 4.4):在前四到五次测量中,两者具有高度正相关,但是第五次过后相关性降到零以下,变为高度负相关。这意味着词汇复杂度和多样性从支持性关系向竞争性关系的转变,这与观察到的增长情况也是相符的。

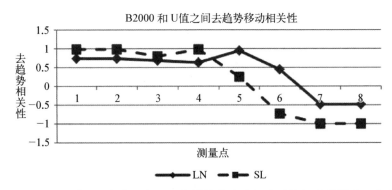

图 4.4　LN 和 SL 的词汇复杂度与词汇多样性的移动相关系数（3 次数据为一个窗口）

接着,探究单个单词和多词词束之间在群组层面上的相互关系。总体来看,B2000 和词束相关性的去趋势均值呈显著负相关($r=.657$, $p=.045$),词束和 U 也呈显著负相关($r=.728$, $p=.020$),但是词束和 CW 并无显著相关性($r=.128$, $p=.397$)。图 4.5 展示了这三项指标(词汇密度除外,因为其与词束无显著相关性)的正态化均值。可以看出,当 B2000 和 U 值在第三次测量中达到一个峰值时,词束使用频次较低。当词束在第六次测量中达到最低值时,B2000 是次峰值。根据这些观察可以推测多词词束的发展与单个词汇发展是不同的。

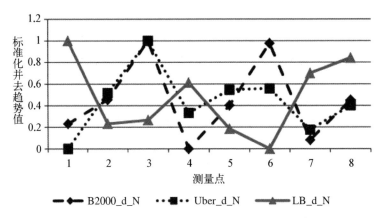

图 4.5　群组层次上词汇复杂度、词汇多样性与多词词束间的关系

个体发展的差异性尤为突出。笔者选取了 LV 和 LN 作具体说明,LV 的 B2000 分值显示无增长,而 LN 却显示了最为明显的增长。如表 4.7 所示,LV 的

B2000 和 U 值呈显著正相关,但是这两项指标都与她的词束呈显著负相关。

表 4.7　LV 和 LN 的词束(LB)使用与词汇复杂度 (B2000)、词汇多样性(U)的相关性

相　关　性	LV	LN
LB 和 B2000	−.890* $p = .002$	.410 $p = .141$
LB 和 U	−.904* $p = .000$	−.797* $p = .007$

Note: * $p < .025$ (with Bonferroni adjustment to account for multiple testing). LB: lexical bundle; B2000: Beyond‐2000 scores; U: Uber index.

由此可见,一学年中,LV 写作中使用的词束数量是最多的(总共出现 80 次)。LN 却恰恰相反,她的三项指标都出现了衰退现象,不过 U 和词束呈现显著负相关($r = .797$, $p = .007$),意味着词汇丰富度明显下降。总的来看,研究结果表明单个单词的丰富度与词束使用之间存在相互抵消现象。

(六)讨论:单个单词和多词词束的此消彼长

本小节汇报的历时研究基于复杂动态系统理论框架,探究 15 名学习者的书面语词汇系统的复杂动态发展。四项指标揭示了不同的发展路径:词汇复杂度和词汇丰富性呈现增长,词汇密度趋稳,而词束使用呈 U 形曲线路径。同时,这些指标之间的支持性和竞争性关系交替出现,在以往的二语词汇发展相关研究中很少呈现这样的动态过程。

尽管词汇丰富性增长幅度较词汇复杂度大,但与以往研究结果中的这两项指标的总体增长趋势是一致的。本研究使用一系列独特的动态系统分析法深入探究个体学习者的发展路径,进一步揭示了个体内的差异性。极大‐极小值图描绘了发展轨迹经历的强大差异,同时又伴随着细微的波动,这与复杂系统的"发展伴随变化"的特征一致(Baba & Nitta, 2014; Spoelman & Verspoor, 2010; Verspoor, et al., 2008),意味着个体单词的使用可以视为动态词汇系统的一个子系统。

更重要的是,本研究通过使用多项词汇指标和复杂动态系统分析工具对"词汇高原"现象的发生给出了新的见解。复杂动态系统观将"停滞"视为系统出现的"吸态"或"动态均衡"(de Bot et al., 2013)。本研究提供了实证证据:词汇复杂度的停滞伴随着各成分指标的相对协同发展。比如 LV 和 JT 的词汇使用中呈现的协同发展轨迹就说明了这一点。对于呈现较为明显的词汇增长态势的学习者(如 LN 和 SL)来说,这样的协同发展并未出现,但却出现了明显的时而支持、时而竞争的关系。虽然词汇丰富性内各指标协同发展与词汇增长关系如何,在以后的研究中需要扩大样本,但本研究的结果使得我们可以推测"停滞现象"揭示了系统内组成要素协同发展的特征。诚然,这也是动态系统通过自组进入的"吸态"的关键特征(Larsen-Freeman & Cameron, 2008a)。在复杂动态系统中,子系统之间的相互适应会促进更高阶的平衡出现,不管水平如何,因此这些子系统之间的协同发展会预示着吸态的出现。从这个角度看,系统处于词汇高原时可以看作系统通过自组达到的吸态,而不是习得过程中不可避免的失败或终点。通过纳入新的变量,系统有可能脱离平衡状态,自组到达新的发展阶段。

　　作文话题类型也有可能对词汇使用产生一定的影响。笔者通过进一步分析,发现 4 篇词束使用更为频繁的文章(第一篇、第四篇、第七篇和第八篇,每个词束出现次数在 102 至 134 间),话题与学生日常生活联系较少,且具有专业性,比如文章 1 的话题为"美国的唯英语运动",文章 8 为"写作中套话的运用";相反,四篇词束使用较少的文章(第二篇、第三篇、第五篇和第六篇,每个词束出现次数在 56 至 80 间),话题与学生个人生活息息相关,比如文章 2 的话题为"互联网的作用",文章 5 为"电视在日常生活中的作用"。笔者运用威尔科克森符号秩检验手段对这两类文章的词束使用次数进行检验,发现具有统计差异($z = -3.241$, $p = .001$, $r = .837$)。这样看起来,即使话题都是特意选定,体裁也作出了控制(要求学生写议论文,以避免体裁影响),话题类型对词束使用也具有一定影响。

　　或许会有质疑,话题类型在单个单词使用中也有影响,经检验,结果恰恰相反。配对样本 T 检验表明虽然词汇密度无显著差异[CW:不熟悉话题:mean = .52 (SD = .03);熟悉话题:mean = .51 (SD = .03);$t = 1.779$, $df = 14$, $p = .097$],但第一类作文题[B2000:不熟悉话题:mean = 10.48 (SD = 2.78),熟悉话题:mean = 11.48 (SD = 2.66),$t = -2.439$, $df = 14$, $p = .029$]相比第二类作文话题[U:不熟悉话题:mean = 24.61 (SD = 2.58);熟悉话题:mean = 26.05 (SD = 2.23);$t = -4.334$, $df = 14$, $p = .001$],学生使用的词汇复杂度和词汇多样性都较低。这也表明相对于更为熟悉的话题,学习者词汇使用更加丰富(Yu, 2010),但词束使用更少。相反,相对于不那么熟悉的话题,学习者更频繁地使用词束,但词汇丰富性较低。这可能是对于不熟悉的话题,他们需要调用更多的认知资源,多词词束作为一种惯用语(或者是预制性语言,pre-fabricated language patterns),使用起来能够有效节省资源,弥补资源的不足。

话题类型对这两种词汇使用的不同影响是一个意外发现,但这个发现具有潜在重要性,因为它表明单个单词和多词词束之间存在相互抵消、此消彼长的关系。事实上,当从个体层面进行分析时,这种关系更加突显,比如图4.5中LV和LN的发展轨迹表明词汇使用越丰富,词束使用越少。因此从复杂动态系统理论观来说,在同一个词汇系统中,同个体词汇相比,由于词束的词汇语法结构功能的不同,其使用也会有所不同(D. Liu, 2012)。抵消影响也反映了内嵌于同一个二语词汇系统中的两个子维度之间动态的、相互适应的过程,这一词汇系统资源有限也可能受到不同话题类型的影响。

或许会有人说,词束本质上是半封闭的表达,通常是高频词构成的,这样实质上排除了复杂的、多样的词汇使用。我们认为不尽然如此。有研究表明,丰富多样的词束使用是成功的专业写作的显著特征,大多数研究中出现的词束来自专业性强的期刊文章(Ädel & Erman, 2012; D. Liu, 2012)。这表明在高级写作中,高程度的词汇丰富性可以与词束的丰富使用并存。本研究中出现的词汇丰富性和词束使用相互抵消的情况,部分可能是研究对象二语水平(中上水平)影响的结果。Ellis(2002)指出,较低水平的二语学习者在产出时更依赖使用记忆性强的固定搭配,随着水平的提升渐渐地朝着自建、更加熟练的方向发展,固定搭配的使用也逐渐减少。从复杂动态系统理论来看这种"抵消"现象,我们认为水平较低的学习者的多维词汇系统需要动用更多的资源以获得发展,这可能会加剧子系统之间对已有资源的竞争。因此,在这个过程中词汇丰富性的变化可能会引起词束使用的变化。这两个子系统不断地相互适应,直到随着资源的优化配置,如高级专业写作中词汇的使用,学习者的词汇系统也进入一个更加高级的阶段。到那时,竞争性的抵消可能会转化为更为平衡的协同发展。

四、高水平学习者的语言构式发展路径[①]

基于使用的语言习得观,将语言结构视为内嵌交互的构式(Bybee, 2008;王初明, 2015b),本节的研究将学习者书面语系统分为单词构式、短语构式、句子构式三层,主要目的是采用统一框架,从三层构式追踪考察语言复杂度的动态发展。研究结果希望能够在复杂动态系统理论的框架下揭示语言发展的动态性,并展现该理论特有的分析方法。以下汇报的研究主要讨论三个问题:

---

① 本节汇报的结果部分来自笔者2018年在《外语教学与研究》发表的论文,但是在本节写作中进行了重新分析整合与阐释,在此特别说明。

第一,两名高水平学习者在一学年间作文产出的单词构式、短语构式、句子构式三个层面如何发展?

第二,这三个层面之间在发展过程中呈现何种交互模式?

第三,两名学习者在三个层面发展路径有何异同?

(一) 研究设计

参考 Hiver 和 Al-Hoorie(2016)提出的复杂动态系统理论实证研究设计原则,本小节的实证研究采用的"动态集成"见表4.8:

表4.8 高水平学习者三层构式发展的动态集成

操作考量	1. 系统:学习者书面语构式系统 2. 颗粒度层次:系统发展以"学年"为单位,数据层级是三层构式(单词构式、短语构式、句子构式)
情境考量	1. 情境:国际高中的英语课堂学习环境,考虑语言系统与读写情境之间的互适 2. 系统网络:考察单词构式、短语构式、句子构式之间的连接关系
宏观系统考量	1. 动态过程:使用移动极值图、移动相关系数等考察系统发展的路径 2. 涌现结果:考察学习者书面语中单词、短语、句子的使用状况,并甄别"句法高原"
微观结构考量	1. 成分:单词构式(词汇多样性、词汇频率)、短语构式(名词词组长度、动词词组长度)、句子构式(句子长度、句法相似度) 2. 互动:单词构式、短语构式、句子构式之间的关联,以及这些关联如何随时间变化 3. 参数:考察学习者的起始水平对系统变化可能产生的影响

1. 教学环境与研究对象

以往针对中国英语学习者写作能力发展的研究对象多为大学阶段的非英语或英语专业基础阶段学生,教学环境仍以语言教学课程为主。本研究关注另一个群体:在国际课程中心修读全读写课程的高中生。研究在上海市某一重点中学的国际教学中心内开展。该中心以英语为教学语言,主要教授美国高中课程,仅中国历史与中文使用汉语授课。本研究使用的数据来自研究对象修读"英语语言与写作"的课程作业。该课程基于美国高中"大学先修课程"(Advanced Placement)体系中的英语类课程①。"AP英语语言与写作"本身是针对英语为母

---

① 具体关于 AP 课程信息可参考 http://apcentral.collegeboard.com/apc/public/courses/teachers_corner/2123.html。

语的高中生全读写课程(literacy course),目的是帮助高中生达到大学写作课程的要求。课程要求学生能够对各类非文学文本进行分析性阅读,并能根据文本的修辞特征、主旨大意进行议论、评述,作文文体属于议论文。该国际教学中心开设课程并由经验丰富的美国外教讲授。课程教学以分析性阅读、写作为主,不包含语法、词汇等语言形式的授课内容。周学时5小时,为期一学年(40周)。

　　研究对象为两名高二学生 AN 与 MD(化名),均为17岁,之前没有出国留学经历,接受的英语教育均为课堂学习。在高二前的暑假,两人参加了 TOEFL-iBT 考试,AN 获得110分,MD 则得85分。基于以往研究(Mazgutova & Kormos, 2015; Yang, Lu, & Weigle, 2015),两人都属于高水平学习者,但 AN 的综合水平显然高于 MD。事实上,在学年结束时,两人均参加了 AP 英语语言与写作的正式考试,AN 获得最高分5分,MD 获得3分。

　　2. **数据采集与文本分析指标**

　　本研究依据"基于讲授的全抽样法"(Vyatkina, 2013),不另行布置作文题,而是在与"AP 英语语言与写作"授课教师沟通下,收集一学年间未经教师修改、学生根据课程任务完成的作文草稿。课程伊始,有三名学生修读,但其中一名未能完成所有作业,所以只收集到 AN 与 MD 的作文。作文每两周布置一次,题目均围绕阅读材料进行讨论、分析,40周内两人各收集20篇,共计40篇(21 200 词)。文体为议论文,课后不限时完成,可查字典与参考书,长度400—1 000词不等①。

　　本研究采用自动句法分析软件 Coh-Metrix 3.0 (McNamara et al., 2014)。该软件自动分析出文本的106个相关指标,在二语写作研究广泛使用(Crossley & McNamara, 2012, 2014; Mazgutova & Kormos, 2015; 江韦姗 & 王同顺, 2015),信度与效度均可保证。但该软件的缺点是对拼写、词汇或语法错误较敏感,故在文本分析前手动纠正错误。由于本研究考察重点并非准确性而是复杂性特征,故仍选用该软件,并从以往类似研究中选取相应指标。

　　● 单词构式:

　　1) 词汇多样性(MLTD):传统研究词汇通常使用词汇形符-类符比(TTR)表示词汇多样性,即词类(type)与词符(token)之间的比例,但传统计算 TTR 的方式受到文本长度的影响(Jarvis, 2002)。为解决这个问题,研究者使用一系列数学算式转换原始 TTR 数据以增强词汇多样性的测量信度,包括 D (Malvern, Richards, Chipere, & Durán, 2004)、Uber index (Jarvis, 2002)及 MLTD(Measures

---

　　① 本研究重点是学习者在特有课程环境中作文语言特征长期发展,加之采用了"基于讲授的全抽样法",所以并不严格控制时间因素,仅确保每次写作任务条件的连续性。

of Lexical Diversity)(McCarthy & Jarvis, 2010)。由于 MLTD 不受文本长度影响,本研究选其作为词汇多样性指标。

2) 词汇频率(CELEX):词汇频率是词汇丰富性的一个重要衡量标准,词频越低表示使用者的词汇量越丰富。较常用的衡量词汇频率的方法是基于频段的词汇频率概览(LFP)(Laufer & Nation, 1995),但它无法捕捉学习者的微小变化(Meara, 2005)。基于大型语料库词频比对的词汇频率衡量指标 CELEX(Baayen, Piepenbrock, & Gulikers, 1995)比 LFP 更加敏感,能够捕捉二语学习者作文的微小进步(Crossley, Cobb, & McNamara, 2013),适合本研究问题。

● 短语构式:

1) 名词短语长度(NP Length):本研究使用名词短语长度(主名词前的平均词数)标志名词化程度。

2) 动词短语长度(VP Length):针对英语母语者还是英语为二语者的文本分析显示,动词短语长度(主动词前的平均词数)是预测作文质量的有效参数,具有大效应值(Crossley & McNamara, 2014; McNamara, Crossley, & McCarthy, 2010)。

● 句子构式:

1) 句子长度(MLS):句子复杂度传统使用句子长度衡量,以往研究均表明句子长度随着水平增长而加长,并与作文质量正相关(e.g. Mazgutova & Kormos, 2015; Yang et al., 2015)。

2) 句法相似度(STRUT):Coh-Metrix 提供衡量句法相似度的指标 STRUT,通过比较相邻句子的句法树相似程度评估句法多样性。研究表明,越相似的句法构式标志较简单的句法表现,而句法相似度越低则表示作者能够掌握更多样的句法形式(Crossley & McNamara, 2014)。

3. 数据分析

本研究使用 SPSS21.0 进行推论性统计分析。由于文本分析指标属于非参数数据,本研究使用了 Spearman's Rho 检验相关性。针对小样本的时间序列数据,本研究使用了三种分析方法:

第一,本研究使用了局部加权回归散点平滑法(Locally Weighted Scatterplot Smoothing,简称 Loess smoothing)(Bassano & Van Geert, 2007),从不规则的数据中模拟发展曲线。本研究使用了 PTS Loess Smoothing Utility(Peltier, 2009)实现该功能。平滑参数 alpha 值设为 0.25,由于共有 20 次数据点,根据"数据点 * 平滑参数"的公式计算出平滑曲线的移动窗口为 5 次测量。

第二,借鉴儿童发展领域中的移动极值图(Van Geert & Van Dijk, 2002)对文本指标进行可视化呈现。同时为了考察指标间的动态相关性,使用了移动相关系数计算方法(5 次测量为一个移动窗口)。在计算指标间的相关系数时,观察指标如果处于上升趋势,指标之间的支持或竞争关系可能会被此种上升趋势掩盖,故在数据处理时去除了原始数据中的上升趋势(detrend the data),将指标从原始值转换成了残差(residuals)(Verspoor, et al., 2011: 176 – 181)。

第三,本研究使用变点分析器(Change-Point Analyzer)的时间序列数据分析软件(Taylor, 2000),分析可视化数据或曲线呈现的变化是否具有统计意义。这是复杂动态系统研究中常用的一种时间序列分析方法,可以有效侦测发展中的非线性跳跃。通过一系列自展输入引导程序,该程序能够确认显著变化发生的时间点。Baba 与 Nitta(2014)率先使用该软件研究二语学习者作文长度变化,并成功确认了发生质性变化的时间点。本研究采用 without replacement、5 000 次自展引导程序,并将 confidence level 设为 95%。

(二) 高水平学习者语言发展路径

为了展现两名学习者的发展差异,以下部分将分别讨论她们的语言发展,之后再综合讨论研究结果。

1. 高起点学习者 AN 的发展模式

AN 作文的语言特征变化并不明显(详见表 4.9)。参照 Baba 与 Nitta(2014)的做法,笔者将六个语言特征指标分别与测量次数进行相关性分析,旨在初步检视各个指标的变化程度。结果表明,只有词汇多样性与动词短语长度两个指标产生显著变化,而句子构式层面上的两个指标均未出现显著发展。

表 4.9　AN 的作文语言特征变化

测量次数	词汇		短语		句子	
	词汇多样性(MLTD)	词汇频率(CELEX)	名词短语长度(NP Length)	动词短语长度(VP Length)	句子长度(MLS)	句法相似度(STRUT)
1	82.797 0	2.897 0	0.804 0	4.250 0	20.437 5	0.07
2	107.739 0	3.017 0	0.754 0	3.292 0	20.782 6	0.06
3	79.633 0	3.034 0	0.649 0	2.882 0	15.733 3	0.09
4	114.751 0	2.941 0	0.942 0	3.629 0	21.000 0	0.05

测量 次数	词　汇		短　语		句　子	
	词汇 多样性 （MLTD）	词汇频率 （CELEX）	名词短语 长度（NP Length）	动词短语 长度（VP Length）	句子长度 （MLS）	句法 相似度 （STRUT）
5	104.908 0	2.962 0	0.984 0	3.909 0	26.050 0	0.07
6	102.091 0	2.960 0	0.733 0	2.529 0	18.884 6	0.07
7	105.535 0	2.947 0	0.916 0	3.867 0	19.347 8	0.07
8	82.197 0	2.957 0	0.957 0	4.625 0	20.476 2	0.08
9	94.900 0	3.070 0	0.785 0	3.743 0	21.833 3	0.07
10	116.599 0	2.869 0	0.746 0	2.400 0	18.272 7	0.07
11	116.911 0	2.960 0	0.877 0	4.000 0	19.087 0	0.07
12	83.506 0	2.929 0	0.882 0	3.972 0	22.714 3	0.07
13	111.314 0	2.923 0	0.701	5.828 0	18.769 2	0.08
14	82.179 0	3.134 0	0.761 0	4.269 0	21.545 5	0.06
15	94.790 0	3.049 0	0.937 0	4.029 0	19.920 0	0.07
16	103.286 0	2.810 0	1.248 0	5.700 0	22.333 3	0.06
17	127.080 0	2.970 0	0.970 0	4.125 0	18.800 0	0.07
18	153.333 0	2.872 0	0.724 0	3.923 0	19.869 6	0.06
19	119.680 0	2.996 0	0.809 0	3.862 0	17.576 9	0.07
20	141.596 0	2.938 0	0.837 0	4.846 0	17.074 1	0.06
与测量次数的 相关性 （Spearman's Rho）	.496* （$p<.05$）	−0.107	0.142	.478* （$p<.05$）	−0.245	−0.214

　　为了进一步观察产生显著变化的两个指标,绘制移动极值图(图 4.6)。可以看出,两个指标在研究后期均有层级变化,但变化点分析表明该层级显著性均未达到.05,在观察期间不存在显著跳跃。从多项式趋势线来看,AN 的词汇

多样性和动词短语长度都处于较平缓的波动中。可以推测,由于 AN 已经处于发展的高位,其语言复杂度系统的发展可能已经进入了词汇高原和句法高原的"吸态"。

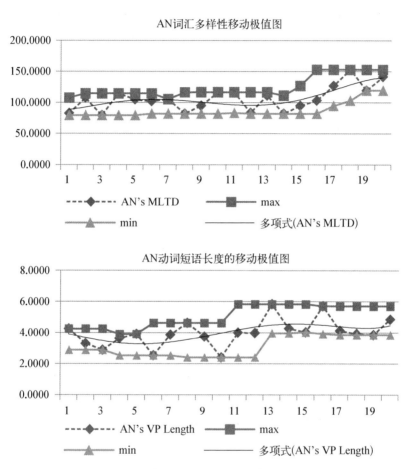

图 4.6　AN 词汇多样性与动词短语长度的移动极值图

基于使用的语言习得观认为语言形式不是独立存在的模块,而是相互联结的,所以我们在具体考察学习者单词、短语、句子构式的时候,不仅要考察构式连续统的各个层面,也要考察不同层面之间的交互。

首先,我们对原始数据进行了去趋势化处理,再进行了相关性分析。结果显示,AN 作文在单词、短语、句子层面的六个指标中,只有句子长度与名词短语长度($rho = .613$, $p < .01$)、名词短语长度与动词短语长度($rho = .549$, $p < .05$)显著正相关,而词汇多样性与词频则显著负相关($rho = -.576$, $p < .01$)。在相互

联结系统内部,当两个参数之间相互支持时,发展需要的资源少于未形成关联增长的参数,而负相关则表明出现了资源竞争(Van Geert, 1991)。句子长度与名词短语长度、名词短语长度与动词短语长度之间的显著正相关关系表明,短语构式与句子构式达到了协同发展的状态。从另一个角度说,句子的长度是由短语长度促成的。但是,词汇多样性和词频之间的显著负相关表明单词构式内部出现资源竞争。也就是说,单词越多样,反而词频有所下降。这可能和 AN 的发展阶段相关,后面还会再次论证这一点。

　　以往研究中存在的最大分歧在于词汇与句法发展的互动关系,所以本研究进一步考察 AN 作文中词汇多样性与句子长度的发展交互。尽管相关性检测未能显示两者间任何有意义的关联,但是通过观察发现,两个参数的局部加权散点平滑线①(图 4.7)关联波动起伏。

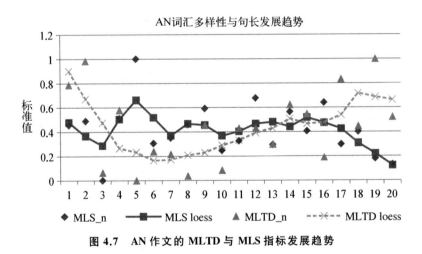

图 4.7　AN 作文的 MLTD 与 MLS 指标发展趋势

　　接着,我们以 5 次测量作为一个时间窗口,计算了两个指标的移动相关系数(图 4.8)。变化点分析软件对移动系数进行了分析,侦测出三个阶段,确认具有统计意义,显著值<.01。AN 的词汇多样性与句子长度之间的关系从相互支持变成相互竞争。也就是说,在观察初期,AN 的句长和词汇多样性能够协同发展,但是到后期这种关系被打破。考虑到句子构式层面的两个指标(句长 MLS 和句子结构相似度 STRUT)均未体现出明显发展,可以发现后期的不同步关系是由于词汇多样性的发展造成的。

<hr />

　　① 为了将不同计算单位的指标放在一张图内,笔者根据公式(观察数值-序列最小值)/(序列最大值-序列最小值),将原始数据转换成 0—1 之间的标准值。

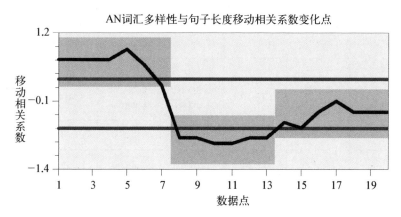

图 4.8　AN 的词汇多样性与句子长度移动相关系数变化点分析

同时,AN 的名词词组长度和词频指标之间的移动相关性也出现了较明显的波动。变化点分析也展示出三个不同的阶段,详见图 4.9。可见,AN 的名词词组长度和词频之间经历了竞争、支持、竞争的三个阶段。根据图 4.9 可知,AN 的名词词组长度没有呈现出显著发展,因此可以推断这种变动是由词频的波动带来的。

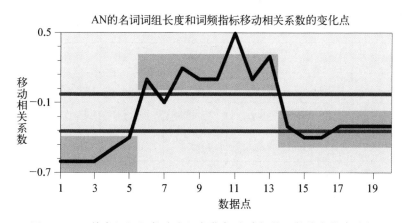

图 4.9　AN 的名词词组长度和词频指标移动相关系数的变化点分析

2. 中起点学习者 MD 的发展模式

MD 的起始水平低于 AN。与 AN 的平稳发展不同,MD 一学年间作文的语言特征改变幅度较大,详见表 4.10。

表 4.10　MD 一学年间作文语言特征的变化

测量次数	词　汇		短　语		句　子	
	词汇多样性（MLTD）	词汇频率（CELEX）	名词短语长度（NP Length）	动词短语长度（VP Length）	句子长度（MLS）	句法相似度（STRUT）
1	117.067	2.911	0.796 0	2.615 0	13.083 3	0.10
2	130.586	3.033	0.778 0	3.867 0	15.392 9	0.11
3	67.27	3.055	0.703 0	2.733 0	14.214 3	0.09
4	102.706	3.004	1.035 0	2.231 0	20.285 7	0.06
5	62.828	3.067	1.097 0	6.500 0	20.692 3	0.06
6	79.325	3.029	0.752 0	4.458 0	19.384 6	0.08
7	77.734	2.953	0.836 0	4.000 0	19.115 4	0.10
8	65.4	3.11	0.993 0	5.214 0	18.103 4	0.08
9	94.247	3.037	0.810 0	4.828 0	17.960 0	0.08
10	68.594	3.112	0.960 0	4.214 0	18.565 2	0.09
11	92.435	2.915	0.910 0	2.579 0	18.384 6	0.06
12	92.4	2.947	1.062 0	4.387 0	18.750 0	0.07
13	83.4	3.014	1.039 0	5.571 0	20.521 7	0.09
14	105.691	2.856	1.069 0	5.172 0	18.916 7	0.09
15	100.548	2.97	1.016 0	5.571 0	19.038 5	0.08
16	75.943	3.003	1.117 0	5.296 0	21.318 2	0.07
17	120.286	2.999	0.930 0	4.487 0	17.812 5	0.07
18	93.647	2.874	0.835 0	5.320 0	20.130 4	0.08
19	131.694	2.889	0.931 0	3.677 0	22.166 7	0.05
20	98.82	2.993	1.081 0	7.250 0	21.208 3	0.07

续　表

测量次数	词　汇		短　语		句　子	
	词汇多样性（MLTD）	词汇频率（CELEX）	名词短语长度（NP Length）	动词短语长度（VP Length）	句子长度（MLS）	句法相似度（STRUT）
与测量次数的相关性（Spearman's Rho）	.229	−.457*	.467*	.514*	.526*	−.428

*$p < .05$

短语构式的两个指标均显著增长（NP Length：$rho = .467$，$p < .05$；VP Length：$rho = .514$，$p < .05$）。然而变化点分析显示,在名词短语长度和动词短语长度两个指标上并未出现跳跃式发展。句子构式的句长指标显著发展（$rho = .526$，$p < .05$),变化点分析显示在第四次产生了跳跃式发展（图 4.10）。句法相似度指标则明显下降（$rho = −.428$，$p = .06$）,接近显著,表明句子多样性加强。但是变化点分析未能侦测出任何跳跃式发展。

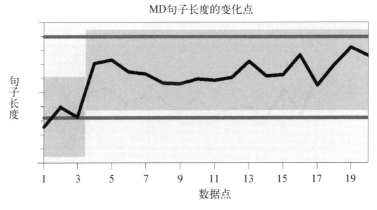

MD句子长度的变化点

图 4.10　MD 句子长度的变化点分析

然而,MD 的单词构式指标却出现倒退：词频指标 CELEX 显著下降（$rho = −.457$，$p < .05$）,变化点分析显示倒退出现在第 11 次测量（$p < .01$）,详见图 4.11。词汇多样性指标 MLTD 也在第 3 次测量出现倒退（$p < .01$）,详见图 4.12。需要特别指出的是,Spearman's Rho 检验无法探测出 MD 的词汇多样性与时间的负相关,如表 4.10 中,词汇多样性 MLTD 指标和时间之间的 Spearman's Rho 系数

并未达到显著意义,这可能是因为这是一个线性相关检测工具,无法捕捉该指标较微弱的非线性倒退。由于变化点分析采用的是自展导入引导程序算法,更能捕捉出该种微变化。综合以上发现,推测 MD 的写作能力发展主要体现在短语和句子层,而单词构式却出现了跳跃式倒退,预示了不同层面构式间的频繁交互、语言系统的资源重组与竞争。

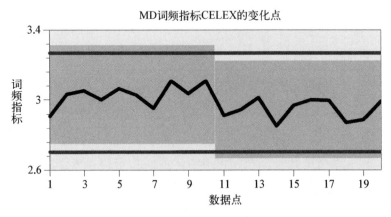

图 4.11　MD 词汇频率的变化点分析

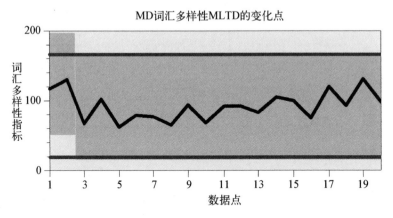

图 4.12　MD 词汇多样性的变化点分析

进一步考察单词构式与句子构式的内嵌交互,我们发现,句子长度与词汇多样性无显著相关。通过计算两个指标间的发展趋势的局部加权平滑曲线,可以看出两者的关联由波动转为同步(图 4.13)。移动相关系数的计算和变化点分析进一步证实,两个指标的移动系数经历了三个阶段,第 1 次到第 13 次振荡,第 13 次到第 17 次测量为强竞争,第 17 次测量之后则为弱竞争(图 4.14)。

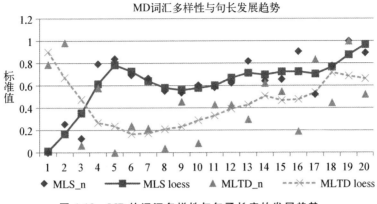

图 4.13　MD 的词汇多样性与句子长度的发展趋势

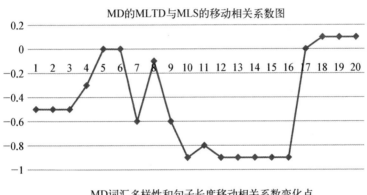

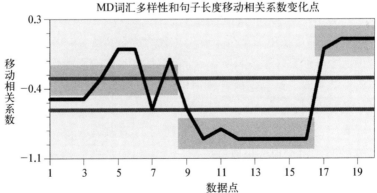

图 4.14　MD 词汇多样性与句子长度移动相关系数和变化点分析

　　同时,MD 的句子长度与词汇频率也呈现出波动的互联关系,移动相关系数的变化点分析发现(图 4.15)三个阶段:第 1 次到第 10 次处于波动关系,第 9 次到第 15 次转为强支持,第 15 次到第 20 次转为无相关性。

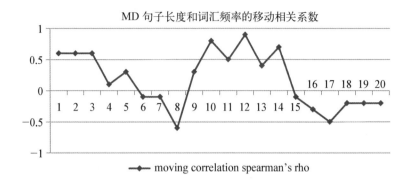

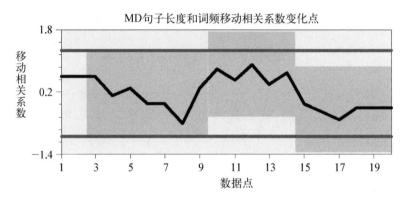

图 4.15　MD 的句子长度和词频的移动相关系数与变化点分析

MD 在发展中期的模式非常值得关注：无论是句子长度与词汇多样性还是句子长度与词频，都是在中期产生了变化。大约从第 9 次、第 10 次开始，她的句子长度与词汇多样性呈现强支持关系，而句子长度与词频则为强竞争关系，但是之后又开始没有关联。结合之前在单词构式中观察到的波动，可以推论 MD 的单词构式子系统出现倒退。

就短语使用而言，MD 的句法相似度则与名词短语长度呈负相关（$rho = -.469$, $p < .05$）。由于句法相似度值越低表明句子多样性越高，可以推断 MD 作文产出中句子多样性与名词短语都互为增长。综合来看，MD 在语言使用过程中构式间交互频繁，表明她能充分调动不同层面的语言资源促进书面语表达能力综合发展。

3. AN 和 MD 的对比

由于 AN 和 MD 具有不同的起始水平，我们系统比较了两人六个指标之间的差异。表 4.11 汇总了均值和独立样本 T 检验的结果。

表 4.11 AN 与 MD 在六个指标上的差异比较

	group	N	Mean	Std. Deviation	Independent T-test
NPlength	AN	20	.850 800	.1 362 369	$t=-2.071, df=37.868,$ $p<.05$
	MD	20	.937 500	.1 284 288	
VPlength	AN	20	3.984 000	.8 649 484	N.S.
	MD	20	4.498 500	1.321 286 2	
MLS	AN	20	20.025 395	2.274 381 7	N.S.
	MD	20	18.752 235	2.319 008 0	
STRUT	AN	20	.068 550	.0 085 377	$t=-2.473, df=38,$ $p<.05$
	MD	20	.078 050	.0 149 119	
CELEX	AN	20	2.961 750	.0 747 655	N.S.
	MD	20	2.988 550	.0 736 646	
MLTD	AN	20	106.241 250	20.031 020 6	$t=2.040, df=37.929,$ $p<.05$
	MD	20	93.031 050	20.920 121 8	

　　以上可见,AN 与 MD 在一学年的发展中,句子长度、动词词组长度、词频上的发展不存在显著差异;也就是说,虽然 AN 的起点较高,但是在发展速度上不如MD。具体来看,图 4.16 显示两者在句子长度上的不同发展趋势。不难发现,尽管

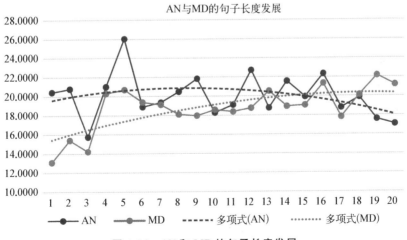

图 4.16 AN 和 MD 的句子长度发展

两人的起始水平相差很大,AN 的句子长度缓慢下降,而 MD 的句子长度则呈现明显上升趋势。也就是说,MD 的句子长度增长幅度快于 AN 句子长度的增长速度,MD 追赶上了 AN 的发展,最终两者在句子长度的数值上没有显著差异。

相对而言,两人在动词词组长度上没有差异,则是因为两人同样都经历了较明显的增长,尽管 AN 的增长幅度没有 MD 增长幅度明显(图 4.17)。

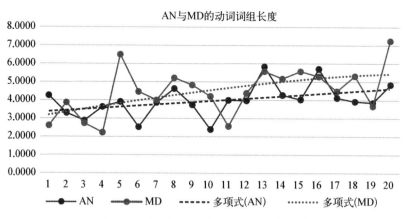

图 4.17　AN 与 MD 的动词词组长度发展

然而,AN 和 MD 产生明显差异的是词汇多样性、名词词组和句子相似度。从下图可见,除了词汇多样性,AN 要显著高于 MD,在名词词组和句子相似度方面,MD 的发展速度都高于 AN。因此,可以概括地说,在短语构式和句子构式方面,尽管 MD 的初始状态低于 AN,但是通过后期发展基本都达到了和 AN 相似的水平。

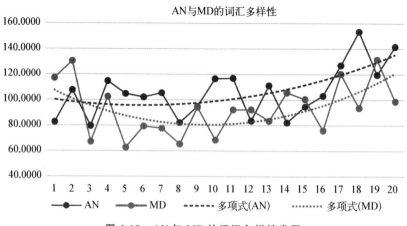

图 4.18　AN 与 MD 的词汇多样性发展

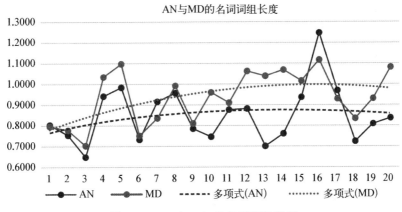

图 4.19　AN 与 MD 的名词词组长度

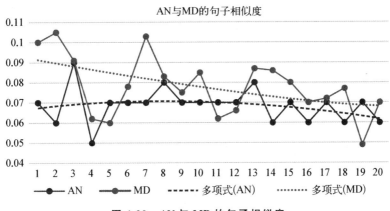

图 4.20　AN 与 MD 的句子相似度

（三）讨论：高水平学习者书面语构式发展的差异

　　本部分汇报的研究采用基于使用的语言习得观，追踪两名高水平学习者在全读写课程环境下英语写作能力的多维发展，结果揭示了书面语单词构式、短语构式与句子构式的交互发展模式，以及个体差异。

　　就整体而言，AN 作文的语言特征基本维持稳定，尤其是句长指标与名词短语指标并未像以往研究（Vyatkina，2013；鲍贵，2010；徐晓燕 et al.，2013）报告的那样显著增长，或因为 AN 属于高水平学习者，语言复杂性已进入"句法高原"（Bulté & Housen，2012），即复杂动态系统的"吸态"。但是她的词汇多样性增长较为明显，且词汇多样性和词频之间显示出竞争关系，表明她的单词构式子系统出现内部的资源竞争，可能正在经历系统重组；与此同时，她的动词短语长度指标增长,表明更局部、细致的变化仍在发生,也证明高级水平学习者的语言复杂性体现在短语构式的使用(Norris & Ortega, 2009),尤其符合 McNamara et al.(2010)对英语母语大学生作文分析中发现的动词短语使用情况。同时,AN 的词汇多样性与句子长度之间的关系经历了从相互支持到相互竞争的阶段,且句长和句子相似度指标均未体现出明显发展,可以推论后期句子长度和词汇多样性的不同步是由于词汇多样性的发展造成的。她的名词短语长度较为稳定而动词短语长度增长,可能也体现了名词短语先于动词短语发展,她进入较高发展阶段以后,由词汇多样性带动了动词短语长度的增长。简言之,AN 的发展主要集中在单词构式的内部。

相反,MD 的起始水平尽管低于 AN,但是她的书面语能力变化显著、波动明显。反映到语言特征,显示为短语构式与句子构式显著发展,尤其是句子长度指标产生了跳跃式发展。单词构式指标振荡下降,词汇频率和词汇多样性均经历了显著的倒退。这说明,书面语的不同构式层面并非协同发展,尤其在书面语系统整体发展过程中,由于资源有限(包括认知资源、语言资源等),不同的子系统产生了竞争。从结果看,中等起点的 MD 的书面语资源使用集中在短语构式与句子构式层面。同时,MD 在语言使用过程中构式间交互频繁,表明她能充分调动不同层面的语言资源促进自身书面语表达能力综合发展。

研究结果说明,语言发展的过程充满倒退、停滞,甚至跳跃式前进的复杂动态系统行为(Larsen-Freeman, 1997),同时也印证了语言复杂性是可分解的,需要使用细致的指标细分衡量(Norris & Ortega, 2009),应和了 Skehan(2009)提出的需要将词汇指标纳入语言发展框架内的呼声。不同层面的构式发展路径各异,所以需要分别测量才能更清晰地理解语言发展。

AN 与 MD 书面语中不同层面构式的交互模式不同,很有可能是由于两人所处的发展阶段不同。基于使用的语言观认为,语言能力现阶段的发展取决于上一阶段发展状态和可用资源的迭代作用(Lewis, 2000;MacWhinney, 2005),因此学习者的初始水平会对之后的发展路径产生蝴蝶效应(de Bot et al., 2007)。Verspoor 等(2012)的横截面语料库研究从系统资源竞争角度提出,发现语言学习分为五个阶段:在第一阶段和第二阶段之间,主要是词汇变化;第二阶段和第三阶段之间出现句法变化;第三阶段和第四阶段之间,既有句法也有词汇;最后在第四阶段和第五阶段之间,仅有词汇变化,尤其是复合词和固定短语的使用成为具有辨析性的指标。因此,也可以推断初学者的重点放在积累词汇上,一旦词汇阈限突破中等水平学习者,开始关注各类句法组织形式,一直到中后期词汇又会变成发展重点。我们研究的结果较好地印证了这一点。

　　然而,以上的解释仍然是从发展的理论出发,缺乏语言学解释力。王初明(2008)则从构式语法角度提出假设,范畴大的构式语境(例如句子构式)会制约其组成成分内范畴小的构式使用(例如单词构式),所以两者交互需要含义兼容。本研究结果从微观个案角度丰富了以上假设。MD 刚刚步入高级水平学习者群体,发展重点在调动句子与短语层面的资源,而由于语言复杂性系统资源有限产生了竞争,导致单词构式使用跳跃式倒退。换言之,她在努力协调范畴大的构式发展时(句子与短语),无法兼容范畴小的构式(单词)。这也解释了她的单词构式与句子构式波动竞争的交互模式。

　　相反,AN 进入句法子系统吸态,句子与短语构式含义兼容、同步发展,关注点重新回到词汇层面,因而单词构式内部出现词汇多样性与词频的强烈竞争。由此可见,由于学习者自身的起始状态与在语言使用过程中对构式资源的分配调动模式具有差异,所以语言复杂度发展出现了动态竞争与个体差异。本研究揭示的 AN 与 MD 作文中构式的频繁交互,印证了语言作为连续统的构式语法观点(Bybee, 2008),其各异的发展路径也体现了书面语系统的动态性。动态性首先体现在发展的波动性,所有的指标并非直线上升,而是在波动中缓慢上升。其次体现在发展既有进步,也有倒退,也有停滞。例如,AN 的句子构式处于较稳定的吸态,表现为停滞;MD 的单词构式则跳跃式退步,并非通常预测的直线型进步。再次体现在不同构式层面的发展不同步,有的构式发展迅速,而有些构式则停滞或倒退。不同层面构式的交互关联,最终导致书面语系统整体呈现动态性。

　　尤为值得一提的是,我们比较了 AN 与 MD 在研究末期的语言指标与以往研究报告的本族语者作文指标(McNamara et al., 2010),发现两人的六项指标均十分接近甚至超过本族语者大学生的作文语言指标。尽管我们无法从写作其他方面判断,但仅就作文语言特征而言,AN 与 MD 作为高级水平学习者并不亚于本族语者。Ortega(2014)在讨论双语发展时指出,二语习得领域传统使用的本族语者-非本族语者二分法思维或许并不确切,语言能力也应视为一个连续统,语言发展最终取决于接触、频率与使用,而非与生俱来的语言习得机制。复杂动态系统论中的"软组装"(soft-assembly)概念,即发展源自个体与外界环境的密集交互,可以进一步解释两者的发展模式。与 AN 的平稳不同,MD 书面语在快速增长期不同构式的交互更频繁,说明她针对具体的写作任务(可视作一种具体的交际情境)充分调动不同层面的构式资源,软组装出更复杂、更丰富的语言形式。换言之,在外语环境下,只要具有充分的接触、频率和充分的语境与情境,遵循"学伴用随"原则(王初明,2009),通过在具体语境、情境中"软组装"各类构式资源,便可建立起二语的构式体系。本研究中,AN与MD所处的课程环境并不包含显性语言教学元素,但读写任务密集。两人的发展路径,一方面,说明当学习者达到一定水平后,句法与词法的发展可以独立于显性语言教学,与基于使用的语言习得观所持的"语言体验决定语言习得"的论点一致;另一方面,尽管读写任务限于书面语表达,但密集的阅读、写作活动能激活多样构式形式,为外语学习提供具体、微观的语境体验(王初明,2015b)。写作任务中对文本的分析性阅读、写作评述也具有真实的交际意图,交际需求与任务情境的双向作用下,促成了基于使用的语言发展,即使没有抽象的语法规则,复杂语言形式仍然逐步涌现。

五、学习者语言发展的动态性模型

本章聚焦学习者书面语复杂度发展的动态性。在基于使用的语言发展观框架下,第一个研究汇报了一组中高级水平学习者一学年间单个单词和多词词束的发展路径。结果表明,单个单词和多词词束的发展并非同步进行,发展速度也不相同。整体来说,学习者的单个单词和多词词束之间出现了此消彼长的竞争性关系。从个体层面来看,水平较低和水平较高的学生(如LV和JT)词汇丰富度内部都达到了动态平衡,处于"停滞"状态。相反,处于快速发展阶段的学生,资源配置出现了不平衡的状态,因此词汇系统内部呈现竞争的态势。这可能是因为处于快速发展阶段的学生在资源配置过程中还不够熟练,各个层面的资源尚未达到协调、平衡的状态,因而产生"顾此失彼"的情况:一旦关注了单个单词的词汇丰富度,则会忽略多词词束的发展。如果我们把几位具有特点的学习者放置在同一张发展连续统的图示中(图4.21),不难看出:每个学生都处于不同

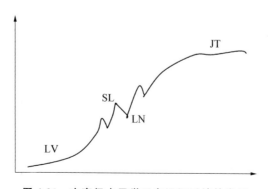

图4.21　中高级水平学习者词汇系统的发展

的位置,因此也呈现出不同的发展状态。LV和JT都处于较为平缓的"吸态",但实际上处于具有质的差异的两个阶段;SL和LN均处于波动剧烈的"斥态",正在高速发展期,可能很快会进入下一个发展阶段。

　　第二个研究聚焦高中的国际课程学习环境。在读写任务密集的学习环境下,两名学习者进入了高水平发展阶段,尽管起始状态各有不同。结果也再次证实了第一个研究的论点:处于快速发展期的学生(如MD),构式指标间交互频繁,表明正在积极调动、协调不同层面的语言资源,句法和词汇资源的互动促进了书面语表达能力的综合发展。相较而言,处于更高起始状态的学生(如AN)则更有能力协调不同资源的使用,达到一种动态的平衡。我们可以把AN和MD的发展阶段联起来,置于一个持续的连续统之上,可用图4.22来表示。我们可以认为MD是一个刚刚进入高级水平的学习者,她还在试图努力发展句法特征,但是无法顾及词汇使用,但是短语构式也得到了发展;AN是一个比较稳定的高级水平学习者,句法系统已较为稳定,但是她的单词子系统正在发生变化,或许会触发下一个阶段的跳跃。

　　条件所限,本研究仅聚焦语言特征中的复杂度,未来研究可涵盖准确度与流利度,扩展语言特征的研究范畴。此外,学习者在全英语读写课程环境下的写作能力发展有待挖掘,比方说,是否也产生了类似读后续写任务的协同效应(例如王敏 & 王初明, 2014),也是值得探究的方向。

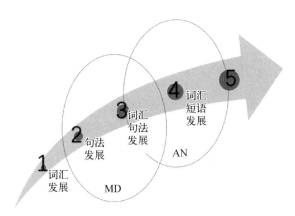

图4.22　MD和AN的书面语发展连续统

　　在上一章,我们回顾了三个主要的学习者语言发展模型假设。Norris和Ortega(2009)"三阶段"发展假设认为,学习者从低水平到高水平发展,一般会从并列结构逐渐发展到从属结构,最后过渡到短语结构。Verspoor等(2012)从横截面语料库研究中发现,学习者语言发展经历词汇发展、句法发展、词汇和句法同时发展,至最后阶段固定短语和复合词的发展。Biber 等(2011)的假设发展层级中,也是从最初的限定补语从句和限定状语从句,到最后阶段以同位名词短语和名词短语中大量的短语嵌入为主要特征的句法使用。然而,这些发展模型均以群组为研究单位,每个阶段似乎都是清晰可辨的,却忽略了在个体层面上一个学习者肯定不可能仅仅使用某种词汇形式或某种句法形式。单词、短语、句法都是统领在一个整体语言系统下的不同语言形式维度。个体学习者不可能孤立地仅仅使用某一类形式,因此,正如图 4.22 所示,学习者的语言使用会交织在一起,落在相互重叠的阶段之上。不同阶段并不存在清晰的边界,也不存在非此即彼的关系。不同语言形式是在同一个整体系统中根据不同的发展阶段、学习者不同的资源调配,呈现出一种相对的涨落轮转。

　　外语环境下,如何发展学习者的写作能力一直是研究者与教师关注的热点。本章汇报的研究采用历时设计,考察了两名高中生在英语读写课程中书面语语言复杂度的一学年发展状况,揭示了高级水平学习者在写作发展中如何调动各层面语言资源,促成更复杂、更多样的动态语言发展过程;立足二语习得语言特征与二语写作发展的界面研究,结合语料库分析工具,采用构式分类与多重指标,着重考察了语言作为连续统的观点。基于使用的语言习得观在二语领域刚刚兴起,本章汇报的实证数据在一定程度上丰富了其内涵,也表明该理论视角在二语习得研究中具有应用前景。

六、本章小结

　　本章深入探讨了书面语系统发展的动态性,还全面介绍了不同于传统大规模量化研究的小样本历时追踪统计手段。通过使用局部加权回归散点平滑法,我们能够从不规则的数据中模拟发展曲线;通过使用移动机制图和移动相关性计算,我们能够在数据中甄别不同指标间的波动关联;通过使用去趋势化的方法,将指标从原始数值转换为残差,从而避免过度评估指标之间的支持或竞争关系;通过使用变化点分析,能够有效侦测发展中的非线性跳跃,确认一组时间序列数据中发生质性变化的时间点。这一系列复杂动态系统研究独有的分析工具,都为研究者提供了有效的手段,能够洞若观火、见微知著,从纷繁芜杂的时间序列个体数据中甄别出有意义的发展模式。

第五章　学习者语言发展的变异性

复杂动态系统语言发展观将二语写作视为一个异质的、动态的、非线性的、自适应的开放系统，多个子系统互相联结，在不同维度上持续互动，导致语言发展中的变异（variability），即学习者个体内部非系统的自由变化程度（intra-individual, non-systematic, free variation）（Verspoor et al., 2021）。考虑到变异性作为复杂系统发展的内在特性，我们认为变异性是能将个体差异和群体发展结合起来的研究接口，探究群组趋势是否能够推及个体发展模式，即为复杂动态系统理论最近最为关注的"遍历性"困境（ergodicity problem）（Lowie & Verspoor, 2019）。以变异为切入点考察学习者语言水平发展，或许能揭示隐藏在个体数据背后的内在发展机制。继上一章讨论了系统的"动态性"之后，本章聚焦二语写作发展中变异性和写作水平提升幅度的关系，探索如何超越表面上繁复芜杂的个体数据，洞察背后的系统发展模式①。

一、复杂动态系统语言发展的变异性和遍历性困境

"变异"（variability）指的是学习者个体内部非系统的自由变化程度（Verspoor et al., 2021），表面体现为系统发展路径的起伏波动。作为复杂动态系统理论的核心概念，"变异"可追溯到发展心理学。Thelen & Smith（1994）通过观察婴儿的行为发展，提出人类行为和认知发展过程中的变异是功能性的；发展是系统自组（self-organizing）的过程，在系统从前一种吸态（即稳定状态）进入另一种吸态时，会出现急剧波动的斥态，此间的变异性标志系统正在自由探索新的、更具有适应性的行为和结构模式。

Siegler（2006）使用发展心理学的微变化方法追踪儿童学习的发展过程，提出学习是一个增进新策略使用的过程：初学者由于尚未掌握这些新策略，使用尚不熟练，因此呈现出更多个体变异；随着水平增长，策略选择的随机性下降，变异性也随之减弱。因此，新策略的增长往往出现在发展初期，常常出现前后

---

① 本章部分内容发表于《现代外语》2023年第5期。在本节写作中增添了分析内容，特此说明。

不一致的使用,但是到发展后期会渐渐趋于稳定。语言发展反映了学习者能够更稳定地使用新学习的语言形式,使用也逐渐变得更加得心应手。尽管学习过程会有波动甚至倒退,但是总体的趋势会呈现为阶段性的进步。换言之,尽管每个学习者都有其独特的发展路径,也会遵循自身的发展路径(这便是变异性的来源),但大多仍然会逐渐掌握更高阶的学习策略,发展路径的波动性逐渐降低,个体间差异也会逐渐缩小。特别需要指出的是,Siegler(2006)明确提出,变异性并不是固定的性格特征,而是行为选择的特性。学习者作出各种选择,在初期不够熟练时,这些选择会显得较为随机,到后期使用熟练后,便会显示出一定的规律性。

语言发展过程中随着时间推移而产生迭代性(iteration),是变异性产生的源头之一。随着二语系统的自组织和成分间互动,系统会从各种可能的状态中选择或被吸引到某种最优的配置,从而形成稳定的模式(R. Evans & Larsen-Freeman,2020;Larsen-Freeman & Cameron,2008a)。这一过程称为**"涌现"(emergence),指的是在比先前状态更高的尺度上出现新的状态(Larsen-Freeman & Cameron,2008:59)**。在这个过程中,迭代在重复任务中被"放大"(exaggerated)(Larsen-Freeman & Cameron,2008:140)。当这种累积效应达到某个临界阈值时,量的积累就会推动质的变化——这个过程被称为相位转移(phase shift),在这个过程中,系统会超越当前状态,进入一个更高层次的状态,新的特性也会随之出现(Byrne & Callaghan,2014;Baba & Nitta,2014)。

复杂动态系统理论视角下的发展是迭代、涌现的过程。Thelen(2005:271)论述道:"每一时刻的每一行为都是环境背景与历史的涌现产物,没有任何成分具有因果优先权。"换言之,因果相互作用,循环迭代。学习者语言发展过程中每一刻的状态都取决于上一刻的状态和当下特定的环境(Verspoor et al.,2021),系统上一刻状态的微小差异可能导致后续发展模式的巨大波动,从而产生"蝴蝶效应"(de Bot,Verspoor,& Lowie,2005;Larsen-Freeman & Cameron,2008a)。

复杂动态系统理论学者也认识到变异性在语言发展中的重要作用(Spoelman & Verspoor,2010;Van Geert & Van Dijk,2002;Verspoor et al.,2008)。Verspoor等(2008:215)主张,语言发展过程中的起伏波动折射出的个体内变异性不应视为"噪音",而应视作语言系统的自适应特征。当学习者处于快速发展期时会产生明显变异,表明在该阶段学习者正在不断探索和尝试新的行为策略和模式。Larsen-Freeman 和 Cameron(2008:158-159)也特别对"噪音"作出了如下解释:

学习者的个体间差异不是"噪音",而是由不同取向、基于各自社会关系、符合历史偶然性的个体组合而成的动态涌现行为的一部分。从复杂系统角度看，涌现是任何系统不可或缺的组成部分，而不是说存在某种客观标准，个人不得与之偏离。变异源于活动系统的持续自组。为了尊重这一点，我们需要看到构成实时的"此时此地"的"混乱的小细节"，需要考虑学习者的历史背景、取向和意图、想法和感受，需要考虑学习者的任务并以新的方式审视具体的表现——一部分是稳定、可预测的，另一部分则是可变的、灵活的，并动态地适应不断变化的情况。

事实上，学习者通过不断更替新旧行为策略和模式寻找最优解，从而推动系统的发展(Verspoor & Van Dijk, 2013)。因此，Verspoor et al.(2008)明确提出，传统的数据统计将数据中的"噪音"视为测量偏误而非可以分析的数据，这种观点有违实际情况。相反，发展研究中涌现出的变异性恰恰是具有自身独特价值的发展现象，值得进一步深挖。下文会详细阐述最近的研究进展如何开始探索"混乱的小细节"(messy little details)。

　　鉴于个体内和个体间的变异性不再是"噪音"，这就牵涉到群体的趋势是否可以推及个体行为。事实上，Larsen-Freeman(2006)对五名中国英语学习者的追踪研究也体现出他们在介词使用中的非连续性。因此，Larsen-Freeman作出论断，群组均值很大程度上掩藏了个体差异。尽管研究中的参与者处于相似的教学环境下，他们仍旧展现出迥异的发展模式。Larsen-Freeman对此解释道，可能是由于个体选择使用资源的方式不同，才导致他们的发展路径相异。Lowie和Verspoor(2015)在讨论二语发展的变异性时提出，语言发展是一个过程而非结果；我们普遍相信的固定发展阶段和顺序往往是群组趋势而非个体发展路径。

　　群组均值无法反映个体的发展模式，Lowie和Verspoor(2019)将此总结为语言发展群组研究的"遍历性"困境：由于个体数据沿时间维度上的发展轨迹起伏波动，即使是同质性群体，组间均值无法推及个体发展轨迹。在2019年的文章中，他们回顾了数学中的"遍历性"困境，提出如果群组趋势能够推及个体发展的话，需要满足两个条件：第一，发展过程是稳定的，即均值稳定且无差异；第二，个体间的发展过程是同质化的，即群组中的每个成员都遵循完全相同的模式和描述。然而，考虑到随机抽样的组别中，个体和个体往往都不是一模一样的，而且发展的过程时有起伏，这两个条件在实际情况上基本不可能满足。换句话说，理想条件中，或许群组趋势可以代表每个个体的发展路径，但是这并不符合实际情况。

　　遍历性困境带来的挑战恰恰是复杂系统动态发展的结果。如果个体发展是复杂系统中不同组成部分在不同时间、不同维度上互动的结果,那么无论如何,遍历性的两个条件都是无法满足的。发展既是复杂的又是非线性的,而且语言发展并不是唯一过程导致的结果。语言发展具有多重因果性,有时候一个因会导致数个果,而有时多个因共同作用导致同一个果。由此可见,语言系统的不同层面存在着多重、持续的互动,形成多维度的因果网络。特别是在复杂系统中输入和输出并不成正比,因此也无法预测发展轨迹是恒定的。鉴于此,复杂动态系统的语言发展研究大多采用小样本追踪或个案研究设计。

然而,对个体的重视导致复杂动态系统研究多以个案或小样本研究为主,反而忽视了整体动态系统整体模式的凝结、涌现。Bulté & Housen(2020)批评道,如不能解决整体和个体的关系,那么复杂动态系统持有的"变异预示发展"的论断难以令人信服。发展心理学研究者提出解决方案:通过识别个体相似的子集,即"遍历合集"(ergodic ensemble),可以将子集模式推及个体(Molenaar & Campbell, 2009:116),即子集层面的研究结果和组成子集的个体发展模式可以相互推断(Peng et al., 2022)。因此,若能甄别出学习者群组中的"遍历合集",或能帮助我们超越个体差异而总结出具有代表性的发展模式,这将为探究动态语言发展过程中群组和个体的发展模式提供一个有益视角。

"遍历合集"的思路从根本上反映了发展心理学近年来提倡的"以人为中心"的研究路径(person-centered approach)(Molenaar & Cambell, 2009)。遍历性困境并不意味着我们关注个体发展就必须放弃寻找个体间语言发展的规律和模式。相反,以人为中心的研究路径认为,寻找个体发展模式的工作最好能够从个体层面出发,也就是说,先需要了解个体发展的过程,以及其中的变异性和效度,再以自下而上的方式将个体性聚集起来,从而找到相似个体表现出的共同规律。以人为中心路径的终极目标是探究普遍规律,揭示个体变化与发展过程背后的机制(Molenaar, 2016)。我们首先需要关注每个不同个体的语言发展过程,之后再将个体聚合为一个一个的子群,这些子群内部都具有较高的一致性,例如相似的学习经验和发展模式,再以这些子群为研究对象挖掘、洞察语言发展的模式和规律。这也要求我们彻底改变历来依据的研究语言发展的传统模式。研究不再是自上而下、从群组到个体,而变成自下而上、从个体到群组的涌现过程。

二、复杂系统的变异性与语言发展

近年来,复杂动态系统研究学者发现,语言发展过程中的变异度可以反映发展的模式、预测语言水平的提升(Verspoor & de Bot, 2022；Verspoor et al.,2021)。变异性与发展可能存在互为因果的关系:一方面,系统的变异使灵活的、适应性行为变得可能;另一方面,语言形式的自由探索也催生了更高程度的变异性(Verspoor & Van Dijk, 2013)。因此,变异是系统发展的内在属性,为洞察发展模式提供了宝贵信息(Larsen-Freeman & Cameron, 2008a；Lowie & Verspoor, 2019；Spoelman & Verspoor, 2010；Van Geert & Van Dijk, 2002, 2021；Verspoor et al., 2008)。

围绕"变异"展开的实证研究在近十年逐步增加。Spoelman & Verspoor(2010)追踪一名芬兰语学习者三年的语言发展,展示了书面语系统发展过程中的波动性。他们的个案研究发现,某些复杂性指标的发展会表现为跳跃式的进展,而某些复杂性指标之间的竞争关系随着语言水平发展则逐渐消失。与变异性最相关的发现是,该学习者的发展轨迹也呈现出阶梯性的特征,而且在从前一个阶段过渡到后一个阶段时,该学习者的语言使用都会出现较大波动。因此,他们再次强调,不稳定的发展状态往往标志着系统正在变化重组。

Baba & Nitta(2014)通过追踪两名日本英语学习者的写作流利度发展,也发现在语言水平发生质变的相位转移期,学习者语言轨迹的波动达到顶峰。他们发现,两名学习者的写作流利度至少经历了一次相位转移,写作过程中存在一些关键时刻导致学习者的流利度实现了跳跃式发展。尤为显著的是,每个相位转移发生之前都会存在一个阶段的显著波动,尽管不同的学习者波动时期的长短和幅度各不相同。基于此,他们提出,有一些变化发展的"超模式"(supra patterns)可以超越个体的差异解释语言发展的普遍规律。一项后续聚焦二语阅读能力发展的研究同样使用了变化点分析,并且发现学习者在12周的学习时间内经历了显著的相位转移(Gui, Chen, & Verspoor, 2021)。

然而,这些研究仅使用了数据可视化方法(例如移动极值图)描绘发展轨迹的波动性,且以个案研究为主。如何进一步洞察语言发展的"超模式"也受到了方法的制约。近年来,随着复杂动态系统方法论不断推进,研究者开始使用创新的计算方法对系统变异性进行量化,为使用推论性统计方法奠定了基础。例如,Bulté和Housen(2018)率先使用变异系数(Coefficient of Variance, CoV)量化了个体发展的波动变异。他们发现随着时间推移,荷兰初中阶段的英语学习者的书面语在两项从句复杂度指标上的组间差异越来越小。

Lowie和Verspoor(2019)创新地将变异性和遍历性问题结合在一起讨论。他们以22名荷兰初中的英语学习者为研究对象,考察传统的区分个体学习者的变量,即个体间差异,是否能够预测写作水平的提升幅度。结果发现,在语言输入量和英语起始水平相当的条件下,诸如动机、外语学能这类常用的个体间差异变量,无法有效预测二语写作水平的提升;其他的可能变量,例如起始水平和课外投入等,也无法有效预测二语写作水平的提升。这群学习者尽管在动机、外语学能等方面具有很强的相似性,但是每个学习者都显示出大相径庭的发展路径。然而,变异系数能够作为有效变量预测写作水平提升幅度;换言之,写作水平提升越高的学习者,发展的过程波动幅度越大。当然,他们同时也发现,高学能、高动机、高投入组的学生通常也有更高的变异度。但是,很难确认究竟是高学能、高动机和高投入导致了发展更加波动,还是逆向因果关系。由此,Lowie 和 Verspoor(2019:202)认为,"变异度具有意义,是学习过程必需的副产品"。

紧接着的一项复制研究(replication study)(T. Huang et al., 2021b)以 Lowie 和 Verspoor 的结果为基础,进一步考察变异度和二语写作水平提升之间的关系。他们针对 22 名中国英语学习者的写作提升度,也计算了变异系数,并且使用了动机、外语学能和工作记忆三项个体间差异的指标。结果发现,这三项指标无一能够预测最终的写作水平或写作水平提升幅度,但是变异系数却能够有效预测学生的写作水平。他们的结果不仅再次支持了"变异预示发展"的论断,也提出传统用来进行水平预测的个体间差异指标具有一定问题(T. Huang et al., 2021b:11):

> 第一,在某个时间点测量的个体差异不一定能够有效预测学习者在一段时间之后达到的二语水平或二语水平的提升,这是因为个体间差异具有多个面向,且本质上也是动态的;第二,变异是语言学习内部因素和外部因素全面联结和动态变化的结果,更成功的学习者通常具有更高的变异度。

最近的两项研究(Baba & Nitta, 2021; S. Zhang, Zhang, & Zhang, 2022)分别针对日本和中国大学生书面语的发展进行历时追踪。两项研究均发现,二语写作流利度和准确度明显增长的组别也表现出较高变异度。例如,Baba 和 Nitta(2021)考察了 105 名日本的英语学习者一学年的写作水平发展,通过使用增长混合模型(general mixture modeling)的数据分析方法,学习者分成了稳定增长组、迅速增长组和停滞组。他们使用 CoV 的数值来量化每组的变异程度,发现迅速增长组的变异度最高,与另外两组都具有显著差别,但是稳定增长组和停滞组之间的变异度并无稳定差别。两位作者也承认,由于迅速增长组内只有 3 名学习者,因此该结果是否具有效力还有待进一步考察。相似的是,Zhang 等(2022)将学习者分为了三类,其中,写作水平进步最大的一类学生,他们的变异系数标志的波动幅度也是最大的。但是,需要指出的是,这两项研究仅仅验证了变异度和增长幅度之间的正相关性,但是既没有控制学生的初始水平,也没有用变异度作为变量预测增长幅度。

变异和增长之间的伴随关系不仅在书面语发展中得到印证,也在阅读能力发展中找到了证据(Gui et al., 2021)。这项研究考察了 27 名中国大学生英语作为学术语言(English for Academic Purposes)的阅读能力在一学年的发展。研究结果发现,尽管能够侦测学习者发展模式中的一些模式,但是没有两个学习者发展状态完全一样。阅读能力提升水平最高的学习者同样出现更高的变异度。而在所有提升水平较低的学习者中,也显示出较低的变异度,甚至没有出现任何相位转移。访谈数据也显示,水平提升最高的学生报告了更多样、更具有创造性的阅读策略,他们意识到自己的弱点,也主动探索更有效的方法提升自身水平。而且在不同阶段,他们遭遇的挑战并不相同,因此他们会使用不同的策略来应对这些挑战。这个研究也印证了发展心理学中的观点(Siegler, 2006):学习是不断增进新策略使用的过程。变异性并非固定的性格特征,而是源于行为的选择;学习者的策略使用在初期由于不够熟练而显得较为随机,因此也表现出较高的变异性,到发展后期,策略使用熟练后则会显示出一定的规律性,从而表现趋于稳定。

三、中级水平学习者书面语发展变异性

如上文所述,以往研究的结果已经验证了"变异预示发展"(Lowie & Verspoor, 2019),变异度越大的学习者,最终语言水平的提升度也越大。由此可见,变异是发展的前兆(Verspoor et al., 2021; Verspoor & de Bot, 2022)。但是仍有一些没有解决的问题。例如,Bulté 和 Housen(2020)就犀利地批评道,复杂动态系统语言发展研究中,变异和发展之间的关系多为假设,少有证明。因此,还有以下一些问题亟待探索:

首先,变异性和语言发展的关系在不同学习阶段的学习者群体中是否同样存在?以往研究发现初学者语言系统中变异度和语言水平发展的关系更加明显(Siegler, 2007; Verspoor et al., 2012)。现有的三个实证研究考察了初级水平(Lowie & Verspoor, 2019)和高级水平学习者(Huang et al., 2021; Gui et al., 2021),如在不同发展阶段的学习者(如中级水平学习者)中也得到印证,则可加强"变异预示发展"这一论断的可推及性。

其次,变异性和语言发展的关系是否在群体和个体层面上同时存在?Larsen-

Freeman(2006)很早便指出,组间平均值无法代表组内成员的个体表现,由此引导了后续复杂动态系统个案研究关注个体差异的取向。因此,有必要探究发展过程中学习者群组内部非常相似的子群,即"遍历合集",或能帮助我们超越个体差异而总结出具有代表性的发展模式,这将为探究动态语言发展过程中群组和个体的发展模式提供一个有益视角。

最后,两种变异度的指标(变异系数 CoV 和差数标准差 SDd)在预测写作水平提升度时,是否会存在差异?以往的研究(Baba & Nitta, 2021;Lowie & Versppor, 2019;Huang et al., 2021;Zhang et al., 2022)在衡量变异度时均使用了 CoV 指标,但是只有 Gui et al.(2021)使用的是 SDd 指标。两种指标之间是否存在差异,也是我们希望能够回答的问题,结果会对未来继续探索系统变异性与语言发展的关系奠定基础。

基于以上三点,本节汇报一项追踪 39 名中级水平英语学习者一学年的写作发展过程的历时研究。本研究旨在探究写作发展中的变异度和写作水平提升度的关系,并通过比较衡量变异度的两种指标对写作水平提升的不同,预测效果考察时间在该关系中发挥的作用;通过探索"遍历合集"洞察学习者群体的发展模式是否在更小的子集中得到印证。本研究提出以下研究问题:

(1) 在一组中级水平学习者的写作发展过程中,变异度是否能够预测写作水平提升幅度?以 CoV 和 SDd 分别衡量的变异度在预测水平中是否有差别?

(2) 群组层面上观察到变异度和写作水平提升幅度的关联,是否也体现在相似个体组成的"遍历合集"中?

表 5.1　中级水平学习者写作水平发展的动态集成

操作考量	1. 系统:学习者书面语写作水平 2. 颗粒度层次:系统发展以"学年"为单位,数据层级是个体学习者的综合写作成绩
情境考量	1. 情境:中国高中生英语课堂学习环境,暂未考虑语言系统与情境之间的互适 2. 系统网络:考察个体发展变异度和群体层面的"遍历合集"
宏观系统考量	1. 动态过程:使用 CoV 和 SDd 计算发展过程中的变异度 2. 涌现结果:考察写作发展的变异度是否能预测写作水平的发展幅度
微观结构考量	1. 成分:由 CAFIC 评分的写作综合分数 2. 互动:个体和群体之间的关联互动 3. 参数:考察学习者发展变异度对发展幅度的预测性影响

（一）研究设计

1. 研究对象

本研究源自笔者带领的团队开展的为期三年的书面语历时发展项目。研究对象为中国一线城市某高中的高二自然班的学生，共 41 人，母语均为汉语，无海外经历，年龄在 16 岁至 17 岁之间。根据中国英语能力框架属于中等到中等偏高水平学习者(Jiang et al., 2019)。然而在本研究中，有 2 名学生有两次以上未完成写作任务，便删除了他们的数据，最终对 39 名学生的作文进行了分析。

2. 数据收集

学习者在一学年内(2019 年 9 月至 2020 年 6 月)每三周左右根据指定议论文题目进行一次不限时写作，共 12 次。其中第一次和最后一次写作采用相同题目"Should iPad be allowed in the classroom？"。每次写作后收集的话题难度问卷表明当前话题适合学生的语言水平。作文题目选自美国中学生学术写作教学项目 Word Generation, Jones et al.(2019)通过实验证明该项目对美国 4 到 7 年级中学生的写作有积极作用。共收集有效文本 468 篇，共计 91 639 词。

3. 评分标准

为了与以往研究对比，写作质量评分根据 CAFIC(Complexity, Accuracy, Fluency, Idiomaticity, Coherence)(Lowie & Verspoor, 2019; Huang et al., 2021)写作评分框架进行，该标准包含复杂度、准确度、流利度、地道性、连贯性五个维度。两组高水平英语使用者(应用语言学专业硕士研究生)首先接受评分训练，接着先对五个维度分别打分(分值范围为 1—5 分)，最后得出总分(分值范围为 5—25 分)。为确保主观评分效度，我们进行了两轮校准，评分者间信度(皮尔逊相关系数)达到 0.73($p<.05$)。

4. 指标衡量

(1) 初始水平和最终水平：遵循以往研究(Lowie & Verspoor, 2019; Huang et al., 2021)，以最初两次写作评分的均值作为初始水平，以最后两次写作评分的均值作为最终水平。

(2) 写作水平提升度：最后两次写作评分的均值减去最初两次写作评分的均值。

(3) 变异度：在讨论具体研究之前，有必要明确变异度的衡量方法。以往研究采用了两种变异度指标衡量个体语言系统的变异性。其一，变异系数(Coefficient of Variance, CoV)。Lowie & Verspoor(2019)和 Huang et al.(2021)两项研究使用了该测量指标。标准差反映了单个数据点距离均值的离散程度，即个体在波动发展过程中的变异程度,但是由于标准差的大小受均值大小的影响,因此为了削弱均值的效应,便用标准差除以均值(CoV=标准差÷均值)。但是 CoV 将每个数据点作为离散值处理,数据点之间并无联系。其二,差数标准差(Standard Deviation of differences, SDd),即 Gui et al.(2021)使用的测量指标。该计算方法来源于时间序列分析方法:每一轮的差数值都是基于上一轮的差数值得出,最后取所有差数值的标准差值(Pettitt, 1980;Taylor, 2000)。其中各个数据点的差数由前一个数据点的差数加上该数据点数值与整体数列的均数之差而得,$d1=\chi1-\overline{\chi}$,$d2=d1+(\chi2-\overline{\chi})$,以此类推,$di=di-1+(\chi i-\overline{\chi})$。SDd 的优势在于能体现出发展的迭代性,此刻的状态取决于上一刻的状态,因此更适合时间序列分析。由此本研究采用 SDd 指标测量系统变异度,39 名学习者便产生了 39 个 SDd 数值。数据分析通过 SPSS 和 R 软件进行。

(二)变异度能够预测写作水平提升度

首先使用配对样本 t 检验考察学生写作水平在一学年间是否有显著提升。结果显示,总体上初始水平(M=13.21, SD=2.40)与最终水平(M=16.10,SD=3.55)存在显著差异:$t(df=38)=-4.36$, $p<0.01$,说明一学年间写作水平显著提升(图 5.1)。

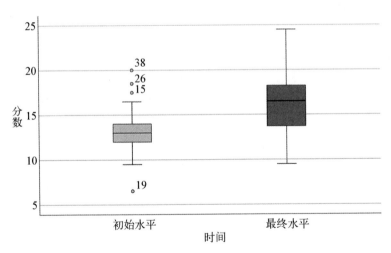

图 5.1　写作水平总体提升情况

接着,以 CoV 衡量的变异度作为自变量,写作水平提升度作为因变量,初始水平作为控制变量,放入分层回归模型。结果表明,CoV 并不能预测是写作水平的提升幅度。

表 5.2 以 CoV 衡量的变异度预测写作水平提升度的分层回归模型

变 量	模型 1 写作水平提升度	模型 2 写作水平提升度
初始水平	$\beta = -0.52^{**}$ $(t = -3.71)$	$\beta = -0.46^{*}$ $(t = -2.93)$
变异系数(CoV)		$\boldsymbol{\beta = 0.14}$ $(t = 0.87)$
常数	14.75**	11.12
F 值	13.74**	7.21**
R^2	0.27	0.54
调整 R^2	0.25	0.29

$^{*}p < 0.05$，$^{**}p < 0.01$

　　以 SDd 变异度作为自变量,写作水平提升度为因变量,初始水平为控制变量,放入分层回归模型。结果显示,初始水平相同的情况下,SDd 对写作水平提升度有显著预测效果($\beta = 0.55$, $t = 4.35$, $p < 0.01$),即 SDd 每增加 1 个标准单位,写作水平提升度增加 0.55 个标准单位(详见表 5.3)。

表 5.3 以 SDd 衡量的变异度预测写作水平提升度的分层回归模型

变 量	模型 1 写作水平提升度	模型 2 写作水平提升度
初始水平	$\beta = -0.52^{**}$ $(t = -3.71)$	$\beta = -0.29^{*}$ $(t = -2.30)$
差数标准差(SDd)		$\boldsymbol{\beta = 0.55^{**}}$ $(t = 4.35)$
常数	14.75**	3.96
F 值	13.74**	19.65**
R^2	0.27	0.52
调整 R^2	0.25	0.50

$^{*}p < 0.05$，$^{**}p < 0.01$

综上所述,以 CoV 变异系数为测量的变异性无法预测水平提升度,这与之前的研究结果相反(Lowie & Verspoor, 2019; Huang et al., 2021)。但是以 SDd 差数标准差为测量的变异性能够有效预测水平提升度,总体上并未违背"变异预示发展"的论断。造成 CoV 和 SDd 的差异,可能有几种原因:

首先,这可能与 CoV 和 SDd 的计算方法上的差异有关。CoV 作为时间序列中变异度的一般计算方法,由于其本身具有的异方差性(heteroscedasticity),并非测量时间序列数据中个体差异的最优选择。特别是在初始水平较低的时间序列受到发展幅度(即斜率)的影响较大(van Geert & van Dijk, 2002; Verspoor & de Bot, 2022)。但是,当一组时间序列数据提升水平较高时(即斜率较大),发展过程中的波动(即变异度)则会被放大,未必能全面反映个体的发展模式。更重要的是,CoV 计算方法中每个数据点的变异作为离散点处理,无法体现时间的迭代作用。相反,SDd 计算时将上一刻的状态考虑在内,因此系统的变异不是单独存在,而是取决于系统上一刻的发展状态,抹平了发展幅度可能造成的放大效应。换言之,SDd 比 CoV 能够更加敏感、准确地反映发展中的变异特征。

更具体来说,CoV 和 SDd 计算的方式有较大差别。假设 1 号与 2 号学生的时间序列数据如下:

> 1 号学生(U 型):mean＝10, wave0＝7, wave1＝5, wave2＝3, wave3＝16, wave4＝19,则:
> SDd＝5.176 871 642, CoV＝0.577 350 269

> 2 号学生(W 型):mean＝10, wave0＝7, wave1＝19, wave2＝5, wave3＝16, wave4＝3,则:
> SDd＝3.762 977 544, CoV＝0.577 350 269

由上可见,两名学生的发展趋势完全不同,但是 CoV 是完全相同的。究其根本,CoV 无法考虑到个体学生发展趋势的形态(即究竟是先降后升的 U 型发展还是上下起伏的 W 型发展)。

进一步假设 1 号同学(U 型发展)vs.3 号同学(持续进步):

> 3 号学生:mean＝10, wave0＝3, wave1＝5, wave2＝7, wave3＝16, wave4＝19,则:SDd＝
> 5.083 306 011, CoV＝0.577 350 269

此时 1 号学生的 SDd 仍然与 3 号同学的 SDd 有差异。从复杂动态系统理论视角看,学习者语言发展过程中每一刻的状态都取决于上一刻的状态和当下特定的环境(Verspoor et al., 2021),系统上一刻状态的微小差异可能导致后续发展模式的巨大波动,从而产生"蝴蝶效应"(Larsen-Freeman & Cameron, 2008; Verspoor & van Dijk, 2013)。纳入时间维度的SDd充分考虑了系统发展的迭代性,也能够充分考虑发展趋势的形状(比如是 U 型发展还是 W 型发展)。

从另一方面说,也可能是本研究的学生群体与 Lowie & Verspoor(2019)、Huang et al.(2021)有较大差异。两个研究的学生人数均在 20 人左右,且同质性很强。然而,本研究的学生群体人数为 39 人,人数翻番,水平并不一致,具有相对异质性,很可能在发展过程中产生了相互抵消。无论如何,我们可以说,以 CoV 为指标计算的变异度便不够敏感,反而是 SDd 更能捕捉到个体的发展变异性。

SDd 能够显著预测写作水平提升度,变异度越大的学生,写作水平提升度越高,且不受学习者初始水平影响。变异预示发展的规律在中级水平学生群组也得到了印证;无论初始水平较高或较低,学习者二语写作水平的发展过程都呈现了变异度预测写作水平提升的模式。与初级(Lowie & Verspoor, 2019)和高级(Huang et al., 2021)水平学习者相似,"变异预示发展"的规律在中等水平学习者写作发展中同样存在。无论学习者处于何种语言发展水平,变异度所反映的语言发展过程中个体内的差异能提供关于语言发展的关键信息。该发展模式不受学习者初始状态的影响。

以往大量追踪语言发展的复杂动态系统研究已经指出学习者语言系统发展的波动性(Spoelman & Verspoor, 2010;郑咏滟, 2015b, 2018),却受制于计算手段,无法量化个体发展轨迹的波动幅度(即变异性),未能揭示变异和发展之间的内在联系。本研究采用的 SDd 指标是一种典型的时间序列研究方法,纳入发展的迭代性,即学习者语言发展过程中每一刻的状态均取决于上一刻的状态和当下特定的环境(Verspoor et al., 2021),并通过群组层面的数据统计分析,进一步验证了系统变异度对发展提升幅度的预测性。正如进化论观点认为只有变异才会导致新形态的出现和自然选择(Lowie & Verspoor, 2019),学习者的复杂动态语言发展中只有出现变化才能让他们习得新的语言结构。导致发展变异的深层次原因或有两方面:

一方面,语言知识还不稳定时,学习者有限的注意力难以同时关注到语言的多个方面(Van Dijk, Verspoor, & Lowie, 2011),难以控制自己的实际产出达到自己主观意愿的效果,复杂系统的子系统之间争夺有限的资源,形成竞争(de Bot et al., 2007),因此语言结构的使用表现出一定的随机性,体现为系统的变异和波动。但系统进入吸态后,不同的子系统逐渐达到动态平衡,资源分配达到较平衡的状态,此时随机性和自由变异则慢慢消失,较稳定的模式涌现出来。

另一方面,学习者在不断探索尝试不同的语言结构和写作技巧策略,直到找出最优解(Thelen & Smith, 1994; Verspoor et al., 2021; Verspoor & de Bot, 2022)。在书面语写作发展过程中,学习者会通过尝试变换各种不同语言结构、写作技巧和策略以产出更高质量的作文(Verspoor & de Bot, 2022; Verspoor et al., 2021; Verspoor & Van Dijk, 2013)。例如,Lowie & Verspoor(2019)发现学习动机和学能高的学生组别的整体变异度更高,说明这类学生更愿意在尝试中提升写作水平;Gui et al.(2021)通过质性访谈进一步证明,语言水平提升度高、变异度高的学生相比低的学生更擅长使用更丰富、更多样的技巧。因此,本研究结果验证了以往研究在初级水平和高级水平学习者群体中发现的语言发展变异度对语言水平提升度的预测关系(Lowie & Verspoor, 2019; Huang et al., 2021; Gui et al., 2021)。这种发展模式在中级水平学习者群体中依然存在。

(三)书面语发展的"遍历合集"

然而,以上结果依旧是基于群组的平均值的组间趋势,无法解答 Lowie & Verspoor(2019)提出的遍历性问题。为了进一步探索"遍历合集",我们使用了聚类分析。以往研究在进行聚类分析时,并未考虑到时间迭代的作用,也不考虑变异性和水平提升度的关系。我们现在既然已经知道了以 SDd 计算的变异度能够预测提升水平,那么应该继续探索的是发展过程中是否在不同的子群中存在这样的关系。

首先,使用马氏距离(Mahalanobis Distance Test)检验了 SDd 和写作水平提升度两个变量的数值是否存在离群值(Peng et al., 2022)。使用马氏距离检验离群值相较于传统箱线图等方式的优势在于,马氏距离可以将多元变量之间的关系纳入考量,例如箱线图可能表明某位参与者的体重变量是离群值,但若同时考量其身高变量,这位参与者或许仍是在合理身高体重比例内的,而马氏距离可以将多个变量之间的关系纳入离群值的考量,因此涉及多元变量的聚类分析中通常用马氏距离的方法检测离群值。结果发现 38 号学生是离群值,将其删除,后续聚类分析针对 39 个学生展开。接着,对拟进行聚类分析的变量用 z-score 做标准化处理。随后,我们再使用 R 软件,基于初始水平组别、变异度和写作水平提升度三个变量对所有对象进行系统聚类分析,聚类方法使用瓦尔德法(Ward's method),使用欧氏距离(Euclidean distance)进行测算(Peng et al., 2022)。

初始水平组别:以人数的 30% 为界线来划分样本内部相对初始水平等级,

按照初始水平得分升序，前 30% 的同学为低级水平组，赋值为 1；中间 30% 的同学为中级水平组，赋值为 2；后 30% 的同学为高级水平组，赋值为 3。需要指出的是，之所以按照人数比例划分，是为了确保每组人数相当，若按分数划分则可能出现组间人数较大差异，低分段和高分段人数大大少于中间段人数（若按得分比例划分，本研究中初始水平得分的前 30% 为 4 人，后 30% 为 5 人，中间段为 30 人），从而影响后续统计分析过程。此外，每组的人数依据其分数在 30% 上有所浮动，例如，按照比例，前 12 位同学为低级水平组（39×30%＝11.7），第 11、12 位同学的初始水平得分均为 12 分，若第 13 位同学初始水平得分也是 12 分，则第 13 位同学也纳入低级水平组（见表 5.4）。

表 5.4　初始水平组别人数和得分范围

	低水平组	中水平组	高水平组
人　数	13	12	14
得分范围	6.5—12	12.5—13.5	14—20

结果表明，不同初始水平学习者在写作发展变异度和提升度上的特征呈现出四种类型。判别分析（discriminant analysis）（Zhang et al., 2022）表明，聚为四类的聚类方案可正确地对 100% 个原始个案进行分类（$\chi^2 = 115.66$，$p < 0.01$），表明该聚类方案有效。

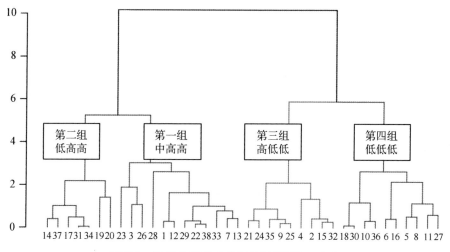

图 5.2　四组发展模式的聚类树状图（n＝38）

表 5.5 概括出四个子群的初始水平、变异度和写作水平提升幅度。单因素方差 ANOVA 分析结果表明,四个子群在初始水平分组、SDd 和写作水平提升度三个变量上均具有显著差异。

表 5.5　四类发展模式的描述性数据

变　量	均值(标准差)				单因素方差分析
	组 1 中高高组	组 2 低高高组	组 3 高低低组	组 4 低低低组	
人数	12	7	9	10	
初始水平组别	2.33 (0.49)	1.00 (0.00)	3.00 (0.00)	1.40 (0.52)	$F = 46.83, p < 0.01$
变异度(SDd)	4.99 (0.77)	5.91 (0.74)	2.48 (0.61)	2.61 (0.84)	$F = 46.01, p < 0.01$
写作水平提升度	5.33 (2.77)	7.20 (2.51)	0.56 (2.10)	0.31 (1.62)	$F = 19.57, p < 0.01$

注：中高高：中初始水平,高变异度,高提升度;低高高：低初始水平,高变异度,高提升度;高低低：高初始水平,低变异度,低提升度;低低低：低初始水平,低变异度,低提升度。

我们进一步绘制了四组学习者的组内个体发展模式图,将四组的发展模式可视化。图 5.3 探索组间均值之下,每组内学生的个体发展模式。

结果显示,表面上杂乱无章的个体数据经过聚类后呈现出了较为一致的发展模式：

(1) 第一类学习者(n=12)呈现出中等初始水平、高变异度、高写作提升度的中高高(MHH)模式(图 5.3a)。

(2) 第二类学习者(n=7)呈现出低初始水平、高变异度、高写作提升度的低高高(LHH)模式(图 5.3b),表明这两类初始水平中级和低级的学生在努力尝试探索英文写作后,得到了较明显提升。这两组学习者的发展模式明显体现出了"发展伴随变化"的态势。变异和发展相辅相成,互为因果。

(3) 第三类学习者(n=9)呈现出高初始水平、低变异度、低写作提升度的高低低(HLL)模式(图 5.3c),说明初始水平高的学习者在写作发展上已经趋于稳定,进入了写作水平发展的吸态。

(4) 第四类学习者(n=10)呈现出低初始水平、低变异度、低写作提升度的低低低(LLL)模式(图 5.3d),说明这部分初始水平低的学生在英语写作上并没

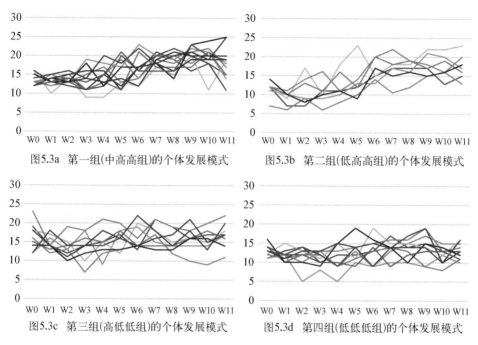

图5.3a　第一组(中高高组)的个体发展模式　　图5.3b　第二组(低高高组)的个体发展模式

图5.3c　第三组(高低低组)的个体发展模式　　图5.3d　第四组(低低低组)的个体发展模式

图5.3　四个子群的发展模式

有努力探索,若有更多质性数据或许可进一步揭示这一类学生的学习动机等个体差异因素。

　　聚类分析的结果进一步证明研究问题(1)得到的结果——变异是发展的表征:变异度高的子集,其写作水平提升度也较高;变异度低的子集,则写作水平提升度有限。四个子集的发展模式为"变异预示发展"提供了正面证据和反面证据。

　　在高度相似的子集内部,个体发展轨迹和组平均发展轨迹可以双向归纳推导,我们绘制了四类学习者的组间均值趋势图,以比较四组学生发展轨迹的差异。图5.4展示了四类学生发展轨迹的组间均值折线图(实线)和线性趋势图(虚线),有趣的是,第一类(中高高)和第二类(低高高)学生,最终水平都超过了第三组(高低低)的学生。换句话说,第三组学生尽管起点最高,但是缺乏发展,最终在终点落在了下风。

　　但我们把第一组和第二组放在一张图中,第三组和第四组放在一张图中,又可以发现发展显著的两组模式相似。而发展不明显的两组,显然是一组处于高位的平原区,另一组处于低位的平原区。

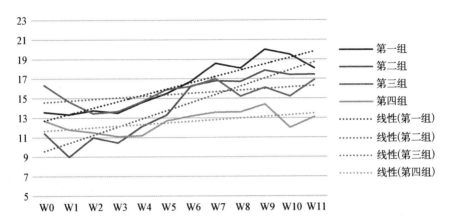

图 5.4　四类学生发展轨迹的组间均值折线图(实线)和线性趋势图(虚线)

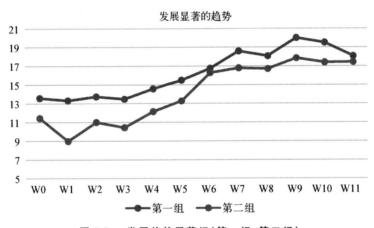

图 5.5a　发展趋势显著组(第一组、第二组)

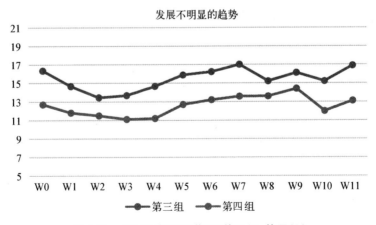

图 5.5b　发展趋势不显著组(第三组、第四组)

为了甄别每组的跳跃性发展,我们对四组的写作水平分别作了变化点分析。

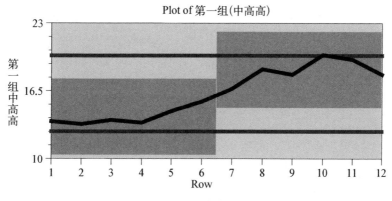

图 5.6a　第一组(中高高)变化点分析

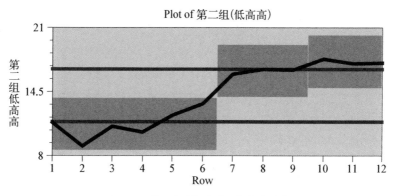

图 5.6b　第二组(低高高)变化点分析

从图 5.6 可见,第一组和第二组的写作水平都在第六次到第七次写作任务间实现了跳跃。特别是第二组(低高高),实际上经历了两个阶段,第一次跳跃在第六次和第七次之间,第二次跳跃出现在第九次和第十次任务之间,之后趋于稳定。

我们对第三组(高低低)和第四组(低低低)的写作水平发展路径也作了变化点分析。结果表明,第三组的写作水平也出现了变化(如图 5.6c),而第四组则违反了变化点分析的假设,均值过于一致,无法侦测变化。

尽管第三组的变化点分析中也侦测出了变化,但是从发展曲线看,并不是跳跃式增长,而是在前期(第一次至第五次)出现了明显下滑,第五次到第六次出现了爬升。因此从总体的 12 次发展来看,第三组并未出现跳跃式进步,反而是在中期出现了波谷。

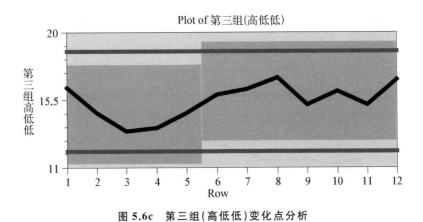

图 5.6c　第三组(高低低)变化点分析

我们同时也希望看到,在不同组别的学生中,他们的 CAFIC 各个维度上发展的异同。表 5.6 记录了 12 次数据采集点中四个组别学生在复杂度(complexity)、准确度(accuracy)、流利度(fluency)、地道性(idiomaticity)、连贯性(coherence)上的发展。

表 5.6　四个组别在 CAFIC 五个维度上的发展

	复杂度(complexity)				准确度(accuracy)				流利度(fluency)				地道性(idiomaticity)				连贯性(coherence)			
	第一组中高	第二组低高	第三组高低	第四组低低	第一组中高	第二组低高	第三组高低	第四组低低	第一组中高	第二组低高	第三组高低	第四组低低	第一组中高	第二组低高	第三组高低	第四组低低	第一组中高	第二组低高	第三组高低	第四组低低
W0	3.00	2.57	3.33	2.80	3.00	3.00	3.44	2.70	2.08	1.43	2.89	2.00	2.75	2.29	3.11	2.50	2.75	2.14	3.56	2.70
W1	2.67	2.14	3.00	2.30	2.92	2.29	3.00	3.00	2.25	1.00	2.78	1.90	2.50	2.00	2.89	2.40	3.00	1.57	3.00	2.20
W2	3.25	2.71	3.00	2.40	2.92	2.57	3.00	2.90	2.08	1.29	2.00	1.40	2.58	2.29	2.56	2.30	2.92	2.14	2.89	2.50
W3	3.00	2.18	3.22	2.70	2.92	2.49	3.00	2.50	2.42	1.30	2.33	1.80	2.42	2.01	2.67	2.00	2.75	2.45	2.44	2.10
W4	3.25	2.57	2.78	2.50	2.92	2.71	3.00	2.50	2.25	1.86	2.56	1.60	2.00	2.43	3.00	2.20	3.17	2.57	3.33	2.40
W5	3.33	3.14	3.44	2.70	3.17	3.00	3.33	2.80	2.17	1.86	2.22	1.40	3.17	2.57	3.33	2.90	3.67	2.71	3.56	2.90
W6	3.25	3.29	3.00	2.70	3.33	3.00	3.22	2.70	3.83	4.14	3.67	2.80	3.08	2.86	3.11	2.70	3.25	3.00	3.22	2.30
W7	3.67	3.34	3.56	2.69	3.67	3.36	3.56	3.34	3.92	3.96	3.44	1.68	3.33	2.86	3.11	2.79	4.00	3.27	3.33	3.08
W8	4.00	3.29	3.33	2.80	3.42	3.29	3.22	3.00	3.42	3.43	2.33	1.80	3.50	3.14	3.00	2.90	3.75	3.57	3.33	3.10
W9	4.25	3.86	3.44	3.10	4.17	3.71	3.67	3.10	3.75	3.29	2.67	1.80	3.43	3.11	3.10	2.46	3.83	3.57	3.22	3.30
W10	3.83	3.51	2.89	2.48	4.00	3.56	3.11	2.50	4.08	3.77	2.78	2.10	3.75	3.34	3.11	2.46	3.83	3.23	3.33	2.46
W11	3.50	3.71	3.22	2.60	3.83	3.43	3.56	3.12	3.67	4.29	3.11	1.72	3.50	2.86	3.33	2.66	3.58	3.14	3.67	3.00

我们对四组学生在 CAFIC 的五个维度的发展作了单因素方差分析。结果表明,四组的发展均存在显著差异。

表 5.7　四个组别在 CAFIC 五个维度上的单因素方差分析

		ANOVA				
		平方和	df	Mean Square	F	Sig.
复杂度	组间	4.019	3	1.340	8.611	.000
	组内	6.846	44	.156		
	总和	10.866	47			
准确度	组间	2.028	3	.676	5.009	.004
	组内	5.938	44	.135		
	总和	7.966	47			
流利度	组间	9.751	3	3.250	4.893	.005
	组内	29.228	44	.664		
	总和	38.979	47			
地道性	组间	2.619	3	.873	5.376	.003
	组内	7.144	44	.162		
	总和	9.763	47			
连贯性	组间	4.386	3	1.462	6.826	.001
	组内	9.423	44	.214		
	总和	13.809	47			

LSD 事后检验发现,在复杂度维度上,四组的差别主要在第一组和第二组、第一组和第四组、第三组和第四组之间。从图 5.7a 可见,第二组(低高高)的复杂度发展趋势尤为明显,几乎有赶超第一组(中高高)的趋势,并且到最后已经完全超过了第三组(高低低)。

准确度:差异主要出现在第一组和第二组、第一组和第四组、第三组和第四组之间。不难发现,第二组(低高高)的准确度发展得确实也非常明显,但是尚未赶上第二组(中高高)准确度的发展态势。

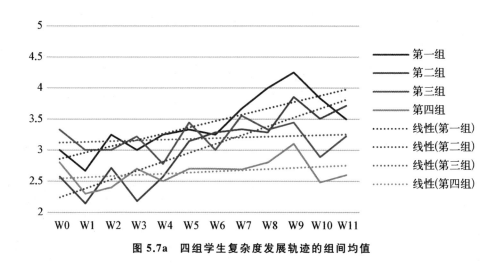

图 5.7a　四组学生复杂度发展轨迹的组间均值

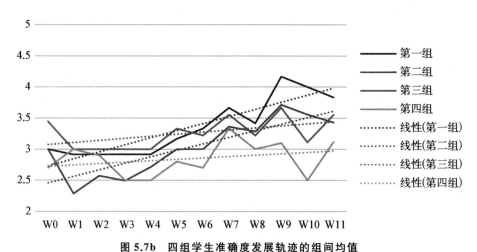

图 5.7b　四组学生准确度发展轨迹的组间均值

流利度：差异存在于第四组和其他三组。换句话说,第四组的流利度几乎没有发展,但是另外三组的发展非常明显。尤其是第二组(低高高)的流利度发展甚至超越了第一组(中高高)。

地道性：显著差异存在于第一组和第二组、第一组和第四组、第二组和第三组、第三组和第四组之间。第二组的地道性发展有所降低,不如第一组和第三组的发展。这点也可以解释：地道性体现了语言的整体使用能力,可能不如语言表面形式(复杂度、准确度、流利度)那么容易产生可观察的进步或衰退。因此,即使第三组处于吸态,但是在地道性发展方面仍旧保有了一定优势。

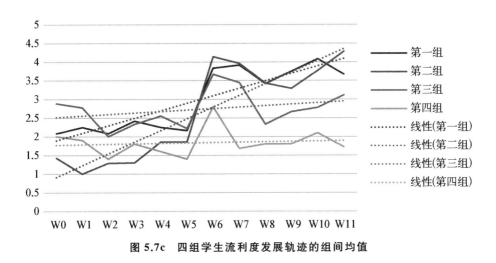

图 5.7c　四组学生流利度发展轨迹的组间均值

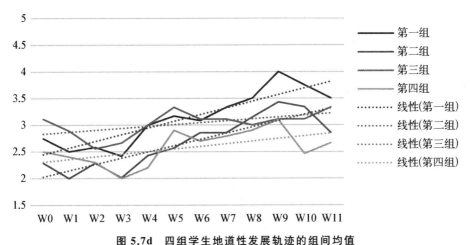

图 5.7d　四组学生地道性发展轨迹的组间均值

连贯性：显著差异存在于第一组和第二组、第一组和第四组、第二组和第三组、第三组和第四组之间。与地道性相似，发展最快的第二组到最后仍旧落后于第三组。尽管第三组整体发展较为平缓，但是在连贯性方面保持了优势。

总结来说，聚类分析探索了群组学习者二语写作发展过程中内部高度相似的"遍历合集"。复杂动态系统研究关注系统的动态波动，因此多使用个案历时研究，却难免"只见树木，不见森林"。因此，如何超越个体、辨识群体的发展模式成为复杂动态系统研究亟待突破的重点。本研究探索性使用变异度和发展水平提升度两个变量进行聚类分析，具有外部显著差异但内部高度相似的两个遍历合集得以从表面杂乱无章的个体数据中涌现。

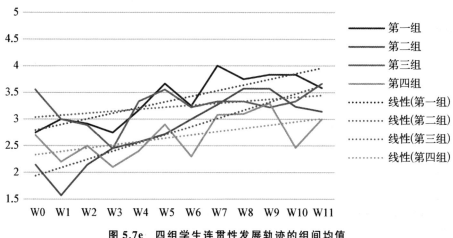

图 5.7e　四组学生连贯性发展轨迹的组间均值

　　从以上分析来看,四组学生首先呈现出"变化伴随发展"的特点。换句话说,只有高变异性的组别(第一组中高高和第二组低高高)才有较大的发展幅度,且不受初始水平的影响。反之,没有变异性的组别,无论初始水平如何,也没有出现高增长。因此,聚类分析从正面和反面均证明变异是发展的前兆。

　　对四个组别的写作水平五个维度(复杂度、准确度、流利度、地道性和连贯性)进行了更细致的考察后发现,第一组和第二组(尤其是第二组)在复杂度、准确度、流利度这三个维度上的发展是最快的,到最后均超过了初始水平最高的第三组(高低低)。但是有趣的是,第三组尽管在一学年间呈现出停滞状态,其书面语的地道性和连贯性一直保持较为平稳。发展最迅速的第二组在这两个维度上一直没有超越第三组。我们可以推测,地道性和连贯性两个维度和书面语语言使用的功能方面更为相关,复杂度、准确度、流利度这三个维度和书面语语言形式则更为相关。换言之,在高速发展过程中,学习者或许能够在语言使用的形式方面获得较快发展,但是在功能方面的发展则更加不易。

　　由于动态发展的语言系统既不可能完全同质,也并非完全静止,由上至下的推论模式并不符合复杂动态系统语言发展研究的基本思路(Lowie & Verspoor,2019；Molenaar & Campbell,2009),即为遍历性困境。也正因如此,复杂动态系统学者一直强调组间趋势会掩盖个体学习者的"噪音"(Verspoor et al.,2008；Larsen-Freeman,2006)。本研究通过差数标准差 SDd 这一指标量化个体学习者发展变异的"噪音",将传统群组数据分析中原本无法利用的个体差异信息转化为有效变量,将组间趋势和个体差异有机结合,识别出了发展过程中内部高度一致的遍历合集。遍历合集的发展模式为研究问题(1)验证的"变化预示发展"的论断不仅提供了正面证据,也提供了反面证据,强化了该论点的稳健性。

研究结果也表明,我们能够超越个体的多样性,洞察表面上繁复芜杂的个体数据背后的系统发展模式。由于显著的模式在不同的维度都会涌现(Baba & Nitta, 2014; de Bot et al., 2007),本研究观察到的"变异度预测发展水平提升"这一模式既在群组层面观察到,也在更微观的子集层面观察到。Dörnyei(2014)在讨论个体差异的时候提出,尽管每个学生均有不同,但是教师仍能将学生大致分类,这是因为一些更高层次的心理原则能够超越个体差异成为动态系统发展的控制变量。我们认为这也适用于语言发展:语言系统通过自组最终会涌现出一些可辨别的模式,这些模式就是更高层次的语言发展规律,需要透过繁芜的个体发展数据以自下而上的方式甄别出来。本研究使用的以 SDd 计算的变异度和写作水平提升度为变量的聚类分析便提供这样的范例,具有相似发展模式学习者聚成的"遍历合集"得以涌现。

四、本章小结

本章聚焦复杂动态系统理论中"变异性"这一关键概念(郑咏滟 & 李慧娴, 2023)。本章的实证研究追踪了 39 名中级水平学习者一年 12 次的写作发展过程,旨在探究写作发展中的变异度和写作水平提升度的关系。结果显示,在中级水平学习者群体内变异度可以显著预测写作水平的提升度,且不受学生初始状态影响。聚类分析识别出两个具有显著差异但内部高度一致的遍历合集,进一步揭示了学习者写作水平的发展模式。

本章内容对复杂动态系统的书面语研究具有两点启示。首先,在方法上创新使用时间序列分析法中的 SDd 变异度指标,量化了个体在写作发展轨迹中的波动变异,将传统群组数据分析中无法利用的个体差异信息转化为有效变量,再通过传统的量化数据分析验证了不同发展阶段学习者群体中"变异预示发展"的模式,为复杂动态系统框架下系统变异的理论假设提供了更稳健的证据。其次,本研究创新探索了如何超越个体内部高度变异性而洞悉群体的发展模式,证明了遍历合集这一来自于发展心理学的概念在语言发展研究中也具有效力,为今后复杂动态系统语言发展研究从不同维度展开提供了新思路。下一章将围绕复杂系统的互适性继续深入讨论。

第六章 学习者语言发展的互适性[①]

"互适"是复杂动态系统中的核心概念,勾勒了复杂系统之间或复杂系统与环境之间的互动联系。Larsen-Freeman 和 Cameron 将"互适"定义为:**"两个或两个以上复杂系统的交互作用,相互依据对方的变化而作出的适应性反应。"**(2008:202-203)复杂系统的互适概念重要之处在于,它描述了复杂系统中互为因果的观点,即一个系统会导致另一个相关系统的变化,反之亦然。以"互适"概念为核心展开学习者语言发展研究,能够揭示二语系统内部不同子系统之间的联系,也能够展现语言系统和学习环境之间的互动。本章聚焦二语口语表现和任务复杂度微环境之间的互适,探索在主流二语习得研究范式下开展复杂动态系统研究的可能路径。以下部分首先回顾了复杂动态系统理论中互适概念的发展脉络,接着讨论了任务复杂度与语言复杂度的相关研究,并介绍了计量语言学路径下的语言发展研究。最后,本章讨论了两个针对中级学习者和高级学习者的口语产出语言复杂度与任务复杂度互适的实证研究。

一、复杂动态系统语言发展中的互适

复杂系统的一个重要特征便是动态变化与互适应,这些过程有时缓慢,有时激烈。尽管我们会使用"涌现"来描述系统现有的状态,不过适应性的变化则解释了系统为何会最终到达某个稳定的状态(Hiver & Al-Hoorie, 2016)。例如,二语系统经历急速变化的过程便是其适应性重组其各个不同部分与部分之间关系的过程(Holland, 2012)。适应的结果便是系统自发地、有目的地重新改变其内部结构与其高阶的功能,这也印证了系统的变化是自组织行为的结果,而非一种预先设计的结果。由此可见,自组织是系统的普遍行为,也是系统涌现出某种明确模式的根本动力。

复杂系统的互适行为还可以从"协调结构"(coordinative structure)的角度论述。复杂系统的观点认为,语言发展既不是纯粹认知心理的过程,也不是单纯社

---

① 本章部分内容基于笔者发表于《现代外语》2020 年的课题阶段性成果《复杂理论视角下任务复杂度对学习者口语表现的影响》。本章节写作时,笔者添加了数据,并重新进行分析,特此说明。

会文化的过程,而是认知系统根据外界(社会文化环境)作出适应性反应后的涌现结果(Larsen-Freeman & Cameron, 2008a)。互适可以存在于宏观的时间尺度上,例如人类的进化可以视为宏观尺度上人与自然的互适;也可以存在于微观的时间尺度上,例如 Kelso(2014, 2016)认为"协调结构"便是具体系统成分和环境达成的一种功能性协同。协调结构也并非恒定不变,而是一种暂时性的关系(Papi & Hiver, 2020),会随着时空转换而变化。

复杂系统成分之间存在互适关系。例如,有些子系统会相互支持,形成相关生长点,形成一种共生共荣的关系;有些子系统则相互竞争,呈现出此消彼长的态势(Van Geert, 1991, 1995)。Verspoor 等(2008)的研究揭示了词汇多样性和句子长度呈现出竞争关系,Spoelman & Verspoor(2010)则发现词汇复杂度和名词词组比例、词汇复杂度指标和句子复杂度指标存在互相支持的关系。正是由于这些系统子成分之间的关系会随着时间而变化,因此在系统发展过程中并不能预设存在线性的因果关系,即输入并不会成比例地导致输出。也正是因为如此,系统的发展会经历一些非连续性的跳跃。更加重要的是,在这些突然的发展性跳跃前后阶段,恰恰也是变异最旺盛的时期。换句话说,系统的不同成分因为发展的需求、认知资源,以及其他资源的限制,出现或支持或竞争的关系,因此不同成分不断重组,互相适应,在经历了激烈动荡之后,最终达成了下一个平衡的状态。循着这条思路,Hiver 和 Al-Hoorie(2016:748)总结道:

> 每一个系统都有一段历史,在其发展轨迹、动态机制和成长过程中起着关键作用。正如一个系统最终涌现出的结果并非无限的,通往这些结果的轨迹或多或少也是有限的,尽管动态行为可能包括丰富的变化或多样面貌,而这些变化或面貌往往从历时的角度上来说并不对称。

复杂系统的互适还表现在系统与环境之间的互动关系。在最近的论述中,Larsen-Freeman(2019)提出人的主体能动性(human agency)也是一个关联的、生态的复杂动态系统。从该理论视角出发,她认为结构(即外界的环境)和能动性之间存在相互依存的关系。能动性是关联的、涌现的,内嵌在时空连续体中。个体的能动性并非先天存在,实则是由个体通过对社会和物质世界提供的不同形式的给养作出适应而逐渐涌现出来的。因此,能动性通过迭代和互适的动态过程产生变化。Papi 和 Hiver(2020)考察了六名在美国求学的伊朗留学生英语学习动机的长期变化过程。通过使用过程追踪(process-tracing procedure)的质性研究方法,他们识别出这些学习者漫长的学习经历中的关键事件,并围绕关键事件探讨学习动机的起伏变化。结果揭示了不同类型的动机发展路径与环境之间的互适与耦合,动机的发展与学生的语言选择和经历相互塑造、相互影响。他们特别指出:二语学习动机路径的变化源于系统内部成分和环境条件之间的适应性互动(adaptive interaction),因此在个体二语学习经历的不同阶段中有差异也有稳态。

然而,在现有的研究中,对复杂系统互适的讨论要么是在语言系统内部不同子成分的适应性互动,要么是将学习者视作复杂系统,讨论学习者与环境的互动,但是鲜有研究考察学习者语言本体作为一个复杂系统如何与环境互动。此处的环境指的是语言产出的具体条件,例如在任务型教学中微观的任务条件。复杂理论框架下,语言被视作一个复杂动态系统,系统各成分间相互联结、交互变化,在一定外部条件刺激下,语言系统会通过自组织行为适应环境给予的压力,涌现出新的语言结构、状态或功能。语言系统的词汇、句法、语篇等不同层面在同一系统内,存在互相支持和竞争(郑咏滟 & 冯予力,2017);受省力原则支配,不同层面需要协同起来完成交际目的(刘海涛 & 林燕妮,2018)。同时,复杂系统也具有适应性。所谓"适应"即系统通过自组织过程适应外部环境而出现新的结构、状态或功能(刘海涛 & 林燕妮,2018)。换言之,语言使用者可以通过"软组装"各类资源(包括自身的认知资源、语言资源和环境基于的资源)对外界环境刺激作出反应,涌现出更高级的语言行为(Larsen-Freeman & Cameron,2008a)。

认知-互动视角的二语习得研究者将任务视作学习者协商、理解语言意义的微环境(Robinson,2011a),因此任务内在的认知复杂度可以视作任务环境对学习者内在认知资源的刺激,而学习者产出语言复杂度则是学习者通过调配自身认知资源和语言资源而作出的适应性语言行为。这为从复杂理论角度探讨任务复杂度效应提供了理据。下节将具体讨论任务复杂度的相关研究。

二、二语习得的任务复杂度研究

(一) Robinson 任务复杂度框架

近三十年来,任务型教学中,学习者的认知能力和任务复杂度之间的互动关系逐渐成为核心议题。Robinson 将任务分为任务条件、任务难度和任务复杂度,其中最受关注的是任务复杂度,即任务的内在认知要求,包括对语言学习者在注意力、记忆力、推理能力,以及其他信息加工过程中的要求(Robinson,2001,2007;Robinson & Gilabert,2007)。国内外学者针对已有成果展开了元分析(Jackson &

Suethanapornkul, 2013；邢加新 & 罗少茜，2016)，然而学习者语言产出中的任务复杂度效应并未达成定论。更重要的是，大多实证研究遵循二语习得传统的实验范式从微观层面操纵任务复杂度，但数据量较小，使用的语言复杂度衡量指标庞杂，很难从整体上把握任务复杂度对学习者语言产出的影响。

　　Robinson(2001，2007)将任务复杂度细分为"资源消耗型"和"资源指引型"两个维度。沿着"资源消耗型"维度(包括有无准备时间、是否为单一任务、有无背景知识)提高任务复杂度会导致注意力分散，语言产出的复杂度、准确度、流利度会产生竞争和制约。一般认为，资源消耗型的任务复杂度越高，那么语言复杂度和准确度越低。沿着"资源指引型"维度(包括任务涉及的因素多少、是否为此时此地、有无推理、立场选定)提高任务复杂度会使学习者注意力更加集中在具体语言形式上，提高语言产出的复杂度和准确度，降低流利度。具体的维度和指标详见表6.1。

表 6.1　Robinson(2001，2007)任务复杂度框架

任 务 复 杂 度	
资 源 指 引 型	资 源 消 耗 型
± 此时此地 here and now	± 准备时间 planning time
± 因素多少 few elements	± 预备知识 prior knowledge
± 空间推理 spatial reasoning	± 单一任务 single task
± 因果推理 causal reasoning	± 任务结构 task structure
± 意图推理 intentional reasoning	± 步骤多少 few steps
± 立场选定 perspective-taking	± 独立步骤 independency steps

(二) 写作任务复杂度与书面语产出

　　国外认知任务复杂度的实证研究在 2010 年前围绕学习者口语产出展开，但之后重心逐渐转向书面语研究(Ong & Zhang，2010)。相反，国内任务复杂度研究大多集中在写作任务和写作产出(刘兵，王奕凯，& Zhang，2017)，口语研究较为零散。近年来，学界对任务复杂度的认识进一步加深，研究兴趣也不断升温，涌现出了比较丰富的研究成果。例如，张超(2021)考察了任务复杂度对二语写作文本的复杂度、文本流利度和准确度之间的关系。其中语言复杂度从句法复杂度(平均句长)、词汇复杂度(Uber 指标)两个维度加以测量。研究发现，总体来说,任务复杂度与词汇复杂度呈负相关关系,而与句法复杂度呈正相关关系。分段研究发现,在发展初期,任务复杂性的提高使得学习者分配更多的资源来注意语言形式,从而提高了句法复杂度,但是由于相关语言构式的不完善,学习者也通过降低词汇多样性来适应任务复杂度的变化。发展中期句法复杂度继续提升,到发展后期趋于相对稳定。例如,Rahimi(2019)考察了任务复杂度对伊朗中级英语学习者英语议论文写作的影响。词汇复杂度和句法复杂度是衡量二语写作质量的标准之一。词汇复杂度从词汇多样性、学术词汇使用两个层面去衡量,句法复杂度从单位语言长度、从属结构使用、并列结构三个层面进行衡量。分析结果显示,复杂的写作任务促使学习者产出更多的从属结构、更多的学术词汇。但是,另一项基于大型语料库的研究(Alexopoulou, Michel, Murakami, & Meurers, 2017)提出,虽然任务复杂度与任务类型都对语言复杂性存在影响,但是相比之下,后者对于语言复杂性的影响更为明显。或许任务复杂度对书面语的影响并没有想象得那么高。

张煜杰、蒋景阳(2020)研究了不同任务复杂度对二语写作复杂度和准确度可能产生的交互效应。其中,二语书面产出文本的复杂性从句法复杂度和词汇复杂度两个维度进行测量:句法复杂度从单位长度类指标、从属结构指标、并列结构指标、复杂短语类指标四个层面测量;词汇复杂度从词汇复杂性、词汇丰富性两个层面进行测量。研究结果表明,较高的任务复杂度使得学习者产出更为复杂的句法结构,但是任务复杂度对词汇复杂度的影响不大。

王丽萍等(2020)从“竞争假说”和“认知假说”出发,研究了写作任务复杂度中资源指引型和资源消耗型两大维度对书面产出语言复杂性的影响。该研究采用二语自动分析器分析了616名英语学习者在四个不同复杂度的任务产出的文本,提取了词汇复杂度25个指标和句法复杂度14个指标。研究发现,从资源指引型的维度增加写作任务复杂度会降低并列结构、动词短语,以及低频词的使用,但同时也提高了词汇密度和类符形符比。从资源消耗型的维度增加写作任务复杂度时提高了不重复词数,但是也降低了低频词的使用。同时,资源指引型和资源消耗型任务复杂度还对语言复杂度存在着交互影响,主要体现在词汇密度和词汇多样性方面。具体来说,资源指引型和资源消耗型任务复杂度都增加时,可有效提高词汇密度和词汇多样性。

以上研究表明,任务复杂度和任务类型很可能对书面语的句法复杂度、词汇复杂度产生不同的效果。换句话说,任务复杂度和语言复杂度之间的关系并非线性的。我们需要采用一种更加细致的视角来观察学习者的语言产出,方可全面理解任务复杂度作为一种环境因素和语言复杂度作为系统本身特征之间的复杂互动互动关联。另外,以上研究由于是书面语产出,而考虑到书面语的延时性会在一定程度上减轻学习者在语言产出过程中的认知负担,因此任务复杂度与书面语复杂度之间的关联可能更加隐蔽。

(三)任务复杂度、任务类型对口语产出的影响

由于本研究着重探讨口语产出中的任务复杂度效应,因此以下回顾均围绕口语任务复杂度铺陈。与书面语不同,口语产出具有较高的时间压力和认知负担,因此任务复杂度与口语语言产出之间的关联可能更容易被观察到。

Jackson & Suethanapornkul(2013)和邢加新、罗少茜(2016)对已有口语研究展开元分析,发现 Robinson 的"认知假设"仅得到部分印证。Jackson & Suethanapornkul(2013)选取的九个口语独白任务中,任务复杂度对口语产出的句法复杂度有负面影响(d=−0.02),对词汇复杂度有正面影响但效应值很小(d=0.03)。邢加新、罗少茜(2016)选取的 11 项国内研究中,口语任务复杂度对口语句法复杂度的积极影响更明显,对流利度的负面效应更明显,但是在词汇复杂度方面,书面语的效应量大于口语任务效应量。任务复杂度对口语产出的词汇有一定积极影响,但不具有显著意义。

近年来,对口语任务的研究又出现新进展,纳入的变量更丰富,考察的角度也更加多元。例如,Kim 和 Payant(2017) 聚焦在任务复杂度对二语口语表现的影响。句法复杂度从从属结构、单位长度这两个层面去衡量。研究发现,任务复杂度越高,二语学习者在口语中产出的从属结构越多。邢加新(2019)的研究聚焦任务复杂度对口语产出的复杂性、流利性、准确性的影响。口语产出的复杂性主要从句法复杂度和词汇复杂度两个维度来衡量。其中句法复杂度从 AS 单位平均长度、平均 AS 单位内子句数,以及从句与子句之比来衡量;词汇复杂度从词汇多样性与低频词使用两个方面测量。结果显示,更高的任务复杂度有利于学习者产出更为复杂的句法,但是词汇多样性与低频词使用较低。可见,任务复杂度和二语口语表现之间的关联可能并不如之前观察得那么简单明了。

有些研究选取了更加细致的任务复杂度变量。例如,Awwad 和 Tavakoli(2019)使用了[±意图推理]变量决定任务复杂度,结果发现,复杂任务对语言复杂度和准确度有显著影响,但是对流利度却没有影响。学习者的语言水平和工作记忆能力能够稳定地预测准确度,但是对词汇复杂度和流利度方面的预测力则与任务复杂度具有交互效应。Lee(2019)独辟蹊径,为了规避二语学习者可能的语言水平干扰,转而考察了 42 名母语者在不同任务复杂度条件下的口语表

现。该研究使用资源指引型的[±因素多少]设置了三个级别的任务复杂度。结果发现,中级别复杂度任务能够催发最复杂的句法结构,而高级别复杂度任务则能够诱发出最多样的词汇使用。

也有部分研究结合考虑资源消耗型维度和资源指引型维度对学习者口语任务表现的影响。Kim(2020)考察了准备时间和任务复杂度是否影响中级水平二语(英语)学习者的口语表现。其中,任务复杂度由资源消耗维度的[±因素多少]和资源指引维度的[±推理]两个变量组成。结果发现,准备时间对整体的口语准确度没有影响,但是任务复杂度越高,学生短语层面的句法复杂度则越高,且不受准备时间的影响。

Khatib 和 Farahanynia 开展了两项针对伊朗英语学习者的研究(Farahanynia & Khatib, 2022; Khatib & Farahanynia, 2020),均聚焦在准备类型、任务复杂度(±因素多少)和任务类型(叙事 vs.论证)对二语口语表现的交互作用。他们设置了四种准备类型,即重复性任务、策略性准备、重复性和策略性结合的准备、无准备,将 98 名学习者分为四种准备类型。结果发现,因素多的复杂任务比因素少的简单任务更能够促进句法复杂度和词汇复杂度;任务复杂度对论证类任务的影响更大,但是准备类型的影响则根据任务复杂度和任务类型而各有不同。因此,研究表明认知任务复杂度和任务类型之间存在互动效应。与此同时,他们也发现策略性准备中的合作型准备,加上更加复杂的多因素任务,能够更好地促进学习者口语的流利度和复杂度。

Bui(2021)基于资源消耗型的准备时间、预备知识,考察任务复杂度对口语词汇复杂度的影响。结果表明,学习者的预备知识和词汇多样性与词汇复杂度高度相关,而准备时间则能够增强词汇密度。学习者的二语水平几乎被预备知识和准备时间的效应抵消,对口语复杂度不产生任何影响。

口语任务的类型也会对口语表现产生影响。李荼、隋铭才(2020)对比了复述和叙述两种不同的口语任务类型对口语表现的影响。该研究采取纵向历时设计,跟踪 6 名学习者在 15 周内的口语发展情况。语言复杂性由句法复杂度(从句比例)和词汇复杂度(实词比例)进行测量。研究发现,复述类口语任务中,学习者口语词汇复杂度高于叙述任务。

不过,任务条件下口语研究还有一些亟待解决的问题。

首先,现有研究通常采用单因素变量,缺乏对多个因素变量的统一考察。例如,国际的口语任务大多采用[此时此地](+/− here-and-now)或者[因素多少]单一变量,仅有两项研究采用了[有无推理](+/− reasoning)变量(Gilarbert,

2007；Ishikawa，2008)，从未纳入[立场选定]（+/－ perspective taking）变量。邢加新、罗少茜（2016）发现国内的口语任务大多采用[有无推理]变量，也缺乏[立场选定]变量。Robinson（2001）强调任务复杂度应该视作一个连续体，因此需要从多个变量入手，考察口语任务复杂度效应。

其次，现有的口语复杂度研究大多采用的是操纵设计（manipulative design）的准实验研究，因此大多数涉及的人数较少，实验数据有限。何莲珍、王敏（2003）的早期研究收集了48名大一学生的口语数据，Gilarbert（2007）的受试包括48名中级水平西班牙学习者，而 Ishikawa（2008）的数据只包含24名日本学习者。Khatib 和 Farahanynia（2020）的研究尽管包括98名学习者，但是分在了四组中，每组的人数只有20余人。最近的一项元分析研究（Johnson & Abdi Tabari，2022）表明，[有无准备]作为一种支持性任务复杂度变量，究竟如何影响二语产出尚未得出定论。这可能恰恰体现了操纵设计和小样本量无法解决的问题。随着近年来语料库语言学和计量语言学的飞速发展，二语习得研究者或能从大数据驱动的研究范式中获取灵感，更全面、深入地探索任务复杂度对口语产出的影响。本研究即为这个方向的尝试。

尽管复杂系统理论视角在追踪二语发展方面成果丰硕，但少有研究聚焦该理论视角和任务复杂度效应的结合。Robinson（2010）率先提出采用复杂、适应-互动的理论框架将任务认知定位到教学项目中。他构拟的"SSARC 模型"可以从复杂系统视角操纵任务复杂度，任务表现依赖当前中介语单一、稳定（simple，stable，SS）的吸态，随后资源消耗维度可增强当前中介语系统的自动化（automization，A），最终增加资源消耗和资源指引维度的复杂度，以促进中介语系统的重组（restructuring，R），通过最高复杂度（complexity，C）打破当前中介语系统的稳定性，从而推动中介语系统的重组，进入下一个更高阶段的吸态。在这个意义上，任务条件和认知要求的转变可以刺激中介语资源组织与重组的相似转变来完成任务（Robinson，2010：248）。

特别需要指出的是，该模型将任务视作学习者通过互动来理解和协商语言意义的微环境（Robinson，2011a），与复杂理论的核心观点契合。在复杂理论视角下，认知任务要求可以视作环境对学习者认知系统施加的外在推力，认知系统对环境变化的适应可能伴随着学习者语言特征的重新配置，即产生了学习者语言系统与外在环境之间的互适。从 Robinson 的任务复杂度框架来看，沿着资源指引维度逐步加强任务复杂度，能够将任务复杂度带有的认知负担转化为重要的"控制变量"，推动学习者语言系统从较稳定的吸态进入不稳定的斥态。学习者通过各种尝试,不断使用相应的语言结构,在变异中逐渐固定相关语言形式的使用,最终进入新的稳态,即促成了新的语言使用模式的涌现。第四章已详细讨论了变异预示发展的规律,此处不再赘述。

本章的研究延续 Robinson 提出的 SSARC 模型,采用复杂动态系统理论视角,使用大规模语料库数据。由于数据类型和理论视角有所变化,且第三章已介绍计量语言学的指标更能够捕捉到口语复杂度的细微变化(刘飞凤 & 郑咏滟,2023),我们选择使用计量语言学的相关指标来探究任务复杂度对二语口语表现的影响。

三、复杂系统与计量语言学

计量语言学以文本为研究对象,聚焦文本的整体特征。文本被视作语言系统和语言参与主体(即语言使用者)之间相互作用的产物(刘海涛,2017)。这与复杂动态系统理论的观点一致。计量语言学认为语言系统是一个由人驱动的复杂自适应系统,所以文本计量指标中体现的语言结构会随着语言使用者认知资源的变化而变化。计量语言学学者认为语言是一个复杂、自适应系统(Altman,1997;刘海涛,2017),具有自组织、环境敏感性、全面联结性、动态变化的特征,这一整体的理论视角为结合二语研究和计量语言学打下了坚实的基础,特别是与前文介绍的 Robinson 提出的 SSARC 模型有异曲同工之妙。

值得注意的是,计量语言学认为实际使用中的语言会通过自适应维持动态平衡(H. Liu,2018;刘海涛,2017)。例如,不同于通过与外部语料库数据比较而产生的词汇测量指标(如 Guiraud 2 000 词汇频率概况),词汇计量指标是根据语言使用者本人词库的词级-词频结构,参考齐普夫定律(Zipf's Law)计算而得。齐普夫定律涉及文本中词频的倒序分布,并得到了大量数据的验证。因此,词汇计量指标更注重总体的词库组构(Xiao & Sun,2018),可有效反映语言系统在不同环境要求下的涌现。

基于此,计量语言学通过计算文本计量指标探索语言系统的自适应机制和语言演变的动因,采用数学手段对大规模文本的整体特征作出科学性描述,以此对传统实验范式的基于任务的二语习得研究提供补充(刘海涛,2017)。近年来已有学者尝试结合计量语言学与应用语言学研究。例如,Ouyang 和 Jiang(2017)基于横断面学习者语料库,使用文本计量手段说明齐普夫定律的有关参数能够很好地反映本族语者和同年级二语学习者写作产出的句法复杂度或水平差异,指出计量手段对二语习得研究同样是有效的手段。Xiao 和 Sun(2018)则使用计量语言学中常用的词汇计量指标,揭示了自然科学、社会科学和人文学科博士论文文本呈现的词汇特征。Jiang et al.(2019)首次使用复杂网络方法,探究二语句法涌现,并指出以无标度和小世界属性为特征的句法网络存在于二语学习初始阶段,并贯穿整个学习过程。这些研究呈现了使用计量语言学方法探索二语习得研究中重要议题的广阔前景。第七章将详细讨论复杂网络路径下的语言发展。

建立在丰富的计量语言学研究成果基础上,我们认为计量语言学常用的文本计量手段可以为现有的学习者语言复杂度测量指标提供有益补充,从宏观层面揭示任务复杂度和学习者产出语言之间的深层联系。由此,我们提出口语产出的词汇使用可以视作一个复杂自适应子系统(Zheng, 2016),以此为切入点考察词汇协同子系统和任务微环境之间的互适。

特别需要指出的是,二语习得研究中常用的词汇复杂度指标,例如词汇频率概览(LFP)(Laufer & Nation, 1995),均为外源性指标,即通过与外部语料库(例如 BNC 或 COCA)的词频比对来区分高频词和低频词。学界常使用的指标,包括最常用 1 000 词、最常用 2 000 词、2 000 以上单词等,都是基于大型语料库而总结出的词表。但是,个体学习者使用的词库未必能够与外部的大型语料库相吻合。相反,计量语言学以齐普夫分布的概率论为基础,旨在计算语言单位的使用概率,采用数学手段探讨语言的内在结构和规律,捕捉文本中语言复杂度的涌现。因此,计量语言学指标的计算基础是语言使用者自身产出语言的词频,更能够从内源性角度描述词汇使用,从而揭示词汇协同子系统在应对外界认知复杂度改变时作出的自适应反应。出于以上考虑,我们使用计量语言学指标衡量词汇复杂度、词汇多样性、词汇丰富度、词频整体结构。

- 词汇复杂度

(1) 平均形符长度(average token length):按照字母数来衡量单词内部复杂度的指标,可以反映文本的用词风格。

- 词汇多样性

(2) 移动平均类符形符比例(MATTR):类符形符比例指的是单词类符总数和形符总数的比例,常用于测量总体词汇多样性,但会受到文本长度的影响。MATTR 是更精细的基于单词形式测量 TTR 的指标,不受文本长度影响,也无任何统计假设(Covington & McFall, 2010)。Kubát(2014)通过实证研究验证了该指标独立于文本长度的特点。Covington 和 McFall(2010)证明了文体计量分析的标准窗口为 500 词。本研究采用该默认值,使用软件 MATTR(http://ai1.ai.uga.edu/caspr/)进行计算。MATTR 值越高,词汇多样性越高。

• 词汇丰富度

（3）h 点：该指标在计量语言学中通常用来反映词汇丰富度，指的是文本中词的秩频分布的一个临界点。词的秩频分布是这样得到的：将文本中每个词（形符）按照其频次降序排列，并按照 1 到 V 的顺序依次编号。每个频序 r 都对应着一个频次值 $f(r)$。h 点就是词的秩频分布上 $r=f(r)$ 的那个点，在自然语言文本中，h 点一般位于频序相邻的两个词之间（Popescu & Altmann，2006）。h 点的计算方程式为：

$$h = \begin{cases} r, & \text{if there is an } r = f(r) \\ \dfrac{f(i)\,r_j - f(j)\,r_i}{r_j - r_i + f(i) - f(j)}, & \text{if there is no } r = f(r) \end{cases}$$

r 指所有文本词按频率降序排列时的词级，$f(r)$ 是第 r 个词的相应频率。若不满足 $r=f(r)$ 的条件，r_i 和 $r_j(j>i)$ 是满足 $r_i < f(r_i)$ 和 $r_j > f(r_j)$ 条件的两个相邻词的词级。h 点是文本词级-词频分布中的一个关键点。人们发现，h 点之前的词多为功能词（synsemantics），之后的词多为实词（autosemantics）（Popescu & Altmann，2006）。h 点越低，代表词汇丰富度越高。

（4）R1：这也是词汇丰富度指标，与 h 点不同之处在于，h 点是从虚词角度反映的词汇丰富度，而 R1 是从实词角度估算得出的词汇丰富度指标（Xiao & Sun，2018）。基于 h 点对文本中的实词（形符）的比例进行估算得出 R1。首先需要计算出文本中词的秩频分布 $f(r)$，得出相应的累计概率分布（cumulative probability distribution）F(r)。F(r) 是频序从 1 到 r 的词所累计的概率，也就是这些词的总频次占文本形符总数的比例。如果 h 点之前均为功能词，那么 F(r) 就是功能词在文本中所占的比例。然而事实上，h 点之前也可能存在实词，h 点之后也可能存在功能词。因此可以对 F(h) 进行校正（刘海涛，2017）：

$$F(h) = F(h) - \frac{h*h}{2N}$$

由此可得到词汇丰富度：

$$R1 = 1 - \underline{F(h)} = 1 - \left(F(h) - \frac{h*h}{2N}\right)$$

$R1$ 取值越高，表明文本中实词所占的比例越大，因此词汇丰富度也越高。

• 词频结构

（5）Λ 值（Lambda 值）：这个指标可以描述词频结构的稳定性，是根据文本中词的秩频分布的欧式长度计算的,文本规模对 lambda 取值的影响甚微,Λ 值越高,文本词频结构越复杂。该值可以有效区分文本题材(C. Zhang & Liu, 2015)。Λ 值可视作语言产出词汇复杂度的整体结构。

除 MATTR 外的所有指标都由计量指标文本分析器(Quantitative Index Text Analyzer, QUITA 软件)计算,该工具可在线免费使用。

四、不同任务复杂度条件下学习者口语词汇系统表现

本节将先汇报高水平学习者在不同任务复杂度条件下的口语词汇表现,再汇报中级水平学习者的口语词汇表现,最后比较在不同水平学习者群体中不同任务复杂度条件下学习者口语词汇系统的表现。两个研究采用了相同的设计,总的研究问题如下:

1) 口语独白任务中随着任务复杂度增加,学习者口语词汇计量指标是否产生变化?

2) 在不同复杂度情境下,口语词汇计量指标具体产生何种变化?

3) 这种变化是否受到学习者水平的影响?

表 6.2　高级水平学习者口语词汇系统与任务复杂度互适的动态集成

操作考量	1. 系统:学习者口语词汇系统 2. 颗粒度层次:系统发展以"任务"为单位,数据层级是口语词汇系统的计量指标
情境考量	1. 情境:中国英语专业八级学生的口语系统在具体任务情境下的表现 2. 系统网络:考察个体口语词汇表现与任务复杂度的互适
宏观系统考量	1. 动态过程:以任务复杂度为维度考察口语词汇系统的发展 2. 涌现结果:口语词汇系统随着任务复杂度升高的变化模式
微观结构考量	1. 成分:由 QUITA 计算口语词汇指标 2. 互动:口语词汇系统与任务复杂度的互动 3. 参数:考察任务复杂度对口语词汇指标的影响

(一) 高水平学习者的口语词汇表现

1. 语料来源

本研究语料来自于文秋芳、梁茂成、晏小琴(2008)编著的《中国学生英语口笔语语料库》(2.0 版)的八级口语语料库,来源于 2003—2007 年间全国英语专

业八级口试。由于英语专业八级考试的对象是高校英语专业四年级学生,他们可以视作高级水平学习者。

在专业八级口试中,每位考生需完成三项任务,其中第一、二项任务为口译任务,第三项任务是就指定话题进行评论(making a comment on a given topic),是一项口语独白任务。该项任务给考生出一个具体话题,并提供相关的背景材料,考生有一定准备时间,然后根据背景信息在相应的时间限制内就指定话题表达观点。考虑到任务条件的一致性和语料数据的均衡性,本研究选取 2004、2005、2007 这三年的第三项口语独白任务,并从资源指引型维度进行认知任务复杂度的分类。

表 6.3　2004 年、2005 年、2007 年专业八级口试任务话题

年份	话　题	语音文件数	语音总时长	文本文件数	形符数
2004 年	Suggestions for the 2008 Beijing Olympics	187	约 564 分钟	187	53 203
2005 年	China's Employment Market Challenged by More Graduates	188	约 564 分钟	188	71 791
2007 年	Pets or not?	185	约 561 分钟	185	52 923
合计	/	560	约 1 689 分钟	560	177 917

2. 任务复杂度判定

就给定话题进行评论属于典型的口语独白任务,因此该口语语料库可以视作一个任务语料库。但是,任务复杂度的设定并非语料库建设的初始目的,因此我们无法仿照任务研究常用的实验范式,直接通过控制任务复杂度变量来考察语言复杂度。尽管从 Robinson 任务复杂度框架角度来看,资源消耗型维度上的条件保持一致,我们仍可以依据 Robinson 的任务复杂度分类框架(Robinson,2007；Robinson & Gilabert, 2007)中对"资源指引型"维度的定义判定以上三个口语任务内在的认知复杂度。同时,为了弥补以往研究多使用单一维度变量、从未使用"立场选定"变量的缺憾,我们决定选取与评论这一任务类型密切相关的两个变量:因果推理,即是否只需要传递信息(-),还是需要确立事件关联并试图给出理由来支持个人的观点(+);立场选定,即是否只需要表达本人对一事件的立场(-),还是需要纳入多方立场进行论证(+)。两位作者分别根据定义对三个口语任务进行判断,并达成一致。三个口语任务按照任务复杂度,呈现低、中、高三个水平,递次升高(见表6.4)。

表 6.4 任务复杂度判定

年 份	话 题	因果推理	立场选定	任务复杂度
2005 年	Suggestions for the 2008 Beijing Olympics	—	—	低
2004 年	China's Employment Market Challenged by More Graduates	+	—	中
2007 年	Pets or not?	+	+	高

注:—表示几乎没有,+表示有。

表面上看,2005 年论题 Suggestions for the 2008 Beijing Olympics 看似难度较高,但是实际上不涉及说理,也不涉及从不同立场进行论述,而仅仅是从说话者单方面给出建议,因此我们认为这是任务复杂度最低的话题。相反,2007 年的题目"Pets or not?"似乎是和学生的日常生活更为相关,或许学生具有预备知识,但是该题目涉及论证和价值判断,即究竟是否应该养宠物,且又需要从不同的角度进行论证,因此我们认为是任务复杂度最高的任务。

3. 任务复杂度与高级水平学习者口语词汇系统的互适

结果显示,随着任务复杂度升高,高水平学习者的口语词汇系统中,所有计量指标均呈现出明显差异。

首先,在词汇复杂度指标(平均形符长度)上,三个任务环境下的学习者表现有显著差别:低任务复杂度=4.35,SD=0.26;中任务复杂度=4.33,SD=0.27;高任务复杂度=4.08,SD=0.23。随着任务复杂度升高,平均形符长度降低,且具有显著差异($F=-0.020$, $p<.001$)。事后多重比较显示低、中任务复杂度间差异不显著,高任务复杂度环境则产生了显著差异。这有可能是因为高复杂度环境下学习者更多的认知资源指向词汇使用的其他方面,只能暂时使用更短的单词满足即时交际的需要,这与计量语言学对词汇协同子系统的预测一致(刘海涛,2017)。

其次,词汇多样性(MATTR):低任务复杂度 MATTR=0.43,SD=0.05;中任务复杂度 MATTR=0.40,SD=0.06;高任务复杂度 MATTR=0.44,SD=0.06。随着任务复杂度升高,MATTR 值先降再升。方差检测显示有显著差异($F=28.16$, $p<.001$),事后多重比较也表明两两间差异显著。另外,从图 6.2

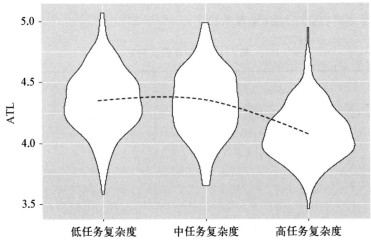

图 6.1　平均形符长度在三个任务环境中的表现

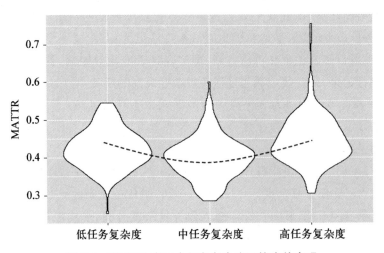

图 6.2　MATTR 在三个任务复杂度环境中的表现

中还可以看出,高任务复杂度下 MATTR 值离散程度更高,表明高任务复杂度刺激出更具差异性的个体表现,出现词汇多样性的最高值。

　　其三,词汇丰富度指标的 h 点分布特征从功能词角度反映文本丰富度变化:低任务复杂度＝7.09,SD＝0.92;中任务复杂度＝8.08,SD＝1.20;高任务复杂度＝6.93,SD＝1.09。单因素方差检测显示有显著差异($F=62.59,p<.001$),事后多重比较表明低、中任务复杂度和中、高任务复杂度之间差异显著,而低、高任

务复杂度间不存在显著差异。h 点值越高表明功能词越多,词汇丰富度越低。因此,口语词汇丰富度随着任务复杂度升高而先降再升。

　　词汇丰富度的另一个指标 R1 分布特征从实词角度反映文本丰富度变化: 低任务复杂度 R1＝0.79,SD＝0.04;中任务复杂度 R1＝0.79,SD＝0.05;高任务复杂度 R1＝0.84,SD＝0.04。单因素方差检测显示差异显著(F＝63.3, p<.001),事后多重比较显示主要是高任务复杂度分别显著高于低、中任务复杂度。这表明从实词角度反映的词汇丰富度在高任务复杂度环境中尤其明显。

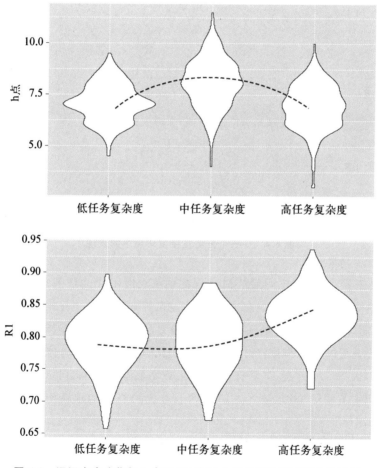

图 6.3　词汇丰富度指标 h 点和 R1 在三个任务复杂度环境中的表现

　　需要指出的是,h 点和词汇丰富度是逆向关系,即 h 点越高,词汇丰富度越低;R1 则是从实词角度反映的词汇丰富度,因此 R1 值越高,词汇丰富度越高。

因此从图6.3来看,学习者的词汇丰富度均在高任务复杂度环境中达到最高点。由此得出结论,高任务复杂度激发了最丰富的词汇使用。

其四,词频整体结构 Λ 值的分布特征:低任务复杂度 $\Lambda=1.17$, SD$=0.11$;中任务复杂度 $\Lambda=1.16$, SD$=0.12$;高任务复杂度 $\Lambda=1.16$, SD$=0.11$。单因素方差检测显示不具有显著差异($F=0.288$, $p>.05$)。这说明三个任务环境下学习者口语词频的总体结构稳定,并未随着任务复杂度增高而变化。

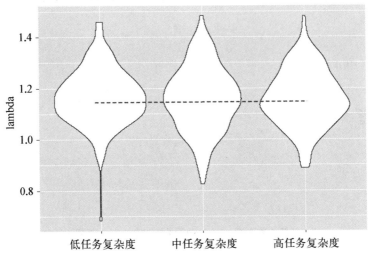

图6.4　在三个任务复杂度环境中的表现

总结来看,高水平学习者的口语词汇系统对应不同的任务复杂度微环境,产生了不同的适应性变化。任务的认知复杂度越高,学习者会使用更简短的单词,从而降低词汇复杂度,但是会激发出更高水平的词汇多样性和词汇丰富度。尽管词汇的三个维度产生了不同的变化,但是学习者总体口语系统呈现出稳定的状态。换言之,尽管在不同的任务复杂度刺激下,口语词汇系统的不同维度产生了变化,但是学习者口语词汇系统的整体词频结构呈现较稳定的状态。

(二) 中级水平学习者的口语词汇表现

上节汇报了高级水平的英语学习者在不同任务复杂度条件下的口语表现。但是以往研究中,二语水平和任务复杂度对口语产出的交互影响尚未达成定论(Awwad & Tavakoli, 2019),因此我们继续考察了中级水平学习者的口语词汇系统是否也同样受到了任务复杂度的影响。

1. 语料来源

本研究使用《中国学生英语口笔语语料库》(2.0 版)中的英语专业四级口语语料库,涵盖了 2003—2006 年的专业四级口语考试数据。中国高校英语专业的学生在第四个学期均需参加该考试。根据《中国英语能力等级量表》(国家教育部考试中心),该考试可大致被看作 CEFR 中的 B2 级别。口语考试包括三个任务:复述一个故事、根据指定话题发言、角色扮演。任务二设有长度为一句话的提示,学生有三分钟准备时间。之后学生需在 3 分钟内进行演讲。任务为独白形式,主要与学生的个人经历或对特定问题的个人观点有关。为了将任务进行合理区分,平衡语料规模,本研究采用 2004—2006 年的数据(表 6.5)。

表 6.5 口语任务的话题和任务复杂度认定

年份	任 务 话 题	文本	形符	因果推理	意图推理	任务复杂度
2004 年	Describe one of the most unpleasant dreams you've ever had	183	54 313	—	—	低
2006 年	Describe a lesson you have learned which has enriched your life experiences	182*	54 860	+	—	中
2005 年	Please tell us one incident in which someone was trying to help others despite danger to his own safety	186	56 314	+	+	高
合 计		551	165 487			

2. 任务复杂度判定

在任务复杂度判定时,我们采用资源指引型变量对任务复杂度进行分类,以利用大规模语料库数据(Alexopoulou et al., 2017)。考虑到任务提示和口语文本,本研究采用"+/-意图推理"和"+/-因果推理",以对任务复杂度进行分类。根据"三要素框架"(Robinson, 2011),因果推理为任务需要(+)或不需要(-)为事件发生的原因建立关系而推理,意图推理为任务需要(+)或不需要(-)对促使他人行动背后的心理状态进行推理。我们发现,二语学习者在回应2004 年的任务时,仅描述了他们最令人不悦的梦,而并未解释原因或意图;回应2006 年的任务时,使用了很多因果连接词,如"因为""所以""因此",来解释为何这个教训丰富了他们的生活经历;回应 2005 年的任务时,则在频繁使用因果连词的同时,也频繁使用了描述心理和认知状态的词语,如"想""发现""感觉"以阐述帮助他人的意图。根据这些变量的定义,我们对三个口语独白任务的复杂度进行了认定。

我们仍然使用了词汇复杂度指标(平均形符长度)、词汇多样性指标(MATTR)、词汇丰富度指标(h 点和 R1)和宏观词频指标 Λ 值。

3. 任务复杂度与中级水平学习者口语词汇系统的协调结构

结果显示,五个词汇系统的指标在不同任务复杂度环境中都产生了变化。具体数值详见表 6.6。

表 6.6　中级水平学习者口语词汇系统在不同任务复杂度环境中的表现

维　度	指　标	低复杂度任务平均数(标准差)	中复杂度任务平均数(标准差)	高复杂度任务平均数(标准差)	单因素方差分析结果
词汇复杂度	ATL	3.65 (0.21)	3.8 (0.22)	3.72 (0.21)	$F = 22.302$, $p = .000^{**}$
词汇多样性	MATTR	0.42 (0.06)	0.40 (0.05)	0.41 (0.06)	$F = 2.437$, $p = .088$
词汇丰富度	h 点	7.24 (1.07)	7.37 (0.96)	7.28 (1.15)	$F = 0.645$, $p = .525$
	R1	0.78 (0.04)	0.8 (0.04)	0.78 (0.05)	$F = 7.367$, $p = .001^{*}$
词频结构	Λ	1.17 (0.12)	1.11 (0.11)	1.14 (0.11)	$F = 12.856$, $p = .000^{**}$

第一,中级水平学习者口语的词汇复杂度随着任务复杂度的变化呈现出先升后降的趋势。中复杂度任务产生的总体词长(ATL)最长,高复杂度任务其次,低复杂度任务产生的词长最短,单因素方差显示差异具有显著性($F = 22.302$, $p = .000$)。事后检验说明,低复杂度和中复杂度、低复杂度和复杂度、中复杂度和高复杂度之间均存在显著差异($p < .001$;$p < .01$;$p < .01$)。

第二,中级水平学习者口语的词汇多样性产生的轻微波动,并未达到显著差异的标准($F = 2.437$, $p = .088$)。也就是说,在高任务复杂度的环境内,尽管学生既需要因果推理,又需要意图推理,但是并没有让他们使用更加多样的词汇。

　　第三,词汇丰富度只有从实词角度衡量的词汇丰富度产生了显著差异,R1 值先上升,随后略降,从实词角度来看,中复杂度任务呈现最高词汇丰富性。事后检验表明,低复杂度和中复杂度、中复杂度和高复杂度之间存在显著性差异(p<.01;p<.01),但低复杂度和高复杂度之间无显著性差异。但是从功能词角度衡量的词汇丰富度指标 h 点虽然有一定的差异,但是并未到显著程度。换句话说,不同任务复杂度环境中,学习者词汇系统中功能词的使用保持相对稳定。

　　第四,词频结构指标 Λ 在三种任务复杂度环境中产生显著差异($F=12.856,p=.000$)。Bonferroni 事后检验显示,显著差异出现在中复杂度任务环境中,但是低复杂度和高复杂度任务环境并没有出现显著差异。图 6.5 体现出了 U 型趋势。

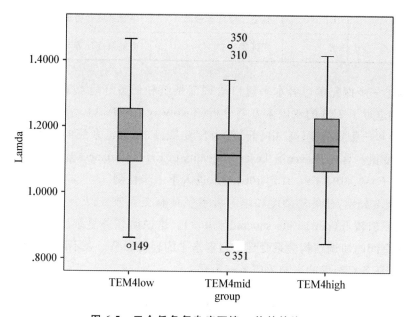

图 6.5　三个任务复杂度环境 Λ 值的箱线图

　　总结来说,中级水平学习者的口语系统中,词汇复杂度在中复杂度任务环境中达到最高;词汇多样性和词频结构保持稳定;实词角度的词汇丰富度也在中复杂度任务环境中达到了最高值。总体词频结构随着任务复杂度的升高出现了先降再升的 U 型趋势,中复杂度任务环境中的宏观结构是最不稳定的。

(三)中级和高级水平学习者的比较

　　表 6.7 总结了中级和高级水平学习者在三种任务复杂度环境下口语词汇系统的变化。可见,两个水平的学习者口语词汇系统在不同复杂度的任务环境

中表现出较大差别。尤其是在词频整体结构方面,高级水平学习者的词频整体结构较为稳定,而中级水平学习者的词频结构则在中复杂度任务环境中变得最不稳定。

表 6.7 两个水平学习者词汇系统表现总结

		高 级 水 平	中 级 水 平
词汇复杂度	ATL	高复杂度任务最低	中复杂度任务最高
词汇多样性	MATTR	高复杂度任务最高	无区别
词汇丰富度	h 点	高复杂度任务最高	无
	R1	高复杂度任务最高	中复杂度任务最高
词频结构	Λ	无区别	中复杂度任务环境最不稳定

为进一步探究学习者水平对口语词汇系统和任务环境互适之间是否有影响,我们进行了 2X3 的双因素方差分析(Two-way ANOVA),学习者水平(高级和中级)和任务复杂度(高、中、低)作为自变量,口语词汇系统的词频结构 Λ 值作为因变量。首先,Leven's Test of Equality of Error Variances 显示,数据没有违背假设,$F = 1.419$,$p = .215 > .05$,可以进入下一步检测。

表 6.8 显示,任务复杂度和学习者水平具有交互效应,$F = 4.963$,$p < .01$,但是效应值较低(partial eta squared $= .009$)。这说明任务复杂度环境和口语词汇系统之间的协调结构关系受到学习者水平的轻微影响。在不同水平的学习者群体中,任务复杂度的影响效应各有不同。

表 6.8 Two-way ANOVA 结果

组间效应检测						
因变量:Lamda						
	平方和	自由度	均方	F	*Sig.*	偏 Eta 方
修正后模型	.445[a]	5	.089	6.762	.000	.030
截距	1 476.054	1	1 476.054	112 054.230	.000	.990
语言水平	.101	1	.101	7.690	.006	.007

续　表

	平方和	自由度	均方	F	Sig.	偏 Eta 方
任务复杂度	.217	2	.109	8.249	.000	.015
语言水平*任务复杂度	.131	2	.065	4.963	.007	.009
残差	14.569	1 106	.013			
总计	1 491.407	1 112				
修正后总计	15.014	1 111				

a. R Squared＝.030（Adjusted R Squared＝.025）

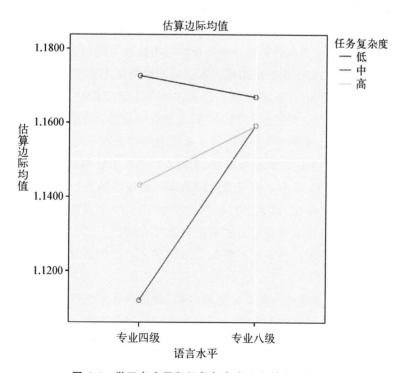

图6.6　学习者水平和任务复杂度之间的交互效应

　　我们进一步在三个任务复杂度环境中对两个水平学习者的整体词频结构作了独立 T 检验,结果显示两组在中复杂度环境中产生了显著差异,$F＝-3.859$,$p＝.000$。下节将就结果从复杂系统的互适性角度展开讨论。

五、口语词汇系统与任务复杂度的协调结构

本章节的目的是在二语习得主流研究话题——任务型教学——视域下讨论复杂动态系统研究中的关键概念"互适"或"协调结构"。从 Robinson 的"认知假设"切入考察中国学习者口语表现中的任务复杂度效应,研究结果为认知假设提供了有力验证。以往针对口语任务的元分析(Jackson & Suethanapornkul, 2013;邢加新 & 罗少茜, 2016)表明任务复杂度对口语复杂度仅有微弱的积极效应,Robinson 的认知假设仅得到部分验证。近期的一些实证研究得出的结论却并不一致。

在本章的研究中,我们既考虑了口语词汇系统与认知任务复杂度之间的互适,也考虑到不同语言水平可能起到的调节作用。Robinson 的认知假设认为,沿着"资源指引型"维度提高任务复杂度会使学习者注意力更加集中在具体的语言形式上,从而提升语言产出的复杂度。本研究在中等学习者 TEM4 的语料库中考察了[±因果推理]、[±意图推理],在高水平学习者 TEM8 的语料库中考察了[±因果推理]、[±立场选定]的组合,以此划分任务复杂度的低、中、高三个级别。研究结果表明,高水平学习者的词汇系统表现很大程度上与 Robinson 的认知假设一致,口语产出中的词汇多样性、丰富度均在任务复杂度最高的环境中达到最高值。换句话说,高水平学习者的口语词汇使用能够被较高的认知要求激发出来,能够产出更多样、更丰富的词汇。但是,高水平学习者的词频结构整体较为稳定。然而,中级水平学习者的词汇复杂度和词汇丰富度均在中复杂度环境中达到最高,呈现出一种先升后降的非线性关系。他们的词频结构在中复杂度环境中也最不稳定。

从复杂动态系统理论角度看,"协调结构"便是具体系统成分和环境达成的一种功能性协同(Kelso, 2014, 2016),而且这种协调结构是一种暂时性的关系(Papi & Hiver, 2020),会随着时空转换而变化。首先,我们先来考察高水平学习者口语词汇系统与任务复杂度之间形成的协调结构。Robinson(2010)的 SSARC 模型推测,任务表现依赖当前中介语单一、稳定(simple, stable, SS)的吸态,随后资源消耗维度可增强当前中介语系统的自动化(automization, A)程度,最终通过提升资源消耗和资源指引维度的复杂度促进中介语系统的重组(restructuring, R),通过最高复杂度(complexity, C)打破当前中介语系统的稳定性,推动中介语系统的重组。本研究针对高水平学习者的结果基本印证了该假

设。在逐步增加认知任务复杂度的情况下,学习者确实开始将更多注意力分配给了具体的词汇形式,产出了更多样、更丰富的词汇,并且在功能词和实词方面显示出更强的把控力。但是,学习者在平均词长方面却有损失,符合 Robinson 的"认知假设"的预测。这也体现了口语词汇系统内部维度的相互竞争和互相适应。高认知复杂度环境下,学习者更多认知资源指向词汇使用其他方面,只能暂时使用更短的单词满足即时交际的需要,这与计量语言学对词汇协同子系统的预测一致(刘海涛,2017)。

不过,我们也不能排除该结果可能和话题相关。TEM8 语料库中的高任务复杂度题目是"Pets or not?",有可能需要经常提到 pets, dogs, cats 这类的词汇,从而降低了词长指标。然而即便如此,高任务复杂度的话题"Pets or not?"乍看之下属于简单话题,但由于纳入了"立场选定"变量,需要学生从不同角度进行论述、推理、例证,深度参与到更高级别的审辨性思维活动,反而刺激学习者使用最多样、最丰富的词汇,说明[立场选定]变量对学习者提出了最高的认知要求。尤其考虑到本研究使用的是英语专业八级口语测试的数据,学生应该已处于高级语言水平,所以认知要求越高,反而越能促使他们注意语言形式,突破原有局限,拓展自身语言库存,和 Robinson 的"认知假设"一致。高水平学习者的表现与 Lee(2019)针对母语者的研究结果有一定相似之处。Lee 的研究揭示,母语者在不同任务复杂度条件下中级别复杂度任务能够催发最复杂的句法结构,而高级别复杂度任务则能够诱发出最多样的词汇使用。在我们的研究中,该模式在高水平学习者群体的口语词汇表现中也有所体现。

本研究结果发现平均形符长度、词汇多样性和丰富性呈现竞争关系,词汇多样性和词汇丰富性间的显著正相关与任务复杂度并不存在线性关联,而是在中任务复杂度环境下达到顶点。此外,体现文本整体词频结构 Λ 值在不同任务复杂度环境下保持稳定,这些都说明随着认知要求的变化,词汇协同子系统中的不同组成部分也在进行互适合调整,符合复杂自适应系统的特点。复杂自适应系统具有一套自我调节机制,能够维持系统自身动态平衡(Larsen-Freeman & Cameron, 2008)。刘海涛、林燕妮(2018)提出,在一个平衡的词汇系统中,使用频率高的词长度通常比较短,这是语言中的统计规律。但如果一个较长的词突然频率增加,其词汇协同子系统则会作出反应,暂时缩短该词的长度,满足实际交际需求,这是系统适应能力的具体表现。本研究结果也提出佐证。当认知任务复杂度升高时,学习者将更多资源分配给了更多样和丰富的用词,但却无法兼顾词长,可见出现了资源重新调配,语言整体行为涌现出新模式和新特征(de Bot et al., 2013)。

　　同样,基于系统的全面联结性(de Bot et al., 2007),系统中不同组成成分的关系也会随着外在环境的变化而变化,因此中任务复杂度环境催生出词汇多样性和词汇丰富性的最大程度平衡,互为增长,但是该互动模式在高任务复杂度环境却似乎显出减弱趋势。或许在以后研究中加入更多任务复杂度变量可以进一步探索词汇多样性和词汇丰富性的关联。最后,我们发现即使任务复杂度变化 Λ 值(表示文本整体词频结构)仍然保持稳定,说明细分的口语词汇指标对不同的外界环境刺激作出反应后很可能产生自组,最后达到稳定结构。这也说明口语文本的词汇协同子系统的成分力量可能并不一致,某些特征从宏观角度产生了"抵消"作用,促成 Λ 值稳定。系统中组成部分的力量可能在局部层面相互作用,产生此消彼长的效应(Larsen-Freeman & Cameron, 2008; Liu & Lin, 2018),从这些相互作用中,最终涌现出整体层面上的相对稳定(Evans 2007)。

　　但是,一旦我们将视线转向中级水平学习者,不难发现他们的表现有所不同,凸显出词汇系统表现与任务复杂度之间复杂的、非线性的关系。语言行为通常从其子系统的交互及其对环境的适应中涌现,而这种涌现通常是非线性的,与背后的原因往往不成比例。Robinson(2010)的 SSARC 模型推测在中级水平学习者中的表现只得到了部分验证。从低复杂度环境到中复杂度环境,增加了"因果推理",学生口语词汇复杂度和丰富度确实有所提高,符合 Robinson 的假设。这可能是因为增加了因果推理的元素后,学生需要进一步考虑内容方面的逻辑性,因此增加了更复杂多样的实词使用,推动口语词汇系统的重组,也因此在中复杂度任务环境下词频结构最不稳定。但是,到了最高任务复杂度的环境,即便引入了[意图推理]元素,学习者的词汇系统并没有进一步重组;添加的意图推理和因果推理要求并不会线性地造成词汇复杂度增长。这或许是因为[±意图推理]和[±因果推理]并没有本质不同,没有实质上增加学生的认知负荷。可见,这两个元素和[±立场选定]的要求并不一样,未能如期激发学生重组词汇系统。但是,这也可能是因为他们是中级水平学习者,语言水平的限制抵消了任务复杂度可能产生的激发作用,即使在高任务复杂度环境下,口语词汇系统仍然遭遇了天花板效应。

　　该结果证明了复杂动态系统理论中提出的系统承载力问题(carrying capacity)(Van Geert, 2003, 2008)。由于系统本身具有的承载力有限,因此系统发展并不是无限制的。这就是我们一般所说的"天花板效应"。在本研究中,中级水平学习者本身的语言水平决定了口语系统的承载力,即使通过不断增加资源指引维度的认知符合,也无法进一步激发口语复杂性的重组。当然,需要承认,本研究仅使用了词汇相关指标进行语言复杂度的衡量。语言系统的其他维度或许也产生了相应影响,这就需要今后研究进行更加细致的设计,方可揭示出口语系统更加细微的变化。

六、本章小结

本章的主要目的是揭示任务复杂度对学习者口语表现具有显著影响,不同任务复杂度对学习者的认知资源提出不同要求,学习者也通过重新调配认知和语言资源作出反应,词汇协同子系统相应变化。与此同时,本研究试图将语料库和计量语言学已取得的丰硕成果应用到二语习得研究中,表明数据驱动型语言学研究可以为二语习得研究开拓更广阔前景。语料库语言学、计量语言学等新兴技术能够丰富、细化二语习得研究现有分析手段和工具,增强相关研究实操性和科学性。

以往实证研究均采用实验范式,通过控制任务复杂度变量,考察语言复杂度的变化,遵循一一对应的因果关系论,且数据量较小。本章汇报的研究虽然纯属探索性研究,但是尝试另辟蹊径,从计量语言学角度出发,重新分析现有学习者语料库数据,从近 18 万词的口语数据中甄别语言系统和任务复杂度微环境的互适模式。这种结合数据驱动型研究手段和二语习得研究的新范式在学习者书面语研究中已证明是一个有效途径(Alexopoulou et al., 2017),本研究显示在口语研究方面同样适用。此外,本研究采用了更加细致的计量语言学指标来体现词汇协同子系统的变化,通过计量方式描绘学习者口语词汇使用的整体涌现,或许更能捕捉语言形式的细微变化。结果也为今后使用数据驱动的研究方法来考察任务型教学,以及其他二语习得研究核心问题指明了可能方向。

当然,本章报告的研究还有诸多局限。例如,TEM4 和 TEM8 语料库的话题选择中没有采用一致的任务复杂度评判标准,这是因为在 TEM4 中缺乏包含[±立场选定]的话题。又如,在计量指标的选择方面也需要进一步改进。本研究没有采用严格控制的实验范式,对任务复杂度的分类属于事后分析,也缺乏对产出语言的各种控制。我们也认识到学习者在标准测试中的表现可能也受到了测试环境和条件的影响。此外,由于采用的是已有语料库,也缺乏相关的学习者信息,例如我们不清楚学习者对话题本身的熟悉度感知程度如何,也不清楚学习者在进行测试时的心理状态。这些条件或许都会对口语产出系统的复杂性产生或多或少的影响。

　　尽管如此,本研究表明,对已建成的学习者语料库进行多角度分析,可以成为拓展二语习得研究范围的新途径。未来研究亟待纳入更多视角,进一步探索中国外语环境下学习者的语言习得规律。从教学实践来说,为了加强学生口语词汇的多样性和丰富性,锻炼实词和功能词的把控能力,在平时的口语训练中,应依据学生语言水平和教学实际情况增加任务复杂度变量,尤其应重视[立场选定]这一变量,以此设计口语辩论活动,应能取得良好效果。

第七章　学习者语言发展的复杂性

　　复杂动态系统理论将语言视作复杂的、动态的系统。前文详述了复杂动态的学习者语言系统具有动态性、变异性、互适性，本章将视线转向系统的复杂性。系统之所以复杂，首先在于它是由多个子系统组成的，以学习者语言系统为例，它包括词汇系统、句法系统、语篇系统等。其次在于多个子系统在不同维度上不断互动、相互塑造，交织成错综复杂的语言发展图景，因此又被称作系统的全面联结性(de Bot et al., 2007)。以往对学习者复杂动态系统的研究集中在描摹子系统成分间的两两关系，以及这种相关性的波动(Zheng, 2016；郑咏滪 & 冯予力，2017)，但是仍缺乏一个整合性的有效手段全面描摹系统的复杂性。因此，本章旨在探索复杂网络路径在研究学习者语言系统发展中的潜力。以下部分先介绍复杂系统的网络路径，界定了复杂网络的相关术语；接着立足二语发展研究，介绍了三种主流的网络；最后展示了一项实证研究，以期初步探索复杂网络路径在学习者语言发展研究中的可行性。

一、复杂系统的网络路径

　　复杂系统具有全面联结性，不存在简单的局部线性因果关系(Larsen-Freeman & Cameron, 2008a)，因此系统的整体大于所有成分的组合，成分之间在不同层次甚至不同尺度上互动，系统的特征由此浮现出来。复杂系统强调，在研究时应特别注意一个原因可以诱发多重结果，而多个原因也有可能导致一个结果。因此，传统的基于牛顿经典思维的还原论研究思路不再适用。

　　然而，大多量化研究的经典研究方法仍然遵循还原论思维。这种思维之下，变量往往被一一单列出来之后再去考察其两两之间的关系。例如，Zheng(2016)的研究中，考察一组中国学习者的单个单词和多词词块发展之间的关联，采用的便是移动相关性这样的方法。具体做法是：先将历时追踪的数据切分为移动窗口，再在每个移动窗口内计算变量之间的相关性并描摹移动相关性的波动。然而，这种做法的不足之处非常明显：皮尔逊相关性只能计算两两之间的关系，一旦变量数量增加，便很难甄别出不同变量之间的关联。在郑咏滪、冯予力(2017)

的研究中就遭遇了掣肘：句法复杂度和词汇复杂度系统内部有多个变量，但是无法计算所有变量之间的总体关联，只能将指标单独两两孤立出来计算，因此也存在漏算某些指标间联系的可能性，从而降低研究结果的效力。总的来说，先前的研究囿于还原论的方法论，导致使用现存的传统统计手段仅能从句法复杂度成分的孤立变化中推断成分间的互动，难以探寻系统互动的总体模式，未能与复杂理论的整体观形成呼应。

近年来迅猛发展的网络科学为现有研究提供了一个崭新思路。最早使用复杂网络的语言学研究成果发表于 2002 年（Motter, De Moura, Lai, & Dasgupta, 2002）。该成果使用复杂网络的方法研究了语义网络，由词语作为节点，同义性作为边构建了语义网络。该网络具有复杂网络的普遍属性，即小世界属性和无标度属性。由于学习者语言发展中较为常用的是社会网络和依存网络，以下部分便分别对这两种网络进行梳理。

（一）社会网络理论

早在二十年前，Barabási(巴拉巴西)便在复杂动态系统理论研究框架下提出使用网络分析方法。巴拉巴西是全球复杂网络研究权威，是"无标度网络"的创立者。他的著述《巴拉巴西网络科学》更是在全世界掀起了网络科学的浪潮。"网络是描述任何复杂系统的前提，这意味着复杂理论毫无争议地站在了网络科学理论的肩膀上"（Barabási, 2003：238）。

当然，现实世界的网络种类繁多，能够说得出的网络就包括我们耳熟能详的社交网络、经济网络、脑网络、传播网络、组织网络、军事网络，如此等等，不一而足。简单来说，网络方式为我们提供了一个强有力的视角和一套方法论，能够对复杂系统进行建模（Borgatti & Ofem, 2010：29）。但是，网络理论并不是一种单一的路径，有很多不同的方法来理解网络，网络理论的应用也多种多样。例如，我们可以研究传染病的传播网络，互联网上的信息网络，宏观的全球金融网络，以及微观的分子网络等。社会网络理论也是其中的一种，关注重点是社会联结性和人类的嵌入性（Mercer, 2015）。考虑到二语习得的核心是学习者，因此在二语学习发展研究中，比较适合研究学习者复杂系统的便是社会网络理论。此处，社会网络的定义更加宽泛，指的是对社会结构本质的一种理解方式，以及社会结构之间相互关联的形式。与复杂动态系统相对应的观点即为系统的"全面联结性"（de Bot et al., 2007）。

俗话说，"物以类聚，人以群分"。社会网络以人为中心。**Carolan（2014：7）给出如下定义：社会网络关系到各种关系的结构，以及这种结构对个体或群组**

行为、态度产生的影响。以往传统的量化研究往往将个体视作一组变量(社会变量或者心理变量),但是社会网络理论则推动了一种根本性的范式转移,那就是人不再是孤立的、独立的个体,而是内嵌在社会关系中的节点。因此,社会网络理论将人视作互相关联的行动者。需要特别指出的是,社会网络分析不仅仅对人与人社会关系的结构感兴趣,而且还希望探索这些结构上的特征如何影响人们的行为和态度,包括心理和语言的发展。具体到语言学习,社会网络的角度认为学习并不是孤立的认知活动,而是学习者内嵌在多层次的社会网络中产生的社会实践活动。该视角强调的是语言学习的社会文化性,也与复杂动态系统理论强调的学习者与环境的互适有所应和。

(二)计量语言学的依存网络路径

计量语言学著名学者刘海涛教授从计量语言学角度很早就提出语言系统作为一种复杂网络系统,在各个层级都表现出高度的复杂网络结构(Cong & Liu,2014)。刘海涛(2009)通过真实文本论元结构关系,构建出了汉语动态语义网络,发现语义网络也具有小世界属性和无标度特征,但是在句法网络相关性信息上具有明显差异。因此,他提出,如果我们承认语言是一个复杂系统的话,那么就需要采用复杂网络的技术与方法来研究语言,而传统的语言学研究方法难以把握语言系统的整体特征(刘海涛,2011)。而复杂网络分析方法能够以大规模的真实语料作为基础,通过实证的方法研究语言的网络特征,从而加深对语言系统复杂性的认知。

刘海涛(2011)在其文章"语言网络:隐喻还是利器"中提出非常鲜明的观点:语言网络不应仅仅停留在隐喻层面,而应该积极借鉴自然科学中研究复杂性的方法,尤其是复杂网络分析技术。从宏观上看,复杂网络分析技术能够帮助语言学研究者厘清语言网络与自然界和人类社会真实网络的异同,提升语言学研究的科学性;从微观角度看,复杂网络分析方法也能够有效帮助我们回答一系列的语言学问题,例如语言网络的特征,语言不同层面的网络结构特征及相互关系,网络作为语言研究手段的可能性,动态和静态网络之间的关联,如此等等,不一而足。因此,刘海涛提出,尽管学界很早就意识到语言是一种复杂网络,但是囿于工具短缺的掣肘,语言网络观更多停留在隐喻的层面,沦为纸上谈兵。而近几年随着自然科学和社会科学领域中复杂网络研究的兴起,为我们提供了便捷的研究工具,也为语言学研究者真正开始使用科学的手段研究语言网络特征奠定了方法论的基础。前期研究已经表明,复杂网络的相关特征可以指示不同语体的特点,可以区分语言各个层面的结构,也可以研究某种词类对语言系统的影响。

网络方法从语言学内部延伸到语言学外部的跨学科理论支撑(赵怿怡 & 刘海涛，2014)。神经认知语言学研究已经表明语言是一个信息系统，语言信息寄存于大脑神经网络的连通关系之中，语言信息处理就是网络激活的过程。词语法的角度也将语言视作一个整体网络。词语法理论以依存关系作为理论基础，将语言和概念知识统一为网络，在研究句法结构时也使用依存结构。与此同时，网络路径也得到认知科学、心理学等邻近领域的理论支撑。例如，心理学中的联结主义就赋予了网络的核心地位，采纳分布表征和并行加工理论，强调网络是并行分布加工。网络取向的联结主义逐渐取代了符号取向的认知主义，成为现代认知心理学的理论基础。除了跨学科的理论支撑，近年来日益发展的语料库研究方法也为从网络路径研究语言复杂系统提供了方法支持。大数据科学和语料库技术能够采集真实的语言数据，并通过一定方式的标注，将语言事实转化成可以供网络方法分析的变量。

最近出版的专著《依存关系与语言网络》(刘海涛，2022)系统、全面展示了以大规模依存树库为基础，围绕语言线性结构和网络结构对语言这一"人驱复杂适应系统"从理论到方法的探索。书中特别提出，通过使用复杂网络，可以研究和解决语言的一些共性问题，因此语言学家的研究目的不是为了展现复杂网络本身，而是为了使用复杂网络路径解决本质的语言问题。比方说，可以通过网络探索语言网络整体和局部之间的关系。其中一个例子是通过研究虚词在汉语句法网络中的作用，他们发现汉语缺乏形态并不意味着没有句法，也不意味着能够简单贴上"意合语言"的标签。另一个研究中，通过构造15种语言的句法复杂度网络研究语言类型问题，发现句法复杂网络能够反映语言的形态变化程度，由此克服了语序类型学在处理语序相对灵活语言的时候面临的挑战。由此可见，复杂网络路径对语言本体的研究非常重要，正如刘海涛(2011)主张，网络是发现语言系统内在规律的重要"利器"。

除了计量语言学中的依存网络，发展心理学对儿童母语发展的研究也使用了网络方法。例如，Corominas-Murtra 等(2009)采用复杂网络的方法考察了两岁左右儿童母语句法的涌现。他们通过对真实语料的网络分析，发现该阶段儿童的句法系统经历了从零散的词组结构到完整的句法结构的相位转移，是一个从无网络结构到有网络结构，从树状结构到无标度、小世界属性的句法网络的发展过程。

二、复杂网络的属性和第二语言发展的复杂网络

Freeborn 等人（2022）最近在 *Studies in Second Language Acquisition* 这一重量级二语习得期刊上发表的观点性文章，详细讨论了网络路径在复杂动态系统视角下二语发展研究中的巨大发展潜力。他们首先引用了 Hilpert 和 Marchand（2018）对复杂动态系统研究路径的三分类型：时间密集（time-intensive）、关联密集（relation-intensive）和时间-关联密集（time-relation intensive）。接着，他们指出大多数的二语发展研究都是追踪时间尺度上的发展路径，属于时间密集型的研究，但是采用关联密集型研究设计则较为少见。他们指出这是一种方法论的挑战，鉴于"横截面数据、相关系数和线性回归并不适合研究复杂系统"（Al-Hoorie & Hiver, 2022），这就意味着学界亟待研究方法的突破——网络分析。以下将从复杂网络的属性、类型、关键概念等方面作介绍。

（一）复杂网络的属性

在网络科学中，复杂网络一般具有三大属性：拓扑属性、小世界属性、无标度属性。以下将逐一介绍。

网络的拓扑属性，即网络中点和边的特点，为研究全面联结的系统提供了新方法，能够反映网络的总体特征和发展方向。

（1）节点（vertice/ node）：网络中最小的单位，对应着系统中的最小、不能再细分的成分。根据不同类型的网络，节点的单位也有所不同。例如，如果是一项社会网研究，那么其中的节点是人；在句法依存网络和词共现网络中，节点是词；在心理网络中，节点是一个构念的某个元素，甚至是整个构念；在句法复杂度网络中，节点是句法复杂度指标。因此，研究者需要根据网络的类型选择合适的节点单位。

（2）边（edge/ link）：指的是网络中节点之间的联系。根据不同的研究目的和方法，边的定义不同。延续对于节点的解释，在社会网中，边是人与人之间的关联，往往会使用联系的频次进行量化；在句法依存网络中，边是单词之间的依存关系；在心理网络中，边是各个构念之间的关联，通常使用相关性表示；在句法复杂度网络中，边是句法复杂度指标之间的相关性。

与之相关联的另一个概念是边权重（edge weight），即相关性的强度。相关性越高，边权重越高。在心理网络中，边与边之间常常是无方向性的（undirected），也体现了系统成分之间的多重因果性。但是在依存句法网络中，依存距离之间

往往是有方向性的。

（3）节点度（degree）：是节点的属性，指的是某一节点拥有连边的数量，可以衡量一个网络中节点的连接性。边数越多的节点，那么节点度也越高。

（4）中心节点（hub）：指的是在网络中，节点度最高，即拥有最多连边的节点。中心节点是网络连通的关键，在网络中具有重要地位。

（5）网络密度（network density）：指整个网络中，总连边数除以总节点数得到的数值。网络密度高的网络稳定性强，网络不易发生变化；反之，网络密度低的网络稳定性较弱，发生变化的可能性较大。

（6）连接强度（connection strength）：是加权网络特有的属性。加权网络指的是节点之间的连边具有不同权重的网络，而连接强度表示的就是节点之间连边的权重。在依照脑功能网络构建的句法复杂度网络中，连接强度即句法复杂度指标之间的相关系数。在上文提及的网络中，仅有句法复杂度网络为加权网络。

网络的小世界（small world）属性：当一个网络的平均最短路径较小，集群系数较大时，该网络具有小世界属性。 小世界属性一般由两个参数决定，即平均路径长度（average path length）和聚类系数（clustering coefficient）。与随机网络相比，具有小世界属性的网络通常具有最小的平均路径长度和较高的聚类系数，这意味着在一个小世界网络中，相关性的节点都会在局部聚集在一起，以及任意两个节点之间的距离也不会太长。因此，具有小世界属性的网络信息传递效率较高。

网络的无标度（scale free）属性：当一个网络节点之间的联系遵循幂律分布时，该网络具有无标度属性。 无标度网络中，大部分节点只有少数连接，有少数节点却拥有大量的连接，这意味着这类网络抵抗外部攻击的能力较强。随机产生的网络中，节点度（即节点之间的联系）遵循的是泊松分布，而无标度网络中的节点度则遵循幂律分布。有趣的是，人类的自然语言都遵循小世界和无标度属性（Ferrer-i-Cancho & Solé, 2001）。

（二）第二语言发展的复杂网络路径

迄今为止，复杂网络路径在第二语言发展中的应用尚不多见。最近的几项研究分别使用了不同类型的网络。

第一类是依存网络（dependency network）。Jiang, Yu & Liu（2019）发表在 *Frontiers in Psychology* 上的论文 *Does scale-free syntactic network emerge in second language learning?*（第二语言学习中会涌现无标度的句法网络吗?）是一项具有代表性的先驱研究。母语发展的追踪研究发现，母语的句法网络具有无

标度属性和小世界属性,而且最早会在婴儿 24 个月的时候涌现(Corominas-Murtra et al.,2009)。但是针对二语学习者是否会涌现出相同特性的二语句法网络,现今尚无定论。因此,研究团队采用横截面研究设计,搜集了 509 名小学四年级到高中三年级的中国英语学习者的作文语料,并展开了依存句法分析,构建了 9 个句法网络。结果发现,二语学习与母语发展不同,二语学习从一开始的句法网络就具有无标度和小世界属性,并非突然涌现。因此,二语句法系统并不具有突然涌现的特征,而是朝着目标语系统缓慢接近。该研究首次从复杂网络的路径考察了二语句法发展的过程,在方法和理论上都具有创新性。另一项研究以英语母语者的汉语二语句法发展为研究对象,对比了不同语言水平和模态的语言产出(Hao,Wang,Wu,& Liu,2021)。研究结果显示,学习者一开始产出的语言网络便具有了无标度和小世界属性,呼应了之前 Jiang 等(2019)的研究,由此说明二语发展中母语网络的调节起到非常重要的作用。

第二类是词共现网络(word co-occurrence network)。该类网络依据词与词之间的共现关系构建。如果两个词有共同出现的趋势,或者换句话说,出现在相同的搭配中,那么这两个词之间就有一条边。这类网络的应用范围很广,从语言类型学、第一语言发展,乃至文本挖掘都有涉及。例如,Liu 和 Cong(2013)基于平行语料库构建了 12 种语言的词语共现网络。对网络属性的聚类分析成功区分了斯拉夫语和非斯拉夫语,证明这是一种可行的语言分类方法。Ke 和 Yao(2008)的研究基于儿童和看护人的纵向语音语料库,构建了儿童和看护人的词语共现网络。结果发现,在看护人的言语中,功能词"a"和"the"一直处于较高的权威地位,即最多数量的边最终指向这些权威词。而在儿童的言语中,这些词从中心词(从这些词延伸出最多的边)转变为权威词,这表明了儿童言语在某一特定时期的发展。词共现网络可用于文本挖掘分析,在数字人文领域已经出现使用词共现网络进行的文本计量研究(郑咏滟 & 李文纯,2023)。

第三类是句法复杂度网络。该类网络基于脑网络(Rubinov & Sporns,2010;Varela,Lachaux,Rodriguez,& Martinerie,2001)原理展开。在脑网络研究中,研究者选取少量具有神经生物意义并且易于计算的指标来标识大脑解剖线分区或不同功能区的连接性。韩笑等(2021)遵循脑网络构建的思路,将二语句法系统的不同指标视为网络的节点,采用具体的复杂度指标构建了汉语学习者的句法网络。他们采用了 6 个不同时间点的语料,构建了 6 个句法复杂度网络,并通过分析网络参数的变化探究汉语二语初学者句法复杂度变化发展的特征。依循相似的思路,笔者团队(韩知行 & 郑咏滟,2022)也展开了二语中级水平学习者书面语句法复杂度变化发展研究,并且发现网络特征能够揭示句法复杂度从吸态到斥态的转变,同时网络的起伏特征也能预示网络潜在的发展方向。本章汇报的实证研究便基于这个研究思路,考察中国英语学习者书面语句法特征的历时发展。

第四类是心理网络(psychological network),又称部分相关网络(partial correlation network)。二语发展研究中对复杂动态系统理论感兴趣的学者也开始关注到复杂网络的问题。Freeborn 等从心理网络角度展示使用网络分析对个体差异研究的效果。通过对以往研究的数据进行再次分析,他们展示了二语动机的网络模型比原有的结构方程模型能够从更加细微的角度捕捉到不同潜变量之间的复杂关联;同时网络模型能够更有效地模拟出母语知识中的个体差异,由此呈现出语言知识的不同层面和个体差异之间的全面联结性。但是,这里也需要指出,Freeborn 等人使用网络路径分析的是学习者心理网络,而心理网络的节点并不是现实存在的,而是一种潜在网络分析(latent network analysis),这与之前讨论的依存网络或词共现网络具有很大差异。

第五类是社会网络(C. Li, Li, & Ren, 2020;李茨婷 & 任伟, 2020, 2021)。尽管现有的语言发展社会网络研究大多并不是在复杂动态系统理论框架下展开,但是也不妨碍社会网络分析作为一种强有力的方法论,帮助研究者从多视角、多层面分析不同语境中的学习者和教师,勾勒"语言系统-学习者-语境"之间的多维互动全貌。其中,比较典型的是 Li, Li & Ren(2020)的研究。他们采用社会网络分析,探讨了来华留学生个体网络、语用自主性和语用选择之间的复杂互动关系。通过历时追踪设计,他们发现社会网络类型与语用选择之间的相关度最高,语用自主性则在社会网络因素和语用选择之间起到了中介作用。该研究展现出社会网络分析在二语语用研究中的理论价值和潜力,也为二语发展研究提供了新的方法论工具。另一项研究(Lindberg & Trofimovich, 2020)考察了 106 名在蒙特利尔学习法语的学生对欧洲和魁北克法语变体的态度。他们的研究发现,学生对法语变体的态度与社会网络密度相关,并且也受到他们在当地积极语言学习经历的正面影响。这类研究以学习者的社会网络为中心,通过学习者的个体网络或整体网络结构特征来解释他们的语言发展模式、语言使用行为或语言态度信念等。

以上讨论的五种网络中,第一类、第二类和第三类网络的研究对象都是语言系统本身。语言本体特征——语言复杂性特征、依存关系、单词——作为网络的节点,通过构建网络窥探语言系统发展的某些复杂、动态特征。第四类和第五类网络的研究对象是学习者。其中第四类心理网络将学习者的心理特征视作复杂网络的节点,避免了以往研究将心理特征孤立化处理的倾向;第五类社会网络将学习者视作内嵌在社会结构和社会关系中的节点,考察的重点是学习者和社会结构之间的关联特征如何影响他们的语言表现。可见,五类网络侧重点各有不同,根据不同的研究问题,我们可以选取最合适的网络路径对定义好的复杂系统展开整体、全面的研究分析。

三、中级水平英语学习者书面语发展的复杂网络特征

复杂网络对描摹学习者句法复杂度发展具有巨大潜力。但迄今为止,相关的实证研究凤毛麟角,复杂网络路径下的学习者语言发展研究尚未起步。本节汇报的内容基于笔者团队之前的句法复杂度网络研究(韩知行 & 郑咏滟,2022),进一步拓展到了语言复杂度,囊括了句法复杂度特征和词汇复杂度特征,以期更全面刻画语言复杂度发展过程。以下部分汇报的研究使用的数据集与第四章使用的相同,源自笔者团队为期三年的书面语历时发展项目,此处不再赘述。

本章研究旨在使用复杂网络方法深入考察学习者句法复杂度系统的发展,主要回答以下三个研究问题:

(1) 在一学年内,学习者的英语书面语语言复杂度的网络整体结构(包括显著和非显著的连边数、网络密度)呈现何种发展趋势?

(2) 学习者语言复杂度系统内部的成分(包括并列结构、从属结构与复杂短语结构)呈现何种发展趋势?

(3) 学习者语言复杂度内部成分的关联呈现何种发展趋势?

表 7.1 总结了学习者书面语语言复杂度网络发展的动态集成:

表 7.1 中级水平学习者句法复杂度网络发展的动态集成

操作考量	1. 系统:学习者书面语语言复杂度系统 2. 颗粒度层级:系统发展以"学年"为单位,数据层级是个体学习者书面语的语言复杂度指标(包括词汇和句法指标)
情境考量	1. 情境:中国高中生英语课堂学习环境,暂未考虑语言系统与情境之间的互适 2. 系统网络:语言复杂度指标构建的复杂网络
宏观系统考量	1. 动态过程:使用语言复杂度网络的拓扑属性计算发展过程中的网络变化 2. 涌现结果:考察语言复杂度网络的发展模式

微观结构考量	1. 成分：书面语词汇和句法复杂度指标 2. 互动：复杂度指标之间的互动，构成复杂网络 3. 参数：考察学习者书面语复杂度网络的拓扑参数

需要指出的是，不同于第四章汇报的 12 次数据收集结果，由于学生语言发展的句法表现需要至少两个月的时间方能出现可观测的变化（Bulté & Housen，2018），因此囊括所有 12 次的数据进行分析意义不大。本研究选取了语料库中的第 0 次、第 3 次、第 6 次和第 9 次的作文作为研究对象，分别标注为观测点 1、观测点 2、观测点 3 和观测点 4。四次作文题分别是："Should we allow iPads in our classroom?""Animal testing: Is it necessary?""Who is responsible for childhood obesity?""Should the government regulate genetic testing?"。

（一）复杂度网络的研究设计与方法

1. 词汇复杂度指标选择

在词汇复杂度的选取中，基于之前研究（刘飞凤 & 郑咏滟，2023；郑咏滟 & 刘飞凤，2020）和第六章的论述，我们认为计量语言学的词汇指标能够更好地反映词汇复杂度的动态发展趋势。因此，我们选用了三个指标：

（1）词汇密度：使用计量语言学中的 $R1$ 指标，指的是从实词角度估算得出的词汇丰富度指标。$R1$ 取值越高，表明文本中实词所占的比例越大，因此词汇丰富度也越高。具体算法详见第六章。

（2）词汇多样性：使用移动平均类符形符比例（MATTR），是更精细的基于单词形式测量 TTR 的指标，不受文本长度影响。使用 MATTR 计算软件（http://ai1.ai.uga.edu/caspr/）进行计算。MATTR 值越高，词汇多样性越高。

（3）词汇成熟度：按照字母数（average token length, AVL）来衡量单词内部复杂度的指标，可以反映文本的用词风格。正如第六章讨论，词汇成熟度以往常用外源性指标对比，没有充分考虑到学习者使用的词库未必与大型语料库吻合。因此，采用计量语言学的内源性指标能够更好捕捉词汇协同子系统与外在各类条件作出的自适应反应后的动态特征。

2. 句法复杂度指标选择

在选择句法复杂性的衡量标准时，遵循了全面性和非冗余性原则（Norris & Ortega, 2009）。在本研究中，学习者的句法复杂性在语言生产的三个观察层次上进行观察：句子层次、小句层次和短语层次。考虑到句法复杂性的发展层次

(Biber et al., 2011),本研究考虑了并列、从属和短语的复杂程度等指数,以全面捕捉句法复杂性的增长。此外,本研究还考虑了产出单位长度这一颗粒度更大的指标,更全面考虑不同层次的复杂性。本研究选择的指标为涵盖了句法复杂度的三个层次:

(1) 句子层次:平均句子长度(Mean Length of Sentence, MLS)、句子的小句数(Clause per sentence, C/S)。

(2) 小句层次:小句平均长度(Mean Length of Clause, MLC)、小句中并列短语数(Coordinate Phrase per Clause, CP/C)、小句中从属小句数(Dependent Clause per Clause, DC/C)。这三个指标中,MLC 属于粗颗粒的指标,CP/C 和 DC/C 分别衡量了小句的延展程度和嵌套程度。

(3) 短语层面:小句内复杂名词短语数(Complex Nominal per clause, CN/C)。本研究另外使用了一个计量语言学中的依存指标,即名词短语中依存成分均数(Dependents per noun phrase, D/NP)。这是不同于宏观指标的一个更加细颗粒的指标,该指标衡量了名词性短语中依存成分的数量。依存成分是一个基于依存语法的概念,指的是在语义或句法上与另一个单词或短语(称作头词)相关的单词或短语。例如,形容词修饰语可以是名词短语中的一个依存成分。计算名词短语的依存成分均数能够刻画名词短语的内嵌程度。以上指标均使用了二语句法复杂度分析器(L2SCA)(Lu, 2010)和 TAASSC(Kyle, 2016)进行自动标注与分析。具体这些分析器的介绍可以参见第三章的相关内容。

3. 语言复杂网络的构建

在脑功能网络研究中,连接的计算方法为计算脑区之间的皮尔逊相关系数。本研究将脑网络与句法复杂度网络进行类比,脑功能网络中的脑区节点相当于句法复杂度网络中的指标节点,对应着一定的功能。因此在句法复杂度网络中,节点与节点连边的计算方法与脑功能网络相似,也为皮尔逊相关系数。本研究使用了部分相关网络构建语言复杂网络。部分相关网络是一种加权单向网络,也就是说,边的权重有所不同,节点间的连接并不意味着因果关系。需要说明的是,这些网络由横截面数据构建而成,截取的是系统交互模式在某个时间点的快照,而非真正意义上系统交互模式的发展路径。

网络构建分三个步骤:第一步,估算网络稳定性。我们采用了非参数 Bootstrap 方法,通过重采样评估边权重的变异性,用来估计网络的稳定性。第二步,分析网络结构,主要通过计算节点中心度和边权重的数值。第三步,评估网络参数和指标的准确性。所有的步骤使用了 R 语言中的 bootnet 包。

（二）二语语言复杂度网络发展过程

1. 语言复杂度网络的整体发展特征

对 4 个观测点的 10 个语言指标(包括 3 个词汇复杂度指标和 7 个句法复杂度指标)分别绘制语言复杂网络,形成了以下 4 张图(图 7.1),呈现出了语言复杂系统的整体趋势。在下图中,边的粗细程度代表节点间连接的强度,实线、虚线分别代表了节点间关联的正负性。实线代表正相关,虚线代表负相关。

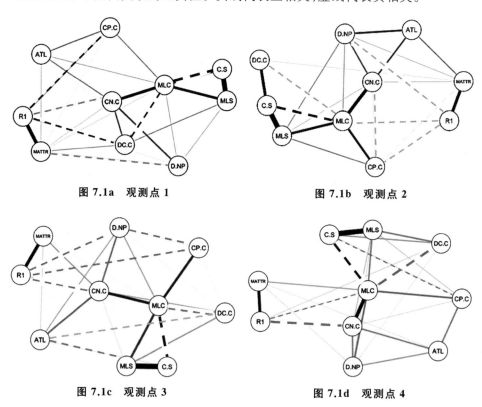

图 7.1a　观测点 1　　　　　　　　　图 7.1b　观测点 2

图 7.1c　观测点 3　　　　　　　　　图 7.1d　观测点 4

通过计算网络的边,发现 4 个观测点在网络的总边数在 25 和 31 之间浮动。负相关的边有轻微下降,从观测点 1 的 11 条下降到观测点 4 的 8 条。正相关边的数量略微呈现出先降后升的趋势。

如图 7.1 所示,语言复杂网络的平均度在四个时间点没有发生实质性变化。平均度以网络中边的总数除以节点的总数来衡量,反映了网络中连接的密度。平均度越高,说明网络各组成部分之间的联系越紧密,网络也就越稳定、越有弹性。反之,平均度越低,说明各组成部分之间的联系越弱,网络越容易受到外界变化的影响。因此,平均度是衡量网络整体结构稳定性的指标。由于平均度仅有轻微变化,可以认为在观察期间这些学习者的语言复杂度网络在整个观测期内保持相对稳定,未产生剧烈变化。

尽管语言复杂度网络的宏观结构没有发生剧烈变化,但这并不意味着语言网络一成不变。作为一个复杂动态系统,语言复杂度系统不断经历着内部的自我重组,这反映在网络的局部属性上,即网络节点和边的属性。下一节将讨论节点中心性和边的强度的变化。

2.语言复杂度系统成分的发展

语言复杂度网络成分间的连边、节点度及中心节点的变化可以揭示语言复杂度系统中内部成分的发展变化。本节聚焦在节点中心度。

节点中心度表示网络中各个节点的相对重要性。它通过节点度、节点强度、节点紧密度(closeness)和节点间度(betweenness)这四个指标,从不同方面反映节点的重要性。本节分析节点中心度在四种节点重要性度量方法中的变化。在进行分析之前,我们使用 R 语言中 bootneet 包,对节点中心度的稳定性进行了计算,结果表明符合稳定性预期(Epskamp, Borsboom, & Fried, 2018),可以进行下一步计算。

(1) 节点度(degree)

节点度由与节点直接相连的边的数量计算得出。它是衡量节点中心度最直接的方法,无须考虑边的权重或非直接连接。具体各个节点的节点度变化详见表 7.2。在观察期间,MLC 仍然是所有四个时间点中度数最高的节点,始终保持在高位。词汇节点 ATL 和 MATTR 的中心度呈略微下降趋势。句子层节点 MLS、C/S 的节点度则呈上升趋势。最值得注意的是,小句层节点 DC/C 显示出了最剧烈的波动:在第二个时间点,它的度数从 5 降到了 3,在第三个时间点增加到 7,成为节点度第二高的节点。小句层的并列指标 CP/C 则没有太大变化。短语层节点 CN/C 和 D/NP 并未发生变化,持续位于较高的位置。

表 7.2　四个语言复杂度网络中各个节点的节点度

节　　点		观测点 1	观测点 2	观测点 3	观测点 4
词　汇	MATTR	7	6	5	5
	R1	6	4	4	4
	ATL	7	3	6	5

续　表

节　　点			观测点 1	观测点 2	观测点 3	观测点 4
句法	句子层	MLS	5	5	4	6
		C/S	4	3	4	6
	小句层	MLC	9	7	8	7
		CP/C	6	5	5	6
		DC/C	5	3	7	6
	短语层	CN/C	6	6	7	6
		D/NP	6	6	6	6

（2）节点强度（strength）

节点强度通过将节点相对于所有其他节点的加权数和强度相加来衡量节点的中心性。如果一个节点连接了很多强边，那么它的节点强度就会很高。节点中心度的这一维度除了考虑节点的连接数外，还考虑了边的权重。具体的节点强度在四个观测点的分布见下图 7.2。

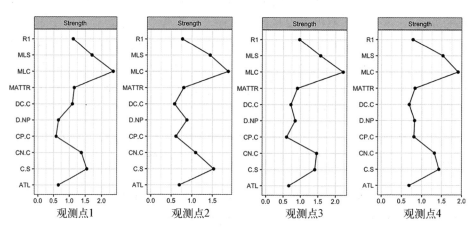

图 7.2　四个观测点的节点强度

上图可见，MLC 在四个观测点始终具有最高的节点强度，在 2.5 左右上下浮动。MLS 具有第二高的节点强度，在 1.5 上下浮动。DC/C 和 CP/C 的节点强度具有较大波动，分别在 0.5 和 1.1 之间、0.5 和 0.8 之间波动。从相对位置看，DC/C 在观测点 1 的节点强度居中，但是到观测点 4，其节点强度落到最低位置;与之相反,CP/C 在观测点 1 的节点强度最低,但之后缓慢提升。另外,三个词汇指标(R1, MATTR, ATL)节点强度一直居于低位,说明和句法的指标之间联系并不强。

（3）节点紧密度（closeness）

节点紧密度是节点到网络中其他节点的最短路径长度的平均值。下图显示了所有节点在四个观测点的紧密度变化。

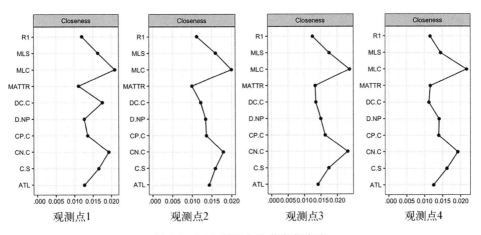

图 7.3 四个观测点的节点紧密度

MLC 是紧密度最高的节点,这意味着其他节点都聚集在 MLC 周围;换句话说,从 MLC 出发,可以很容易到达其他节点。中心度第二高的节点是 CN/C,其次是 MLS。DC/C 的节点紧密度发生了急剧变化:在观测点 1,它是节点紧密度第三高的节点,但随后其相对重要性逐渐下降,成为节点紧密度最低的节点;也就是说,它的位置与其他节点更远,关系更加松散。

（4）节点间度（betweenness）

节点间度是指网络中其他节点之间经过该节点的最短路径的数量。对于大多数节点来说,节点间度为零,这意味着其他节点之间没有最短路径经过该节点。节点间度最高的是 MLC,从观测点 1 的 17 增加到观测点 4 的 20。节点间度最不稳定的节点是 CN/C,其间度在观测点 1 从 12 开始,在观测点 2 略微下降到 9,在观测点 3 跃升到 17,在观测点 4 略微下降到 11。

从节点中心度的四个度量侧面的结果不难发现一些有趣的模式。

第一,在四个观测点的所有节点中心度指标中,MLC 始终是节点中心度最高的节点,在节点度、节点强度、节点紧密度和节点间度这四个方面都居于最高位置。

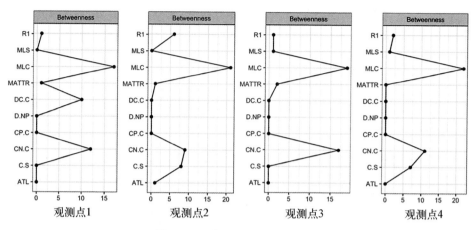

图 7.4　四个观测点的节点间度

这表明,MLC 在语言复杂性网络的发展过程中具有重要意义,从它作为语言网络连接中最重要的节点的功能中可见一斑。可以说,MLC 是语言复杂性系统其他组成部分之间的关键连接元素,使各个语言节点以多种方式相互影响、相互促进。

第二,用不同的节点中心度指标衡量时,某些节点在网络中的相对重要性表现出巨大差异。这意味着它们在网络连接和互联的不同侧面,所具有的功能大相径庭。词汇多样性指标 MATTR 的节点度较高,但其强度、接近度和节点间度则相对较低。这一结果可能表明,尽管 MATTR 与许多成分都有联系,但其在网络互连中的功能较弱;换句话说,更加多样性的词汇在整个语言复杂网络中的作用并不十分突出。另外,MLS 的节点度和强度也有很大不同,它是节点度最低的节点之一,而其强度却很高。这意味着 MLS 的连接很少,但是每一条连接都很重要。

第三,虽然大多数节点在中心度绝对值和节点相对重要性方面只表现出轻微的波动,但某些节点在这两方面却表现出较大的波动。我们可以认为这些波动较大的节点恰恰是网络中的不稳定因素;这也说明,在系统发展过程中,它们与其他节点的相互联系正在经历重组。例如,波动最大的节点是 DC/C,其绝对值和相对强度都发生了剧烈变化,最终强度、接近度都处于较低水平。另一个波动较大的节点是 CN/C,其节点间度变化幅度最大,说明其在网络连通性中的重要性在不断变化。

3. 边的变化发展

语言复杂网络中,边的权重也发生了变化。首先,我们通过 Bootstrap 重采样方法来评估边权重的稳定性。图 7.5 显示了 Bootstrap 结果,可以发现,整体语言复杂度网络边权重 95% 的置信区间较窄(图中灰色的部分),表示网络边权重变异度较低,网络结构相对比较稳定。但是仍有一些边权重接近零(即与 0 那条数轴重合的若干个点),说明这些边之间的相关性比较微弱或不够稳定,因此我们将这些边权重剔除。最终有 14 条边具有意义,能够被阐释。

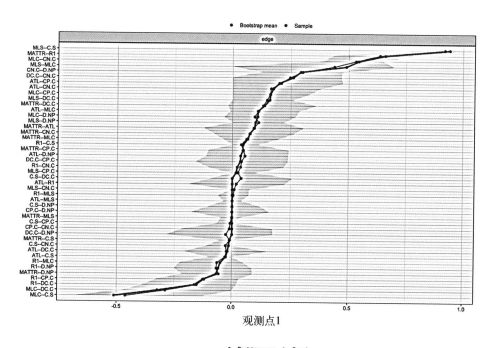

观测点1

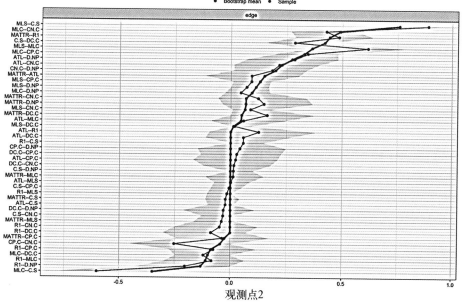

观测点2

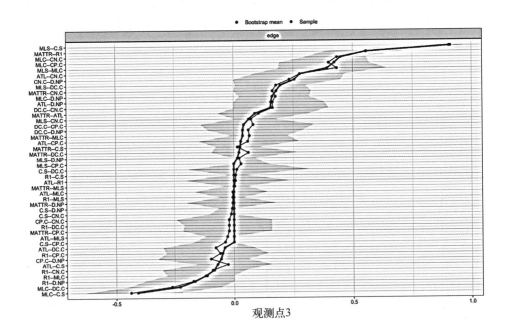

观测点3

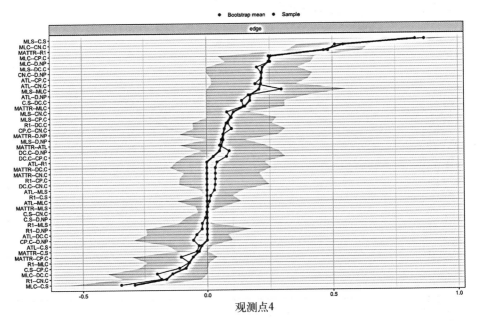

观测点4

图 7.5 四个观测点边权重的重采样结果

表 7.3　四个观测点中可以被阐释的边

	观测点 1	观测点 2	观测点 3	观测点 4
MLS - C/S	0.94	0.76	0.90	0.83
MATTR - R1	0.65	0.44	0.56	0.46
MLC - CN/C	0.54	0.49	0.45	0.54
CN/C - D/NP	0.29	—	—	—
MLC - CP/C	—	0.33	0.42	0.25
MLS - MLC	—	0.36	0.39	—
C/S - DC/C	—	0.42	—	—
ATL - D/NP	—	0.27	—	—
ATL - CN/C	—	—	0.29	0.22
MLC - D/NP	—	—	0.16	0.25
ATL - CP/C	—	—	—	0.22
MLC - C/S	−0.51	−0.35	−0.41	−0.29
MLC - DC/C	−0.32	—	−0.23	—
R1 - CN/C	—	—	—	−0.16

　　从整体的边权重来看,有意义的边的数量随着学习者的发展而增加。观测点 1 的有意义的边只有 6 条,到了观测点 4 增加到了 9 条,这也说明网络越来越紧密。

　　(1) 正相关的边

　　由图 7.5 可见,正相关边的条数从观测点 1 的 4 条,上升到了观测点 4 的 7 条。这表明,随着语言复杂度网络的发展,节点间的正向交互也随着增长,呈现增长性的支持关系。

　　在所有正相关边中,有三条稳定边出现在四个观测点的网络中：MATTR - R1、MLS - C/S 和 MLC - CN/C。值得注意的是,这四条稳定边都是子系统内部的边。MATTR - R1 在词汇子系统内部,表明词汇多样性和密度之间相辅相成。其他三条是句法子系统内部的变化：MLS - C/S 是句子层两个节点的正相关,

MLC - CN/C 是小句层和短语层之间的正相关。可以推论,稳定的句法边缘涉及所有层次的句法复杂性。在考虑边权重时,除了 MATTR - R1 的边权重有所下降外,其他两条正向边的边权重仅有轻微波动。

与此同时,有 8 条正向边未能在所有观测点的网络中出现:CN/C - D/NP, MLC - CP/C, MLS - MLC, C/S - DC/C, ATL - D/NP, ATL - CN/C, MLC - D/NP, ATL - CP/C,表 7.3 中均有表示。值得注意的是,CN/C - D/NP 正向边仅在观测点 1 的网络中出现,且强度仅为 0.29,说明即便它们是短语层内部的节点,连接状态也并不稳定。其次,ATL - CN/C 和 MLC - D/NP 这两条正向边是在观测点 3 之后出现;ATL - CP/C 的正向边在观测点 4 出现。ATL 是词汇指标节点,CN/C 是句法中短语层的节点;MLC 和 CP/C 均是句法系统小句层的节点,D/NP 则是句法中短语层的节点。可见,这三对边代表的是系统或层次之间的互动有所增加。具体说,ATL - CN/C 和 ATL - CP/C 两对正向边的浮现,或许可以看出是词汇成熟度也促进了小句长度;单词越变越长,同时小句中的名词短语和并列短语也随着增长,体现出了某种程度上词汇和小句层面的发展。

(2) 负相关的边

仅有一条 MLC - C/S 的负向边在四个观测点均出现。同时,MLC - DC/C 负向边在观测点 1 和观测点 3 出现,但是在观测点 2 和观测点 4 则未被观察到,体现出一种不稳定的模式。同时,R1 - CN/C 的负向边仅在观测点 4 出现。联系到 ATL - CN/C 的正向边的浮现,或可说明词汇系统和句法系统之间的互动逐步增多。

考虑边权重的绝对值的话,不难发现负向边权重的绝对值随着时间推移在逐步降低,这说明这些负向边实际上变得不再那么"负"。MLC - C/S 的边权重从观测点 1 的 -0.51 变为观测点 4 的 -0.29,MLC - DC/C 的边权重也从 -0.32 变为 -0.23。这一趋势与正向边的发展趋势相似,即初始状态下节点间的竞争关系逐渐减弱,不同节点间的关系正缓慢地发生改变。

(三) 语言复杂度网络发展的特征

本节汇报的研究试图将复杂网络方法引入到学习者语言复杂度发展研究中。如上文所述,以往研究采用的皮尔逊相关性只能计算两两之间的关系,一旦变量数量增加,很难甄别出不同变量之间的关联。通过使用复杂网络的方法,我们计算了网络的网络密度、连接强度、节点中心度、边权重等网络的拓扑属性,初步描摹出了学习者语言复杂度网络发展的大致轮廓。

从整体上看,学习者的语言复杂性系统在观察期内较为稳定,这体现在网络结构和密度的稳定性上。可以说,学习者语言复杂性系统处于吸引子状态,系统的作用仅限于局部变化,而不是整体的结构变化。这也说明,学习者的语言复杂性系统需要较大的力量来重组和发展。语言复杂性系统的这种相对稳定性在很多研究中都有发现(B. Polat & Kim, 2014)。学习者语言复杂性系统似乎没有变化,这被解释为停滞。然而,从复杂动态系统理论来看,停滞可能表现的是处于吸态的系统(Larsen-Freeman & Cameron, 2008)。尽管在宏观层面上处于相对稳定性,但是语言复杂性系统的成分和成分之间的关联处于不断互动中,为可能浮现的新模式甚至相位转移作准备。本节汇报的结果中,四个观测点的节点中心度和边的强度都在变化,表明网络的局部正在发生一些变化。这些局部变化恰恰是通过网络的拓扑属性体现出来的。传统的方法或许很难揭示出这一点。

　　由于我们选取了不同子系统的指标(包括词汇系统的 3 个指标,句法系统 3 个层的 7 个指标),所以我们能够观察到子系统内部和子系统之间的互动关联。以下从词汇子系统、句法子系统和两个子系统的交互来讨论语言复杂性系统的发展特征。

1. 词汇子系统较稳定,连接松散

　　词汇密度、多样性和成熟度之间未出现明显的竞争关系。这可以解释为词汇复杂性的不同方面利用了不同的认知资源,因此其增长不会以牺牲彼此为代价,这与现有研究(Zheng, 2016;郑咏滟 & 刘飞凤, 2020)相吻合。在词汇复杂性子系统的三个组成部分中,只有词汇密度和多样性在整个研究期间始终保持较强的关联。这一结果与郑咏滟、刘飞凤(2020)的研究结果一致,即在不同的任务环境中,词汇密度和多样性之间稳定地存在相互作用。这也与 Zheng(2016)的研究结果部分一致,即词汇密度和多样性之间的正向交互作用出现在观察期的开始和结束阶段。这一发现表明,在这一阶段,学习者使用更多内容词汇的能力与使用更广泛词汇的能力同时发展。随着学习者词汇量的增加,他们能够在写作中使用更多不同的词汇。

　　但是,词汇子系统的另一个成分——词汇成熟度(本研究中使用平均词符长度 ATL 表示),却并没有显示出语词汇密度、多样性之间的强关联。这一结果与 Kalantari 和 Gholami(2017)的结果、Zheng(2016)的结果均不一致。造成这种差异的原因可能在于学习者的水平:上述两项研究中的学习者是大学生,而本研究中的学习者是高中一年级学生,英语水平较低。因此,本研究中的学习者与上述两项研究中的学习者处于不同的发展阶段。在中等水平学习者的发展阶段,词汇成熟度的相对孤立性表明,尽管词汇成熟度与词汇密度和多样性归为一类,但该指标的发展可能与其他词汇成分相对独立。随着学习者使用不同内容的词汇来表达其意思的能力的提高,所使用的词汇并不一定更加复杂或高级。

除了结构松散之外,研究结果也表明在这一阶段,词法复杂性子系统可能并不是语言复杂性系统的发展重点。这一点可以从节点中心性上反映出来。就节点中心性而言,代表词汇密度、多样性和成熟度的节点在四个观测点的网络中都不是中心节点,它们的相对重要性也没有波动。因此,我们可以认为该子系统在当前的发展状态下是相对稳定的。这种稳定性应与语言复杂性系统的整体吸态一并解读。考虑到整体的语言复杂性网络处于吸态,可以认为词汇子系统是嵌入语言复杂性系统整体吸态中的局部吸引子。这也符合中等水平学习者的特征。以往研究(Verspoor et al., 2012)表明,词汇并非中等水平阶段的发展重点,一般初学者会把精力放在词汇学习上,又或者到了高级水平阶段,学习者的学习重点会重新放到词汇学习上。

2. 句法子系统成分呈现支持关系

与词汇复杂性子系统相比,句法复杂性子系统显示出更为活跃的互动和发展模式。总的来说,句法复杂性系统呈现出支持关系,因为各组成部分之间的相互联系大多是正向边。可见,句法复杂性系统是一个协调的整体(郑咏滟 & 冯予力, 2017),处于一种相互支持的动态平衡状态。

在这一阶段,小句长度的扩展是系统发展的最显著特点,小句平均长度在网络中的重要性就说明了这一点:在句法复杂性系统中,所有层次的成分都与小句长度产生相互联系。由于小句长度是句法复杂性系统中最重要的成分,从它与其他成分的相互联系、这种联系的强度,以及它在系统中其他成分之间的联系中的重要性来看,它既是主要的增长成分,也是揭示系统发展模式的中间成分。

在小句层面上,小句从属性与小句长度呈稳定的负相关,表明这两个成分之间存在竞争。小句中从属句的数量(DC/C)衡量了从句的内部深度:该指数的增加表明学习者更有能力产出更多嵌入式从句。从句从属性和从句长度之间的竞争表明,在目前的发展阶段,学习者无法将资源平衡分配给延长从句长度,并产生更多嵌入式从句。在所有的节点中心度测量中,DC/C都不是中心节点,因此可以推断,在学习者目前的语言复杂性系统中,小句从属性结构并非主要的增长因素。这与之前研究结果相一致,即随着句法复杂性系统的发展,小句从属性结构逐渐成为一种不太重要的复杂性增长手段(Bulté & Housen, 2014; N. Polat, Mahalingappa, & Mancilla, 2020; Yoon & Polio, 2017)。同时,C/S与MLC呈现出稳定的负相关表明,在当前的发展阶段,通过小句嵌入性扩展小句内部结构和在句子这个大的语言单位中使用更多的小句,都与小句长度的扩展具有竞争关系。

小句的扩展应与更低层次的短语复杂性一起解释。一个短语层的复杂性成分——小句中复杂名词数 CN／C——与小句平均长度一直存在正相关。小句长度与短语层次复杂性之间的这种正交互作用表明,目前学习者的发展水平,小句长度的增加主要归因于复杂名词短语使用的增加。随着系统的发展,到观测点3,另一个短语层面的复杂性指数—名词词组的依存成分数 D／NP——也开始与小句长度呈现出递增的正相关。与 CN／C 这个指标不同,D／NP 衡量的是名词词组内部的复杂性,标志着学习者在名词短语中嵌入更多修饰语的能力。这一结果表明,短语的扩展也是小句扩展的主要动力之一,且是系统发展后期的一个重要增长点。与此同时,在句法复杂性系统的短语层,成分的发展或许具有一定的顺序:学习者先学会使用复杂名词,再逐渐在复杂名词短语中增加更加复杂的层次。总的来说,到了发展后期,我们可以观察到不同层面的句法成分产生了更多互动,学习者语言使用不仅长度增长,更重要的是嵌入层次也随之加深。

在本研究中,句法复杂性系统在发展阶段也出现了暂时性倒退。随着系统的发展,短语发展成为系统的主要增长点。然而,并列结构在网络中的重要性也会偶尔增加。这可能表明,尽管学习者发展了更高级的手段来增加句法的复杂性,但旧的、低级的和认知上更容易的手段仍然存在,并且在某些条件下,其重要性会激增。这种复发符合复杂动态系统理论的发展观:系统的发展是非线性的,有进步、停滞和衰退(de Bot & Larsen-Freeman, 2011;Larsen-Freeman & Cameron, 2008a)。

3. 词汇子系统与句法子系统的交互

除了系统内部的相互联系,词法复杂性子系统和句法复杂性子系统的组成部分之间也存在跨系统的相互联系。以往研究(郑咏滟, 2018;郑咏滟 & 冯予力, 2017)提出,词法复杂性和句法复杂性子系统争夺有限的外部和内部资源,从而表现出竞争关系。但是本研究的结果不尽相同:首先,两个子系统之间的联系并不紧密。从结果看,3 个词汇复杂性指标与句法复杂性指标产生可解释的边只有 4 条,分别是 ATL－D／NP、ATL－CN／C、ATL－CP／C 和 R1－CN／C(详见表 7.3)。前三条边是在发展后期呈现出支持关系。之所以没有出现预期的此消彼长,可能是因为词汇复杂性与句法复杂性利用的不是同一类认知资源。因此,这两部分的发展并不会互相影响。这可能是以往许多研究中,各子系统之间也表现出相对独立性的原因(Hou, Loerts, & Verspoor, 2020;郑咏滟, 2018)。当然,也有可能是因为学习者发展阶段不同。这点或许能从词汇成熟度 ATL 与其他句法指标的增长关联中得到印证。随着学习者的发展,他们更能使用更长、更复杂的单词,同时也支持了并列结构、短语长度、短语内嵌程度的发展。

词汇复杂性的另一个成分——词汇密度(由 R1 指标测量),在观测点 4 开始与小句中的复杂短语数(CN／C)出现负相关。这种负相关可能表明,在未来的发展阶段,词汇密度和短语复杂度之间可能会出现跨子系统的竞争。计量语言学指标 R1 测量的词汇密度反映了内容词和功能词的结构平衡,因此比词汇复杂度更接近句法子系统。因此,在系统自组织过程中,它们可能会争夺相同的资源,并表现出竞争关系。进入这一阶段后,或许会出现更多词汇子系统和句法子系统的更密切的交互。

四、本章小结

本章研究结果显示,复杂网络路径能够揭示一些传统小样本数据分析手段无法揭示的信息,也让我们对学习者句法复杂度发展有了更加细致的理解。网络科学近几年已经得到大量关注,应用于人类学、社会学、经济学、心理学等交叉学科,也与大数据科学有着密不可分的联系。复杂动态系统理论本身是具有超学科属性的理论视角,是一种跨学科的"元理论",与之相应的是复杂网络路径的交叉学科属性。通过网络路径,我们能够更好理解复杂、动态的语言发展规律,从宏观、中观和微观层面分析动态的关联,并且使用相应的分析工具进行建模。由此可见,网络路径的推进与发展有效地将复杂动态系统理论中强调的"复杂性"从一种"隐喻"变成了可计算、可模拟的现实,能够帮助我们突破现有的方法局限,更有利于打破学科壁垒,促进融合创新。

本章研究纯属探索性,还有诸多局限。首先,限于数据量较小,本研究仅就网络的拓扑属性进行了探讨,没有计算网络的无标度属性和小世界属性。其次,本研究使用的是基于脑网络的语言复杂度网络建构路径,并未使用依存网络。我们相信,网络路径是复杂动态系统理论视角下书面语发展的重要方向。未来研究也可以尝试使用横截面的语料库,加大数据量,或许能够进一步拓宽复杂网络路径在学习者语言发展方面的应用前景。

第八章 复杂动态系统视角下的
多语发展

  据 Ethnologue 网站统计,世界上目前存在 7 164 种语言①。但是这 7 164 种语言中,人口分布极其不均衡,其中 200 种语言就已经覆盖了世界上 88％的人口,其中部分人群是这 200 种语言中某个语言的母语使用者,另一大部分则是这 200 种语言的二语使用者。毋庸置疑,多语制是现代社会的一个不争的事实,世界上大部分人口都生活在多语多言的环境中。随着全球化进程加快,多语制将会得到进一步巩固和加深。

  复杂动态系统理论不仅适用于以单外语为研究对象的研究,更适合探讨容纳多个外语的语言系统,即多语系统。实际上,早在 2002 年 Herdina 和 Jessner 便提出了"多语动态模型",之后 Larsen-Freeman 在 2018 年专门讨论了世界英语(World Englishes)也应视作复杂自适应系统,这都为复杂动态系统理论从传统应用语言学和二语发展研究跨入更宏观的社会语言学研究领域铺设了前期道路。之前几章从学习者书面语发展到学习者的个体差异研究,话题都聚焦在应用语言学和二语习得领域,本章则拓展到多语发展,从多语发展的动态性、多语系统的整体性、多语制社会文化属性三个方面深入探讨拓展复杂动态多语系统的内涵和外延。最后,本章通过实证研究,展示复杂动态系统理论视角下展开多语能力发展追踪研究的潜力。

一、多语制、多语者和多语学习

  本节首先厘清多语制的概念和多语制的形成因素,再讨论多语者和多语教育的相关问题。

(一)多语制

  多语制(multilingualism)指在一个特定的社会中存在着不同语言,且各语言之间相互接触,产生交互影响,生活在此社会中的人们掌握并使用三门或者三门

---

① https://www.ethnologue.com/guides/how-many-languages,访问日期是 2024 年 12 月 31 日。

以上的语言的一种现象(**Bhatia & Ritchie, 2013；Li Wei, 2013**)。多语制是一个包含了社会学、心理语言学,以及语言学等方面的高度复杂的现象,因此多语制的研究通常宽泛、多面,包括了个体多语者学习掌握和使用多门语言的具体实践和社会范围层面多语实践给社会文化带来的影响(Bhatia, 2013)。

多语制现象又可分为个人多语制(individual multilingualism)和社会多语制(societal multilingualism)两个维度。个人多语制并不具有永久性,而社会多语制往往具有相对持续性(Edwards, 2013)。个人多语制研究主要考察语言本体和个体心理语言学两个维度的多语现象,而社会多语制研究则主要关注历史、教育、政治等社会维度上的多语并存和多语实践,以及前后两者之间的交互关系(Edwards, 2013；Li Wei, 2013)。个人多语制的研究常常会归于传统的应用语言学、二语习得或者发展心理学的范畴,社会多语制则更多在社会语言学范畴内讨论。由此可见,多语制是一个能够衔接应用语言学和社会语言学的界面,以此为切入点,能够有效衔接两个历史渊源不同但又具有千丝万缕联系的语言学分支领域。

多语现象的形成有多方面的社会因素。语言接触(language contact)是多语制形成的根本原因,是个体成为多语者,以及社会成为多语社会必不可少的条件(Li Wei, 2013；Stavans & Hoffmann, 2015)。语言接触通常是操不同语言的人群之间的接触,导致这种人口流动和人群接触的原因多种多样,包括殖民、联盟、新国家的建立等政治军事因素;饥荒、洪水、火山喷发等自然灾害因素;工作和生活等经济因素;旅游、学习等文化和教育因素;移动交流工具和互联网的普及等科技因素,以及种族或宗教因素等(Edwards, 2013；Li Wei, 2013)。社会多语制研究通常聚焦于语言规划与管理、语言维持与转变等偏向语言社会学的研究;个人多语制研究则往往关注影响个体成为多语者的因素,主要包括个体内部和外部社会文化环境两大类因素。个体内部因素又可细分为个体心理或认知能力水平等,社会文化因素则包括人们持有的语言的态度、语言学习动机、语言输入的质与量、语言教育,以及语言政策和社会互动模式等(Li Wei, 2013；Stavans & Hoffmann, 2015)。不难看出,本书重点讨论的复杂动态系统理论考察的语言现象既包括个体的内部因素,也囊括了更加广阔的社会文化因素,涵盖了多个层次、维度、时间尺度。

(二) 多语者

多语者(multilingual)是个体多语制的核心,顾名思义,指的是能够使用两种或更多种语言进行社会交际活动的个体(Li Wei, 2013)。Stavans & Hoffmann

(2015)区分了五种类型的多语者:一是在双语家庭里长大的人,且其家庭语言非该单语社群主流语言;二是在双语社群长大的人,且其家庭语言非该双语社群主流语言;三是学习语言的儿童或成人,这类人群可以是在学校或者其他机构学习第二语言的来自单语家庭和社区的单语者,也可以是学习第三门语言的双语者;四是通过移民成为多语者的儿童或成人,这类人群本是单语者或者双语者,但移民以后在自然语境下学习另外一门语言;五是多语社群的儿童和成人。

处于多语社会背景下的个人接触多种语言的概率更高,且与来自不同语言背景的人群互动的机会更多,因此成为多语者的可能性更大。例如在欧洲,从小便使用多种语言进行交际司空见惯,但是在中国大多数环境下,外语学习往往是通过正规学习的途径,鲜有在日常交际中使用多种外语的场景。换句话说,在不同社会环境中成为双语者或多语者的方式大相径庭。

即便如此,社会多语制与个人多语制并没有必然联系,并不是多语社会中的每个人都一定是多语者(Li Wei, 2013; Stavans & Hoffmann, 2015)。大多数情况下,个体成为多语者并非自然发生,而是需要社会提供一定环境,并且个体付出长期努力,如接受学校或者社会团体提供的双语教育。个体是否能够成为多语者,且能够达到什么样的语言水平,都取决于个体内部和外部社会环境等一系列因素。个体成为多语者的动机和原因多种多样,对于生活在多语社会的个体而言,习得多门语言是在日常生活中参与多语社会群体的必要途径,而对于其他人来说,成为多语者是实现教育或职业目的的重要条件(Stavans & Hoffmann, 2015)。接受多语教育是大多数人成为多语者的重要途径,语言学习与语言使用密不可分。

在多语制研究领域中一直存在将多语者视作一个整体的呼声。例如,Grosjean(1998)提出,不应该期望双语者的两门语言能力水平达到相应单语者语言水平,而是应该用一个整体的视角去考察双语者的整体语言库存。他持有的"双语整体观"(a holistic view of bilinguals)和Cook(1991)的"多语复合能力"(multi-competence)对三语习得研究产生了极为重要的影响。Grosjean(1998)反对"双重单语主义"观点,提出双语者并非两个单语者的简单相加,而是一个统一的构念。该概念的提出意义重大,在于该概念不主张把多语能力拆分成多个单语能力。无独有偶,Cook(1991, 1999)提出的"多语复合能力"也是一种整体模式。从表层来说,这意味着"多语复合能力"是一个统一的构念。从更深层来说,这意味着各语言本身并非单独的系统,而是整合在一个整体系统之下的子系统。这些基于多语者和多语能力发展的概念,都为之后多语研究的复杂动态系统重构奠定了学理基础。

(三）多语教育

随着全球化进程加快,不同语言群体在世界范围内的流动与交流需求日益凸显,习得多门语言被赋予了极大价值,个体学习新语言的要求与日俱增。在最新的语言教育规划理论中,语言管理也下沉到了个体层面,纳入了个人语言管理这一重要维度(Spolsky, 2019)。因此,在当今世界,研究和实施多语教育已经变得十分紧迫。特别是在后疫情时代,更是在各国语言教育规划中遇到诸多挑战,成为国际战略的一部分(沈骑,蔡永良,张治国,韩亚文,& 董晓波, 2019;郑咏滟, 2021)。

多语教育(多语学习)在学校教育体系中广泛存在,世界各地学校通常把该社会第二语言、少数族裔语言或者在该社会中广泛应用于交际的外语纳入课程设置(Cenoz & Gorter, 2015)。**多语教育指的是在教育中使用两种或者更多的语言,且多语教育以培养学生多语能力和多语文化素养为目标(Cenoz & Gorter, 2015)**。学校的多语教育大致可以分为两种:一种是把语言作为科目来教授,一种是把语言作为其他学科内容的教学媒介(Stavans & Hoffmann, 2015)。由于受到语言特点、社会使用情况,以及教育层面各种因素的影响,多语教育呈现出高度多样性(Cenoz & Gorter, 2015)。就语言特点来说,语言学习者的母语或已知语言与学习目标之间的类型距离会影响语言学习过程。除此之外,环境中的多语者数量、各语言的地位、媒体与语言景观中的各语言使用情况,以及学习者与其他社会成员之间的语言使用情况等社会因素会影响个体学习语言的动机。就教育层面来说,学校授课所使用的语言、语言教学的强度、学生接受语言教学的年龄、教师的多语能力,以及教学方法等影响着多语教育的成效(Cenoz, 2009;Cenoz & Gorter, 2015)。因此多语教育是一个十分复杂的社会现象,受到多种因素影响与制约。

在多语教育和学习的语言生态、教育生态系统中,第二语言或者外语的学习和使用往往同时并行(Cenoz & Gorter, 2015)。多语教育以培养学生多语语言能力为教学目标。因此多语教育研究重要目标之一便是鉴定有利于二语或者外语学习最优条件、策略,以及教学方法,以帮助学习者快速且高效地成为一个多语者。而在多语学习的过程中,多语学习者不可避免地使用多语,因此我们又可以说多语学习和多语使用相辅相成,不可分割(Cenoz & Gorter, 2015)。具体来讲,多语学习便是个体通过自身努力"成为多语者"(becoming a multilingual)的一个过程,而多语使用则是学习者"作为多语者"(being a multilingual)在现实场景

中恰当使用语言资源与外部环境,实现有效沟通的一个动态实践(Cenoz &
Gorter, 2015),由此体现出了多语学习系统的动态性。

"成为多语者"这一理念关注的焦点在于老师和学生之间的互动行为,这些
行为能够辅助语言进一步发展,比如采用支架式教学策略,或者将翻译当作一种
学习策略。在这种情况下,"成为多语者"这一理念很大程度上便是采取了二语
习得的立场。"作为多语者"则常常是多语者使用多门语言参与实际的语言交
际,这一理念常关注语言学习和使用的社会属性。"作为多语者"和"成为多语
者"看似是两个不同的现象,但是又相互关联。这种现象存在于不同地域、不同
场景、不同实践中的多语教育场景。因此,"作为多语者"常常和"成为多语者"齐
头并进。语言学习过程研究("成为多语者")多采用心理语言学和语言学的视
角,考察语言学习的个体认知因素,以及学习者语言形式。对语言使用("作为多
语者")的研究则偏向于采用社会语言学的视角,主要探析学习者个体与社会环
境的互动。

从以上回顾中不难看出,多语制、多语者和多语教育都具有内在的复杂性和
动态性。但是,如果我们仅仅将复杂动态系统用作一种隐喻来描述,远远达不到
复杂动态系统研究的学术目标。因此,下一节将从多语制的两个主要模型出发
来讨论如何从复杂动态系统角度重构多语研究。

二、在复杂动态系统理论视角下重构多语研究

在过去二十几年中,语言习得与多语研究领域出现了从个体认知视角到社
会视角、多语视角的过渡(May, 2014;Ortega, 2014)。社会文化转向、多语转向
拉近了二语习得与多语制这两个研究领域,同时也对传统语言教育中的一些构
念提出了新的挑战。例如,传统的语言教育理念常把单语本族语者作为参考框
架,将双语者当作两个单语者简单相加以后的个体。除此之外,语言常常从教育
环境中剥离,在真空中考虑语言习得和教育问题(Cenoz & Gorter, 2015),这都
不符合现今学界对语言发展和习得的理解。

本节首先介绍三语习得领域中 Herdina & Jessner(2002)从心理语言学个体
认知角度出发提出的"多语动态模型"(Dynamic Model of Multilingualism);再介
绍 Cenoz & Gorter(2011, 2014)基于三语习得及双/多语制角度提出的"聚焦多
语制"(Focus on Multilingualism)这一多语教学与研究的方法论;最后,从宏观角
度介绍复杂动态系统理论在社会语言学中的模型。

（一）多语动态模型（Dynamic Model of Multilingualism，DMM）

本书多处提出，多语系统中不同语言之间并非孤立存在，而是相互联结、不断交互，具有复杂系统的全面联结性。多语系统的发展随时间的变化而变化，发展过程复杂且可逆，呈现非线性发展态势，这就体现了复杂系统的动态性。除此之外，系统中某一语言或多门语言的发展会伴随着其他语言的发展出现磨蚀甚至丧失的情况（Jessner，2008a）。这就意味着多语系统之间产生了非常复杂的影响，这种影响并非单向的、按顺序由第一语言到第二语言再到第三语言，而是会往复循环，互为因果。

在充分认识到多语发展复杂非线性等特征的基础之上，针对多语习得的动态性与整体性，Herdina & Jessner（2002）结合动态系统理论（Dynamic System Theory，简称 DST，de Bot et al.，2007）与多语制研究，提出了"多语动态模型"（Dynamic Model of Multilingualism，以下称 DMM）。对于 DMM 的讨论主要基于对心理语言系统，即语言系统 1／语言系统 2／语言系统 3／语言系统 4 等假设。这些语言系统是基于心理因素和社会因素而存在的开放系统，它们相互依存而非独立存在。DMM 认为语言系统的稳定性与语言维持紧密相关。多语者感知的交际需求影响语言选择。多语学习者的语言能力称为多语能力（multilingual proficiency，MP），多语能力是各心理语言系统间的动态交互、跨语言互动（Crosslinguistic interaction，CLIN），以及 M–因素（Multilingual factor，M-factor）等共同作用的结果，简单来说可以由以下公式来表达：LS1，LS2，LS3，LSn＋CLIN＋M-factor＝MP（Jessner，2008b）。

DMM 提出多语动态系统的发展遵循以下五个特征。

其一，多语的发展呈非线性。传统语言习得研究观点认为语言的习得遵循线性发展模式，并且最终将达到本族语水平。然而，动态系统理论认为语言的发展呈非线性（de Bot & Larsen-Freeman，2011；de Bot et al.，2007），因此 DMM 这一模型认为各语言的发展都是非线性的，且各语言发展最终并不一定能达到本族语水平。语言发展过程中包括了正向发展阶段、系统重组阶段、停滞或倒退阶段。引起语言出现停滞不前甚至倒退的原因多种多样，其中不可忽视的一项原因是语言学习资源的有限性。语言学习的资源包括有限的学习时间和精力、记忆能力与动机等（de Bot & Larsen-Freeman，2011）。资源有限性引起系统发展过程中各子系统的竞争，从而导致系统之间出现交替发展的模式（de Bot & Larsen-Freeman，2011；de Bot et al.，2007；Van Geert，2003）。

其二，多语系统发展的稳定性依赖于语言维持。学习者在多语学习和发展过程中需调配相应的时间和精力等学习资源,以维持新增语言的发展,同时避免前期习得的语言的磨蚀,因此这种语言维持行为成了维持多语者整个多语系统稳定性的关键。多语发展过程中,当维持某一语言发展的资源得不到有效保障时,该语言出现停滞不前,甚至有可能出现倒退现象。因此,多语发展又具有可逆性,即多语能力有可能会发生退化。

其三,各语言系统之间存在相互依赖性。不同于语码转换和语言迁移等传统研究,DMM 认为各语言系统并非相互独立存在的语言系统;相反,DMM 把多语者整个心理语言系统看作一个整体,在这个整体中各语言系统相互依赖。因此,DMM 认为脱离整体去单独研究某个语言系统的发展实则意义不大。这点恰恰应和了复杂动态系统语言观持有的整体观和情境观。

其四,多语系统具有复杂性。DMM 认为语言迁移和语言干扰看似是两个相似的语言现象,但是他们却在不同的语言系统中引起不同的结果。究其原因,DMM 认为多语系统中相互干扰的语言系统长期处于发展变化状态,而并不只是常量,因此各语言的动态性导致整个多语系统的发展呈现出错综复杂的图景。

其五,多语学习最终引起多语系统的质变。学习多门语言会引起学习者的心理语言系统的质的变化。换言之,整体心理语言系统不停地调节自身以适应新的心理的和社会交际的需求,在此过程中心理语言系统的属性也发生着变化。因此,学习新的语言会使学习者习得或发展新的技能,这种新的技能被称为"M-因素",M-因素也是多语库存的重要部分。从复杂动态系统理论来看,M-因素可以视作多语复杂动态系统经历了发展之后最终涌现的吸态,是系统自组发展的凝练模式。

以上五个特征详细阐释了 DMM 对于语言发展的全新解读,除此之外,DMM 也提出了对多语学习者的重新定义。DMM 认为多语学习者是一个特殊的群体,他们在学习语言时不可避免地面临着一系列劣势,但同时多语学习者群体也享有一系列单语者或二语学习者不具有的优势。然而这些优势却往往被传统研究忽视。从双语学习者面临的劣势来看:首先,即使是在相同教育背景下且付出同等精力与时间的情况下,多语学习者的各语言形式很可能逊色于相对应的单语者。其次,学习资源有限性导致多语学习者没有足够的精力与时间去维持多语系统中的所有语言。除此之外,多语系统中各语言之间的跨语言交互作用使得各独立语言相互干扰,这种干扰也可能妨碍其中某个语言的发展。第三,多语者需要在特定场域下才能发挥他们多语语言系统的最大功效,然而现实中多语者通常无法同时兼顾交际有效性与句法语义结构完整性。

　　然而 DMM 也指出,相比于劣势,多语学习者特有的优势则更应该引起教学和研究人员的关注。DMM 认为,多语者,特别是通过语言学习掌握多门语言的学习者,在学习多门语言的同时发展了一系列单语者所不具备的语言和认知方面的优势。第一,多语学习者具有更强的语言意识。多语学习者在学习多门语言的时候会面临多个语言系统的相互竞争,这种竞争导致多语学习者持续对比各种语言,因此这种对比会增强多语学习者对于各语言系统的属性和特征的意识,该意识使得多语学习者更能抽象提取特定语言形式,更好地理解各语言特有的属性。第二,多语者具有更高的认知灵活性,更高的创造力。语言加工是有意识的功能和行为,在语言习得过程中多语学习者使用特定的潜意识对信息进行加工,从而使得相应认知能力得到提升。同时,多语者在特定社会场景下利用监控机制以确保使用合适的语言进行交际,这种有意识的语言管理行为使多语学习者发展出更高的认识灵活度与创造性。第三,学习者在多语学习过程中会涌现出有别于单语者的特定属性,如更强的元语言或者元认知能力。这些属性使得学习者能够更加高效地学习语言。Herdina 和 Jessner(2002)将以上这些多语者在多语学习过程中涌现出来的特质,如语言学习技能、语言管理技能等,统称为 M -因素,是多语系统特有的一些属性,是多语系统发展过程中各语言系统交互作用下涌现的一种功能或元系统,能在三语习得中引起催化效应。

　　DMM 的提出旨在实现五个目标(Herdina & Jessner, 2002):第一,试图在二语习得研究和多语制研究之间搭起一个桥梁。第二,通过 DMM 对多语系统的表述来指出将来的语言习得研究应超越两门语言之间的接触,应专注于三语制或其他形式的整体多语系统的发展。第三,克服多语研究中存在的单语思维先入之见,建立多语研究独立的理论基础。第四,在充分考虑影响多语习得各种因素的基础上,为多语发展提供一个能够预测多语发展的科学方法。第五,为多语研究提供一个更具有解释力的多语制理论,研究者可以基于此模型以及实证数据对多语学习提供预测,并理解多语系统发展的动态模式。

　　然而,需要指出的是,DMM 尽管吸取了一定的复杂动态系统理论观点,但是仍然受到单语视角的影响,包括对多语者劣势的总结,将语言系统看作具有边界的系统,单纯从心理语言学视角解读多语言发展。随着近年来多语研究的推进,人们也日益意识到了多语发展是一个心理语言和社会文化并重的过程。

(二) 聚焦多语制(Focus on Multilingualism, FoM)

　　聚焦多语制(以下简称 FoM)是 Cenoz 和 Gorter(2011, 2014, 2015)提出的用于研究多语习得的方法论框架。FoM 主要从三个方面关注三语习得和三语教育,分别是多语学习者个体、多语学习者整体语言库存及多语学习的社会情境。

第一,多语学习者个体。传统语言习得与双语制研究常把多语学习者个体与目标语单语者进行对比,然而这种对比实际上并不合适,因为多语者具有的能力可以看作多语能力,这种多语能力不同于普通的语言能力(Cook, 1991; Grosjean, 1998)。Cenoz 和 Gorter 支持 Herdina 和 Jessner(2002)关于多语学习者个体优势的论点,并提出二语学习者和双语者不同于单语者,双语者和多语者在学习新语言的过程中发展了一系列新技能,如更高的元语言意识、语言管理技能等。Herdina 与 Jessner(2002)将其称为多语学习中的 M -因素,Cook(1992)将其称为"多语复合能力",而这些新技能或者能力是单语者所不具备的。因此研究中不能用评判单语者的标准来衡量他们的语言(Cenoz, 2019),FoM 主张关注不同类别的多语学习者,考察学习第三门语言的双语学习者,以及他们语言库存中所有语言之间的流动性,通过聚焦于多语使用者本身来取得对三语学习者这一群体更深层次的理解。

第二,多语学习者整体语言库存。传统二语习得与双/多语制研究受单语思维影响,往往一次只关注一门语言的学习与发展。尽管某些聚焦于三语习得的研究联合了双语制研究和附加语言习得研究的结果,如在学习附加语言时双语者相较于单语者享有一定的认知优势,但是这类研究只是把双语制作为影响三语习得的一个自变量,所以本质上还是采用了传统二语习得研究中的"单语视角"。同样,在多语教育领域,虽然多语学校以多语制为教育结果导向,但是这个过程中采用的方法却往往忽视了语言之间重要的关联作用(Cenoz & Gorter, 2011, 2014, 2015, 2021)。与之不同的是,FoM 认为各语言并不是相互独立存在的个体,强调采用整体观来看待多语学习者学习和使用的语言,并指出学习者多语系统中的语言存在关联性,因此 FoM 主张在开展研究、语言教学和语言评估时关注多语者的整体语言库存、各语言系统之间的交互影响关系,因此也更加接近语言学习和语言使用方式。

第三,多语学习社会情境。传统三语习得研究中鲜少提及社会层面的因素在三语习得中的作用,提及社会层面因素的研究也通常只是把社会因素作为分析和解释研究结果的背景因素而并非主要研究对象(Cenoz, 2019)。FoM 认为多语者在与社会环境的互动中建立多语能力。语言知识不仅仅是一种心理表征,双语制和多语制是一种交际实践和社会性的过程,是一种意识形态。多语个体利用语言资源参与社会交际,多语者在语言实践中去学习和使用语言,并在多语实践中构建多语者的自我身份意识,这一过程受到社会环境的塑造。因此

FoM认为分析双语制对于三语习得影响的时候,应该注重社会环境的重要性,需要突出三语怎样整合在多语者的语言实践中。

(三) 多语发展的整体性、复杂性和动态性

当学习者同时学习多种语言时,不同语言相互影响,形成更复杂的多语动态系统(Herdina & Jessner, 2002)。因此,多语者的二语和三语系统也存在全面联结性,大量的跨语言迁移证据(Jarvis & Pavlenko, 2008;蔡金亭,2021)均已揭示了这个多语系统内部交互与关联。在Cenoz和Gorter提出"聚焦多语制"的方法论之前,研究多语制的大部分模型都由心理语言学观点发展而来。三语习得研究往往充当了二语习得和双语制研究的桥梁,因此在研究三语习得的时候,既可以借用二语习得的模型,也可以借用双语制的模型(Jessner, 2008b)。然而,以上介绍的DMM模型和FoM模型都将多语学习和发展视为独立的研究对象,努力拓展其研究空间。更重要的是,这两个模型都汲取了复杂动态系统理论的基本观点,进一步佐证了多语发展的整体性、复杂性和动态性。

1. 多语系统的整体性

DMM模型和FoM模型都强调多语系统的整体性。Grosjean(1998)的双语整体观和Cook(1991, 1999)的多语复合能力,这些观点都将多语能力视作整体系统,各个语言并非独立存在,而是整合在一个整体系统之下互相关联的子系统。整体观的研究方法认为:整体大于部分之和;整体决定了部分的性质;脱离整体来孤立看待部分会导致理解偏差;部分之间处于动态依存的状态。

DMM虽然受到Grosjean与Cook的整体性观点的影响,但是两者却有着细微的差别(Herdina & Jessner, 2002)。Herdina & Jessner(2002)把Grosjean与Cook的多语制观点称为"整体性的观点"(holistic view),而DMM采用的观点为"功能整体性的观点"。"整体性"倾向于将观察到的现象视为一个完整的整体,而不仅仅是其部分,"功能整体性"指的是一种特定的理论立场,这个立场假设系统是一个整体,这个整体由不同的部分构成,但同时整体又具有高于各部分相加的功能与属性。DMM采用功能整体性方法来研究多语制。虽然DMM认为不能用单语标准来衡量多语者,也不能简单地用扩展的单语习得模型来解释多语制,但DMM也声称多语制所涉及的语言系统可以被解释为单独的子系统。多语种的说话者也这样认为他们拥有不同的独立的语言,尽管他/她可能承认在实践中难以完全将各语言分开。这就意味着,一方面,DMM是分离的或模块化的,将所涉及的语言系统和因素解释为单独的模块;但另一方面,DMM也认为各语言子系统组成了一个完整的系统,我们称为多语言的复杂动态系统,在这个

多语复杂动态系统中,各个子系统相互作用、相互影响。

特别需要指出的是,多语系统"整体观"的另一层含义便是"语言边界模糊化"(softening boundaries between languages, Cenoz & Gorter, 2015:4)。语言分化的意识根植于语言直接教学法的教育理念和教学实践,这种教学法对语言之间的互译和语言之间的互动避之不谈。在这种教学法主导的课程体系下,把语言学习者学习的目标语言与母语分开来的观点十分盛行。因此在教学实践中只能使用目标语言,并且要尽量避免两种语言的相互干扰(Cenoz & Gorter, 2015)。在这种深受单语意识影响的教学环境下,教学主要以教师为中心,虽然互动是教学活动的一部分,但是这种教学方法却很少提供互动的机会,教师和学生在课堂上只能使用指定的语言进行互动。然而,对课堂上多语实践的研究表明,尽管存在限制,学生和教师都在一定程度上使用了他们的各种语言资源(Li & Martin, 2009)。近年来,应用语言学界越来越多的学者建议应当模糊语言之间的严格边界(Li Wei, 2018),其中一个策略便是在学习第二门语言或者附加语言的时候把学习者的第一语言作为资源,特别是在目标语言作为教学语言且学习任务较为复杂的时候,允许学习者将其第一语言作为学习资源以辅助目标语言的学习。

2. 多语系统的复杂性

尽管 FoM 并未明确宣称是一个复杂动态系统理论的模型,但是动态系统理论的一些概念为 FoM 提供了灵感,比如"联结增长点"(connected growers)。语言学习会涉及一系列的认知过程,这些认知过程不会因语言而异。学习一门语言的同时,多语学习者会习得一些语言学习的经验总结或者策略,这些经验总结和策略也会帮助学习者学习另外一门语言(Cenoz & Gorter, 2014)。因此,FoM主张多语者或多语学习者使用的各种语言互为"联合增长项"。从这一角度出发,FoM揭示了发展过程中各语言系统之间的相互联结性,这便于我们观察各语言系统之间的交互性和动态性。多语发展是复杂且动态的,而 FoM 能够帮助我们理解多语制的复杂性和动态性,特别是多语教育场景下学习者如何习得多门语言(Cenoz & Gorter, 2011)。

多语系统的复杂性也体现在多语发展的社会文化特性上。近年来,应用语言学及相关领域(如社会语言学、语言人类学)的最新观点均对索绪尔的传统结构主义观点提出挑战,将语言重新定义为一种实践,提出语言是一种在特定社会和文化背景下涌现的行动形式(Canagarajah, 2013; García, 2009; García & Li Wei, 2014; Li Wei, 2018)。语言行为既基于语言互动的微环境,又具有超越情境的属性,能将人和情境与文化历史传统,及其相关规范联系起来。因此,语言不是脱离实体的抽象形式,而是一种巧妙的价值化和语境化的活动,语言通过借鉴和连接各社群的文化传统,可以超越空间和时间的限制(Thibault, 2011)。

与复杂动态系统理论观点一致,多语能力发展内嵌在具体的时空体中。使用多语进行交际不仅意味着掌握固定的语法规则或词汇,还意味着在不同的语境中恰当地使用各语言。多语者根据交际的目的单独或混合使用不同的语言,而不是在所有情况下都只使用一种语言(Cenoz & Gorter, 2014)。多语使用者在参与真实社会环境中的语言实践的同时使用并习得语言,并在交际互动中反过来塑造这种交际环境。交际发生的语境至关重要,因为语言并不是一个现成的、固定的语码等待人们使用,相反,语言是被创造的,是使用者根据现时现地的交际需求顺化各类语言和非语言的资源产生的使用——从本质上说,这就是复杂动态系统的"软组装"观点(Larsen-Freeman & Cameron, 2008a)。多语者在学习过程中也使用多语,在这个过程中仅仅习得正确的语言心理表征是不够的,学习者需要获得相应的沟通技能和交际能力,才能被认定为某个语言实践群体的合格成员(Kramsch & Whiteside, 2007)。因此,多语学习和发展离不开其发生的社会文化环境。

复杂的多语系统的情境性也对研究方法提出了更高的要求。传统上来说,对多语能力的研究常常取语言能力发展的静态截面,聚焦语言系统本身,比如会考察二语对三语的影响或者三语对二语的逆向影响(Cook, 2003)。然而,多语系统的复杂情境性改变了传统的研究方法范式。Li Wei(2011)指出多语制中的语言学研究的重点应放在多语使用个体在社会互动语境中的创造性、批判性语言实践上。例如,瞬时分析(moment analysis)这一创新的研究方法着重关注社会互动的背景以何种形式影响双方互动的形式、轨迹、内容或者特征(Li Wei & Zhu Hua, 2013)。完整地解读一种语言实践离不开对这个语言实践发生的社会政治语境的理解。换言之,人们对语言的认识不能脱离他们对人际关系和人类社会互动的认识,这些认识包括历史、使用语境,以及特定社会建构语言的情感和象征价值(Li, 2018)。

3. 多语系统的动态性

多语系统内部不同语言相互联结互动,与外部的社会情境也不断发生各种交互,这便赋予了多语系统的动态性。多语系统的发展具有高度的可变性,这是由于多语系统的发展依赖于社会因素、心理语言因素、个体等,以及不同形式的语言学习场景(Jessner, 2008b)。多语者在不同多语情境中学习和使用多种语言,本质上可以归纳为"成为多语者"和"作为多语者"两个过程。不论是"成为多语者"还是

"作为多语者",这都是一个动态的过程,这两个过程在发展中必然会有交互(Cenoz & Gorter, 2015)。Herdina & Jessner(2002)指出DMM认为多语系统的发展随时间而变化,具有非线性、可逆性(表现为语言磨蚀或语言丧失等形式)。

DMM中的一些重要概念,如M-因素等,从心理语言学层面上为多语能力发展的动态性提供了解释。DMM提出语言能力水平并不是一个静止不变的状态,语言发展也并非一个匀速的过程。这与Meara(2006)很早便提出的词汇发展的S形曲线相互应和。语言发展很可能是一个前慢后快再慢的过程,恰恰体现了系统的特性,以及与环境的交互作用(de Bot, 2015; Larsen-Freeman & Cameron, 2008a)。前期系统发展较慢,是因为系统还需要从环境的给养中积蓄能量,甚至需要储存一部分无关的信息。一旦能量或资源积蓄完备,便会经历一个爆发期。到最后的平台期则是因为环境能够给予的输入有限,即Van Geert所指的有机体的能力上限(the carrying capacity of an organism to learn)(Van Geert, 2008)。DMM模型中提出的M-因素为观察到的多语能力非匀速发展提供了一个可能的解释。恰恰是因为M-因素的存在,能够有效协调多语系统下属各自子系统的资源,利用"联结生长点"推动多语系统的更快重组,从而促进多语能力的发展。由此可见,DMM提倡采用动态且全面的视角去研究多语发展。多语能力的发展在丰富学习者个体语言系统的同时也改变了其性质,因为在此过程中多语者整体系统在不断调整自身以适应新的语言环境和交际需求。这一系列变化导致多语者的整体库存产生了语言学习技能、语言管理技能和语言维持技能等新技能。

尽管学界已经意识到了多语系统具有复杂性、动态性,多语能力发展是一个复杂动态系统过程,但是真正从复杂动态系统角度展开的多语发展研究还非常有限。复杂动态系统理论在多语发展研究中更多还是一个隐喻,如何将其重要的理论概念与研究设计、实证数据有机结合,本章试图作出一些初步回答。下节将汇报一个实证研究,从复杂动态系统理论视角出发,对比分析双外语学习者和单外语学习者一学年间第一外语(英语)书面语句法复杂度发展水平和发展动态过程,考察双外语学习对学习者第一外语的发展有何影响。

三、双外语发展的复杂动态系统研究

当今世界,在非英语环境中推进多语教育通常与英语教育并行展开。双语/多语研究者大多关注已有语言知识或学习经验对附加语言学习产生的影响。然而,新学习的语言如何影响已有的、尚处于发展阶段中的语言系统,目前学界对此研究十分有限。目前已有的相关研究考察了双外语学习对于第一外语写作能力水平发展的影响,但写作能力水平由主观评分来衡量。由于写作水平受到多方因素影响,需要更加客观的语言指标衡量书面语发展。句法复杂度衡量二语发展的研究已较为成熟,因此本节汇报的研究从句法复杂度的角度切入,对比双外语学习者和单外语学习者的第一外语(英语)书面语句法复杂度这一客观语言形式指标上的发展模式的异同,并从复杂动态系统理论的角度探析双外语学习对第一外语学习产生的影响。

(一)多语发展中二语和三语的交互影响

学习者已有的语言知识或学习经验是否对三语或附加语言的学习产生影响,这是多语习得领域的一个核心议题(de Bot, 2012;蔡金亭, 2021)。现有研究从元语言意识、语言学习策略等方面证明了二语学习经验对三语学习具有促进作用(Grey, Sanz, Morgan-Short, & Ullman, 2018)。相较于单语学生,双语学生在学习附加语言时更有优势(Schepens, van der Slik, & van Hout, 2016),这些优势可能源于更强的元语言意识、更高效的语言学习策略或更高的语言学能(Grenfell & Harris, 2015;Swain, 1995)。简言之,学习者已有的语言学习经验能够促进三语学习。此外,多语迁移研究也注重已有语言在三语习得中词汇、语法和概念等层面的迁移(蔡金亭, 2022)。然而,学习新的语言是否会反向影响学习者已有的语言体系发展,且以何种方式影响已有语言体系的发展,学界尚未达成共识。

Herdina 和 Jessner(2002)指出,学习者多语动态系统的发展不仅包括新语言的发展,还包括整个语言系统的重组。因此,三语学习对学习者已有语言系统的逆向影响已引起关注,实证研究主要集中在心理语言学中的词汇激活和加工、语音习得和发展等方面(Amaro, 2017;Forcelini & Sunderman, 2020)。然而,已有研究大多采用一次性数据收集,少有历时追踪三语学习如何影响二语发展的动态过程的研究。仅有的几项历时研究主要从多语学习者认知能力发展和写作水平发展两方面展开(T. Huang et al., 2022;T. Huang et al., 2020, 2021a)。就认知能力发展而言,Huang et al. (2022)跟踪对比了中国某高校"英语+俄语"双外语学习者和英语单外语学习者工作记忆和语言学能在一个学年间的发展,发现双外语组在工作记忆容量上的增幅显著高于单外语组。此外,双外语组的英语学习动机显著高于单外语组且更稳定(T. Huang et al., 2021a)。与此同时,以上研究表明,双外语学习促进了学习者内部认知资源的发展,三语学习对二语发展的反向促进作用同样成立。同时,研究也表明双外语学习者的英语写作流利度表现出更高波动性,但写作能力发展水平与单外语学习者相当(T. Huang et al., 2020)。另一项追踪单外语组和双外语组学习者多语动机的研究(T. Huang et al., 2021a)。结果表明,双外语组学生(同时学习英语和一门非英语)的英语学习动机高于单外语组(仅学习一门英语)。此外,双外语组学生的两种语言的学习动机随着时间推移产生交互,由此可见学习者的动机系统也经历了重组并与环境产生了适应。综合推论,尽管双外语学习负担较重,但并不会阻碍第一外语写作能力水平发展。然而,已有研究中,写作能力水平采用主观评分方式测量,考虑到写作水平受到多方因素的影响,中国学习者多语系统的语言形式发展特点亟待深入探究。[①]

(二)研究设计

研究立足复杂动态系统理论,对比分析双外语学习者和单外语学习者一学年内第一外语书面语句法复杂度发展,回答以下两个研究问题:

(1)两组学习者各句法复杂度指标的发展水平具有何种差异?

(2)两组学习者各句法复杂度指标的发展变异度具有何种差异?

针对以上研究问题,本研究对 45 名中国外语专业大学一年级学生的英语书面语展开为期一学年的历时追踪。受试分别来自英语专业英俄方向和英语专业两个学习组。英俄方向的学生在学习英语之外还学习俄语,为双外语组;英语专业的学生只学习英语,为单外语组。通过使用前后测和历时观察的方法,本研究对比分析了两组学生句法复杂度的发展水平和发展过程中的变异度。

表 8.1　双外语和单外语学习者句法复杂度对比研究的动态集成

操作考量	1. 系统:双外语和单外语组学习者的书面语句法复杂度 2. 颗粒度层次:系统发展以"学年"为单位,数据层级是个体学习者的句法复杂度指标
情境考量	1. 情境:中国大学生的单外语(英语专业)英语课堂学习环境和双外语(英语＋俄语)学习环境,考虑到了情境因素对句法复杂度发展的影响 2. 系统网络:考察群体层面的发展
宏观系统考量	1. 动态过程:使用 SDd 计算句法复杂度发展过程中的变异度 2. 涌现结果:双外语组和单外语组在第一外语书面语的句法复杂度发展模式
微观结构考量	1. 成分:句法复杂度指标 2. 互动:不同语言系统之间的关联互动 3. 参数:考察学习情境(双外语学习 vs.单外语学习)对句法复杂度发展的影响

[①]　本节内容基于笔者团队 2022 年发表在《现代外语》的文章(黄婷 & 郑咏滟,2022),本章写作时笔者作了删改,特此说明。

1. 参与者

所有参与者具有 9 到 10 年的课堂英语学习经验,两组学生入学录取分数线一致。单外语组(N＝23 人)只学习英语,双外语组(N＝22 人)在进校时为俄语零基础学生,在学习英语的同时学习俄语。在观察期内,两组学生的英语课程内容和课时相同(16 小时/周)。双外语学习者的俄语课时为 8 小时/周。两组学生由同一位大学综合英语教师授课,控制了教师教学方法可能产生的影响。

2. 数据收集与处理

本研究使用的写作任务为综合大学英语每单元课后不限时的写作练习。为了配合大学英语学习进度且不给受试增加额外负担,本研究并未单独布置写作任务。写作任务包括记叙文 3 篇、说明文 4 篇、议论文 5 篇,按照由简到难循序依次展开。写作数据每三周收集一次,共 12 次。45 位受试最终共产出篇均长为 240 个词的写作文本,共 540 篇,总计 13 万单词。

本研究使用 L2SCA 句法复杂度分析器(Lu, 2011)对写作语料进行标注和分析。L2SCA 句法复杂度分析器可以标注单位长度、整体句子复杂度、从属结构数量、并列结构数量和短语结构这 5 类共 14 个指标。然而,以往研究多剔除了整体句子复杂度指标(C_S)、句子中 T 单位数量指标(T_S)、T 单位中的动词短语数量(VP_T)、T 单位中的子句数量(C_T),以及复杂 T 单位比率(CT_T)这 5 个指标(Lu, 2011; Lu & Ai, 2015)。由于后两者属于从属结构类指标,且此类指标在测量句法复杂度时通常被赋予更高权重(Bulté & Housen, 2012),因此本研究保留了这两项指标。最终采用单位长度、从属结构、并列结构和短语结构四类指标,且每类各保留 2 个指标,共计 8 个指标(详见表 8.2)。

表 8.2　句法复杂度测量指标一览

类　　别	指 标 代 码	指 标 含 义
单位长度类指标	MLC	子句平均长度
	MLT	T 单位平均长度
并列结构类指标	CP_C	从句中并列短语数量
	CP_T	T 单位中的并列短语数量

类　　别	指标代码	指标含义
从属结构类指标	CT_T	复杂 T 单位比率
	DC_T	T 单位的从属子句数量
短语结构类指标	CN_C	子句中复杂名词性短语数量
	CN_T	T 单位中复杂名词短语数量

3. 数据分析

本研究选取发展水平与发展动态过程两个方面来考察双外语学习对第一外语发展的影响。由于系统的发展并非匀速线性,变异度也具有阶段性(Huang et al., 2020),因此在数据分析中纳入三个时间维度:整个观察期(所有 12 个数据点)、前半段观察期(前 6 个数据点)和后半段观察期(后 6 个数据点)。本研究涉及的主要变量有:

(1) 前测和后测分数:前测分数由各时间段前两次分数的均值表示,后测分数由各时间段内后两次分数的均值表示。

(2) 发展水平:由后测分数表示。

(3) 发展变异度:具体对变异度的讨论详见第五章内容,此处不再赘述。考虑到 SDd 计算的变异度能够将时间因素纳入考量,本研究继续使用 SDd 来表示变异度。SDd 指的是各个数据点的差数之间的标准差,其中各个数据点的差数由前一个数据点的差数加上该数据点数值与整体数列的均数之差而得,表达式为 $d_1 = \chi_1 - \bar{\chi}$, $d_2 = d_1 + (\chi_2 - \bar{\chi})$,以此类推,$d_i = d_{i-1} + (\chi_i - \bar{\chi})$ (Taylor, 2000)。关于变异度计算指标的讨论,可以参看第四章的详细讨论。

(三) 研究结果

1. 单外语组与双外语组一学年的发展水平相当

为确保两组学习者句法复杂度起始水平相当,我们采用独立样本 t 检验(或非参数 Mann-Whitney U 检验)对比分析了两组学生在各指标上的初始状态。结果显示两组学生无显著差异,表明他们句法复杂度起始水平相同。研究问题(1)旨在考察两组学习者句法复杂度发展水平是否相当。我们采用了协方差分析(ANCOVA)对比两组学习者在各指标上的发展水平。因变量为后测分数,固定变量为组别,协变量为前测分数。协方差分析结果显示,两组学习者在 8 个指标的发展水平上无显著差异(详见表8.3),表明双外语组在各句法复杂度指标上取得的进步与单外语组一致。

表 8.3　一学年句法复杂度各指标协方差分析

各指标	双外语组后测成绩		单外语组后测成绩		协方差分析	
	观测均值 (SD)	调整均值 (SE)	观测均值 (SD)	调整均值 (SE)	$F(1, 42)$	p
MLT	15.01(2.75)	14.85(0.52)	15.25(2.51)	15.41(0.51)	0.59	0.45
MLC	10.02(1.52)	10.00(0.29)	9.92(1.18)	9.95(0.28)	0.02	0.9
DC_T	0.49(0.15)	0.49(0.33)	0.54(0.16)	0.55(0.03)	1.33	0.26
CT_T	0.37(0.09)	0.37(0.02)	0.42(0.08)	0.42(0.02)	3.62	0.06
CP_T	0.40(0.18)	0.40(0.03)	0.44(0.14)	0.45(0.03)	0.95	0.34
CP_C	0.27(0.12)	0.27(0.02)	0.29(0.08)	0.29(0.02)	0.7	0.41
CN_T	1.69(0.46)	1.65(0.08)	1.68(0.31)	1.71(0.08)	0.3	0.59
CN_C	1.12(0.26)	1.12(0.05)	1.09(0.16)	1.10(0.05)	0.03	0.86

进一步分析发现,整个观察期的协方差分析结果中,两组学习者在 CT_T 指标上的差异接近显著性($F[1, 42]=3.62$, $p=.064$)。我们将数据分为前后两段进一步计算,前半段观察期内两组学生无显著差异,但在后半段观察期中产生显著差异。双外语组[$M(SE)=0.37(0.02)$]在观察期的后半段从属类结构使用量显著低于单外语组[$M(SE)=0.42(0.02)$]:$F[1, 42]=8.58$, $p=.005$,效应值$=0.17$,且不受初始水平的影响。

2. 双外语组的变异度大于单外语组

研究问题(2)旨在考察两组学习者发展动态过程中的变异度是否相当。我们首先计算了两组学习者在各观察期内 8 个句法复杂度指标的 SDd 值,然后采用独立样本 t 检验对两组学习者各指标的 SDd 值展开对比分析。分析结果显示,两组学习者仅在从属结构的两个指标(CT_T 和 DC_T)的变异度存在显著差异,双外语组的变异度大于单外语组,效应值达到中等水平($0.30 \leqslant r < 0.50$)。详见表 8.4。

表8.4　一学年句法复杂度各指标变异度及差异比较

	平均数 M(标准误差 SE)		t/U 值	sig 值	效应值 (r)
	单外语(N=23)	双外语(N=22)	df=43		
MLT	2.64(0.22)	3.13(0.33)	1.25	0.22	/
MLC	1.34(0.09)	1.48(0.14)	♯244.00	0.84	/
CP_T	0.16(0.01)	0.17(0.01)	0.89	0.38	/
CP_C	0.11(0.01)	0.11(0.01)	0.13	0.90	/
CN_T	0.53(0.37)	0.57(0.06)	0.60	0.56	/
CN_C	0.30(0.02)	0.29(0.03)	0.02	0.98	/
CT-T	0.13(0.01)	0.15(0.01)	2.07*	.045	0.30
DC-T	0.21(0.01)	0.28(0.02)	2.82**	.007	0.40

* $p < 0.05$；** $p < 0.01$

考虑到变异的发展阶段性,首先取前半段观察期(1—6 次)为时间单位,结果显示两组学习者在所有指标的变异度上均未出现显著差异。再取后半段观察期(7—12 次)为时间单位,两组学习者在从属结构的两个指标上有显著差异,双外语组的变异度均高于单外语组:CT_T: $t(df=43)=2.29$, $p<0.05$,效应值=0.33;DC_T: $t(df=43)=2.60$, $p<0.01$,效应值=0.37。这一结果与整个观察期为单位的分析结果一致,表明整个观察期表现出的从属类结构的变异度差异来自于后半段发展,呈现出先平稳后波动的态势。结合表8.3结果可知,双外语组在从属类句法结构的使用明显减少,且波动幅度更高。这也说明,双外语组的语言能力发展具有前稳后急的特性,并非匀速前进。

(四) 复杂动态系统理论视角下的双外语发展

本研究考察双外语学习者和单外语学习者书面语句法复杂度的发展水平和动态过程,结果发现:(1) 两组学习者的句法复杂度发展水平总体相当,但是在发展的后半段,双外语组的从属结构类指标 CT_T 的数值显著低于单外语组;(2) 双外语组在从属结构类的两个指标上的发展变异度显著高于单外语学习者,且该差异来自于发展后半段。以下将从复杂动态系统理论角度展开讨论。

1. 双外语组与单外语组的句法复杂度发展

纵观整个学年,两组学习者在句法复杂度各指标上的发展水平总体相当,双外语组在第一外语英语的句法复杂度发展并未落后于仅仅学习英语的单外语组学习者。双外语学习是否会对第一外语学习产生负面影响,一直是外语教师和相关决策者存有疑虑的问题。本研究表明,虽然双外语学习者在学习时间和精力上负担较重,但这并没有阻碍其第一外语书面语的发展,与前期研究结果一致(Huang et al., 2020)。Huang 等(2020)之前追踪了双外语组和单外语组的写作流利度,结果发现双外语组学习者的二语写作总体发展水平与单外语组的二语英语写作总体水平相当,但是双外语组学生的写作流利度方面展现出更高程度的变异性。不过,由于该研究采用的是主观评分方式(CAFIC 评分系统,详见第五章介绍),考虑到写作水平受到多方因素的影响(张晓鹏 & 李雯雯,2022),本研究从句法复杂度这一客观衡量的指标提供了新的佐证。

多语系统发展与单语系统本质不同(de Bot et al., 2007),双外语学习并不是简单地将两门外语叠加。上文提及,主流的多语发展模型(包括 DMM 模型或者 FoM 模型)都强调语言能力的整体性,传统二语习得和三语习得中持有的"单语视角"不再适合。从单语视角来看,由于两种语言系统互不干涉,那么两种语言系统势必竞争有限的资源,造成一种"此消彼长"的状态。学了两门外语会造成精力分散、学习资源被摊薄,因此学习第二外语会影响第一外语,这样的观点从本质上来说是"单语视角"的必然逻辑推论。然而,一旦我们能够摒弃单语视角,采用多语制的整体观来看待多语言发展的过程,那么将得出全然不同的结论。

本研究的结果实际上挑战了 DMM 的相关观点。DMM 认为,即使是在相同教育背景下且付出同等精力与时间的情况下,多语学习者的各语言形式很可能逊色于相应的单语者,特别是学习资源有限导致多语学习者没有足够的精力与时间去维持多语系统中的所有语言(Herdina & Jessner, 2002)。但是,这种观点仍旧带有"单语视角",在现阶段看来或许已经不再适用,特别是本研究结果的发现恰恰相反。这些不一致之处需要使用更完整的复杂动态系统理论来解释。

复杂动态系统理论认为,多语系统的发展依赖于内部和外部资源。内部资源包括学习者个体差异,如元语言知识、记忆水平、学习动机,以及学习者已有的语言库存等;外部资源包括社会环境、语言学习时间、语言教学的类型和模式等(de Bot & Larsen-Freeman, 2011; Van Geert, 2003)。人类学习新技能的可用资源是有限的(van Geert 1991),资源有限性引起子系统之间的竞争,导致子系统出现迥然不同的发展模式(de Bot & Larsen-Freeman, 2011);系统内部各子系统在不同维度不断互动,系统也具有自组性,因而系统的发展呈现出非线性(de

Bot et al., 2007)。

双外语学习者构建了更复杂的多语动态系统,能够调配不同的资源,达成资源协同。FoM 模型认为各语言并不是相互独立存在的个体,强调采用整体观来看待多语学习者学习和使用的语言。更因为各语言并不是独立存在的个体,所以具有"一加一大于二"的整体性特征。语言学习依赖于与之匹配的内部认知资源和外部学习资源(de Bot & Larsen-Freeman, 2011; Van Geert, 2003),这些资源相互联结,共同构建了学习者个体的"认知生态系统"(de Bot et al., 2007:12)。鉴于资源有限,语言学习者在特定时间内只能将认知资源优先分配给某个子系统,不可避免地引起各子系统的竞争。然而,很多情况下我们或许过于聚焦子系统之间的竞争性,反而忽略了系统资源同时具有互补性。例如,更高的动机水平能弥补学能上的劣势,反之亦然(de Bot & Larsen-Freeman, 2011; de Bot et al., 2007)。由此可以推论,双外语学习者拥有的各语言子系统相互联结,共享学习者内部和外部资源。

进一步说,双外语学习者在同时学习两门外语的过程中逐渐构建了特有的复杂多语生态系统。因此,双外语学习者在学习过程中或许更能积极调动内部资源优势,实现资源灵活配置,弥补双外语学习在时间和精力方面的不足(Herdina & Jessner, 2002)。换言之,在整体的多语复杂动态系统中,第一外语和第二外语之间共享资源,能够通过某种机制达成"协调结构"。从这个角度上说,第二外语学习可以"反哺"第一外语学习。因此,尽管外部资源(比如学习时间)有限,本研究中双外语组的第一外语句法复杂度发展水平和单外语组持平。由此推论,在双外语学习过程中,学习者内部认知资源并非静止不变;相反,内部认知资源与外部资源,以及资源之间的关系都处于复杂变化中,这种不断变化的关系正是解释学习者多语发展模式的关键(Larsen-Freeman, 2007)。

DMM 提出在多语学习过程中能够涌现出一种统称为 M-因素的多语系统特有属性,是各语言系统交互作用下涌现的一种功能或元系统,能在多语发展过程中引起催化效应。本研究结果也体现了 M-因素的潜在影响。虽然双外语学习组的学生需要额外花费 8 个小时的时间,从零开始学习俄语,但是他们的英语并没有受到阻滞。可以推断,很可能其中存在了 M-因素的影响机制,尽管本研究中并没有明确表明这种 M-因素究竟是什么。前期的系列研究结果或许能够给出解答。Huang 等(2022)发现双外语学习者比单外语学习者拥有更高的工作记忆容量,语言学能也相应增强。他们的发现说明,语言学习经历本身也会影响个体的认知因素。同时 Huang 等(2021b)也发现双外语组学生具有更强的二语学习动机等。因此,我们推断,通过密集的、高强度的双外语学习,双外语组学生锻炼了自身的认知能力,从而形成了一种 M-因素,而这个 M-因素很可能更优化地协调了多语系统中本该出现的资源竞争,而使得系统的资源进行了平衡调配。

2. 双外语学习者的波动变异性

本研究从变异的角度进一步揭示了复杂多语系统发展的特点。变异是动态系统的内在属性,也是透视语言发展过程的窗口,可视作系统变化的前兆,变化是学习的外显(Verspoor et al., 2021)。第四章已经详细论述,变异指的是发展过程中的个体内差异(intra-individual variation),反映动态系统发展路径的波动性。传统以量化研究为主的二语习得研究中,变异常被认为是测量误差,数据统计过程中作为"噪音"再被平均掉(Van Geert & Van Dijk, 2021);然而,复杂动态系统理论认为变异恰恰是动态系统的固有属性,其变化具有意义和系统性,能够作为传统二语习得常用的组间平均值方法的有益补充,为剖析语言发展背后的模式提供独特视角(Lowie & Verspoor, 2015, 2019; Van Geert & Van Dijk, 2021;于涵静 et al., 2022)。

系统的变异可视作系统跳跃性发展的前兆,对深入理解双语/多语发展路径具有重要作用。尽管现有实证研究数量有限,但是结果都发现变异度可以有效预测语言水平的变化幅度(T. Huang et al., 2021b; Lowie & Verspoor, 2019)。本研究的结果进一步揭示了双外语系统的波动和变异。结果发现,在后半段观察期内,双外语学习者的从属结构使用显著减少,变异度高于单外语学习者,说明在该阶段双外语学习者从属结构类子系统正经历更大幅度的振荡。基于并列结构-从属结构-短语类结构的"三段式"句法发展规律(Norris & Ortega, 2009),中级写作水平向高级写作水平的过渡往往表现为从属结构使用减少、名词性短语结构增多(Bulté & Housen, 2014)。

我们可从两个角度阐释这个结果。双外语学习者的第一外语系统中体现出的波动性可以视作第二外语学习的影响。诚然,这组学习者的两种外语学习处于不同阶段,他们的英语已经达到中高级水平,而第二外语俄语刚刚处于零起点到初级水平之间。从数据中很难侦测第二外语是否会对第一外语语言本体产生可辨的迁移影响。但是,研究揭示的双外语组学习者的第一外语句法复杂度变化幅度增大,则是不同于单外语学习者的第一外语系统。这是其中一个角度。从另一个角度说,本研究中双外语学习者在从属结构方面表现出的"脱稳"状态可视为变化的前兆(Lowie & Verspoor, 2015, 2019),表明从属结构子系统正经历重组,是句法复杂度阶段性发展过程中的一个积极现象。Verspoor & de Bot (2022)指出,即使初始状态相同,表现出更高变异度的学习者更有可能率先经历系统性变化。有理由推论,双外语组可能先于单外语组进入句法复杂度发展的第三阶段。

本研究发现,两组学习者变异度的显著差异出现在后半段观察期内,表明系统的变异度不是恒定的,而是随着系统发展而波动(Verspoor et al., 2021)。换句话说,双外语组的句法复杂度系统呈现出一种"逐渐加速"的趋势。同时,高变异度意味着学习者表现出更高的创造性(Lowie & Verspoor, 2019),双外语学习者相较于单外语学习者可能具有更高的突破自身局限的意愿,具有勇于挑战的习性(Huang et al., 2021a)。该结果和 Gui 等人(2021)的研究结果相似。他们的研究发现,中国英语学习者在学术阅读能力发展过程中呈现高变异度,很大程度是因为学习者自身更愿意尝试不同的阅读策略。因此,本研究中的双外语学习者或许也更勇于探索不同类型的复杂句法形式,调整从属结构,甚至有可能是受到俄语的逆向影响等。但这些尝试并不总能成功,所以他们的语言水平在这一阶段表现出更高的变异度。随着时间的推移,学习者能更娴熟、高效地使用高阶学习策略,由此变异度逐渐降低(Verspoor & de Bot, 2021),这种"不断尝试"恰恰是提升语言能力的一个重要途径。由此推测,如果观察期延长,双外语学习者的句法复杂度系统可能会早于单外语学习者出现阶段性跃升,进入下一个发展阶段。

四、本章小结

本章尝试将复杂动态系统理论的视角拓展到多语发展研究领域。首先,本章讨论了多语制、多语者和多语学习,介绍了多语发展的两个模型;其次,讨论了多语系统的整体性、复杂性和动态系统;最后通过一项实证研究考察了双外语学习者的句法发展。结果表明,同时学习两门外语不会阻碍第一外语书面语句法复杂度的发展。双外语学习者在同时学习两门外语的过程中能够形成自身特有的复杂认知生态系统,并调动、协同更丰富的认知资源。这些优势能从一定程度上弥补双外语学习消耗的时间和精力,从而兼顾两门外语的学习。此外,双外语学习者的从属类结构使用出现大幅度振荡,是进入下一发展阶段的前兆。

对比考察双外语学习和单外语学习环境下的句法复杂度发展的研究刚刚起步,本章汇报的实证研究仅仅是初步尝试。限于实际条件,本研究观察周期仅为一学年,观察范围限于第一外语书面语发展,特别缺乏对第二外语的语言能力评估。尽管如此,本研究从句法复杂度这一客观分析性指标的角度证明双外语学习能够"反哺"第一外语的发展。未来研究可以拉长观察周期,采用更多样的视角深入探索多语习得规律;如果条件允许,今后应该将第一外语和第二外语的产出同时纳入研究视野,更全面地考察双外语系统中的互动。同时,研究也应考虑学习者的个体差异,例如他们的多语动机、多语意识、多语信念等,这些维度的信息定能丰富复杂动态系统理论视角下的多语发展研究。

第九章　复杂动态系统理论的方法论

复杂动态系统理论甫一提出,便是一个旨在超越学科范式、打破学科边界、创造融合性新知识的理论视角。Larsen-Freeman(2012)早在十多年前就提出,复杂动态系统从根源上就是一个"超学科"的理论,"超学科"的路径能够帮助应用语言学研究从不同视角、不同语言、不同知识传统、不同情境等探索现实问题,因此是一种以问题为导向的研究范式。Larsen-Freeman(2017:14)近年又再次指出:

> 复杂理论从两个方面来说具有超学科性。首先,复杂理论对21世纪的学科高塔来说是一个重要的挑战(Byrne & Callaghan, 2014:3)。第二,它不仅仅超越了学科,它还引入了跨学科知识性主题,这些主题与以往引入的结构主义和进化论等同等重要。

Larsen-Freeman(2017)强调,复杂理论作为一个元理论,定义了对象的性质和应该研究这个对象的方法论体系。可以说,任何围绕复杂动态系统理论的讨论都无法也不应该规避方法论的问题。

复杂动态系统理论作为一个超学科理论,持有本体论和认识论倡导从还原论转向涌现论,从原子论转向整体论,从笛卡尔机械主义世界观转向关联性的生态观(Hiver, Al-Hoorie, & Larsen-Freeman, 2022)。尽管在社会科学领域,还原论、原子论、机械主义世界观在考察简单线性因果联系方面获得了巨大成功,但是一旦我们认识到研究对象是复杂系统,并试图洞察这些系统成分之间情境性的互动关联时,就需要另一套系统层面上的研究方法才能达成这些目的。正如Byrne和Callaghan(2014:8)所论:"世界的绝大部分,以及人类社会的绝大部分都是由复杂系统组成的,如果我们希望理解这个世界,就必须使用复杂论的观点。"正是出于这点考虑,在前几章详细讨论了复杂动态系统的关键概念在第二语言发展、多语能力发展和个体差异等领域的重要应用之后,有必要再次回到复杂动态系统理论的方法论。本章先讨论复杂动态系统理论的设计原则,再介绍从混合法到融合法设计的转向,最后通过介绍一个典型的融合法Q方法的使用步骤来展现复杂动态系统理论具体的方法应用。

一、设计原则

复杂动态系统理论秉持的复杂性、动态性、整体性、非线性、开放性等特点,都对研究方法提出了新的挑战。引言部分介绍了 Larsen-Freeman 和 Cameron(2008b)提出的复杂思维建模,以及 Hiver 和 Al-Hoorie(2016)提出的复杂系统动态集成的研究设计模板。但是这些建模还是偏向宏观的思考,可操作性还不够强。

Hilpert 和 Marchand 两位心理语言学家也是著名的复杂系统研究专家,他们近期在 "*Complex systems research in educational psychology：Aligning theory and method*"(2018)一文中主张,在开展复杂系统设计的时候有三个重要的概念视角: 时间密集(time-intensive)、关系密集(relation-intensive)、时间关系密集(time-relation intensive)。第一,时间密集型研究基于间隔紧密的时间点搜集的历时数据,推测系统行为。第二,关系密集型研究基于横截面数据识别个体或变量之间的关系结构。第三,结合时间密集型和关系密集型研究,时间关系密集型研究"利用紧密间隔,同时收集的元素内部变化和元素之间关系变化的观测数据,对系统行为进行推断"(Hilpert & Marchand, 2018: 192)。鉴于复杂动态系统研究刚刚发展的时候以个体历时研究设计为主,因此大多是第一类的时间密集型设计。但是,正如 Hilper 和 Marchand(2018)指出,复杂系统可以从更丰富的视角展开研究,除了探究系统的变化,识别系统的结构也是一个不可或缺的关键面向。考虑到这点,我们不仅要使用历时追踪手段开展时间密集型研究,也应该采用能够揭示互动的手段开展关系密集型研究。事实上,大量已有的从复杂动态系统理论视角开展的个体差异研究(Henry, 2017；Mercer, 2011b)都采用关系密集型的思路,揭示动机系统内部组成成分之间的关系结构。循着相同思路,Freeborn 等(2022)主张要用心理网络的方法开展关系密集型研究。本书第七章详细介绍了相关的网络研究方法,此处不再赘述。

为了进一步讨论相关的研究设计,笔者在 Hilpert 和 Marchand(2018)基础上,总结出在研究设计时应该考虑的三大重点关切: 时间流动、空间交互、反溯建模①。

(一) 时间流动

复杂动态系统的动态性体现在对时间流动性的重视。以往快照式的截面研

---

① 本节部分内容在《现代外语》2025 年第二期的《复杂动态系统理论视角下的二语研究前沿》一文发表,特此说明。

究并不能完全凸显出系统的动态轨迹,然而通过跟踪一组学习者的语言发展路线则有助于构建更全面的语言发展图景,揭示语言发展的规律。其中,二语发展研究最常采纳长期追踪的研究范式。第二章的综述回顾中,我们已经提到国内外实证研究大多采用个案追踪的范式,这恰恰折射出试验设计的追踪原则。Spoelman 与 Verspoor(2010)的研究可以说开创了方法论先河。他们追踪了一名荷兰大学生习得芬兰语的三年过程,其间收集了 54 次写作语料,并通过使用复杂动态系统理论特有方法(包括移动极大极小值、蒙特卡罗模拟等),分析了语料的词汇、词组、句法的准确性、复杂性发展,揭示了语言发展过程中个体内差别与发展轨迹的非线性特征。一类聚焦个案学习者语言特征的历时变化追踪(Baba & Nitta, 2014;B. Polat & Kim, 2014;Spoelman & Verspoor, 2010;于涵静 & 戴炜栋, 2019;于涵静 et al., 2022);另一类则使用日记、访谈等质性研究方法追踪个体学习者动机自我意识的动态变化(Feryok, 2010;Henry, Davydenko, & Dörnyei, 2015;Mercer, 2011a;Papi & Al-Hoorie, 2020;Sulis et al., 2021;Thompson, 2017;戴运财 & 于涵静, 2022;陶坚 & 高雪松, 2019;夏洋 & 申艳娇, 2021)。

　　特别需要指出的是,复杂动态系统理论视角下的历时追踪研究不同于传统二语发展的历时研究。传统二语学习研究也会采用历时设计,往往只是收集初次和末次的数据,之后再进行对比(纪小凌, 2009)。但是仅采取前后对比的方式,很容易忽略发展过程中的起伏。甚至有时候由于前后测的差别不大,研究者会得出学习者语言系统未能发展的结论,却忽略了潜在的波动趋势。因此,如果采用复杂动态系统理论的视角,我们不能仅仅考察起点与终点之间的发展趋势,因为语言波动折射出的个体变异性并不是传统定量研究范式所认为的“混乱的细节”,而是语言发展产生变化的重要标志(Verspoor et al., 2008)。由此可见,追踪原则与儿童发展领域倡导的微变化研究(micro-genetic approach)(Siegler, 2006)异曲同工。复杂动态系统理论指导下的追踪设计需要采用密集的数据点,能够描摹发展路径的特征。在已有的研究中,如果是以“年”作为时间单位的研究,通常数据收集会以“月”作为更小的单位,一般有 8—10 次数据采集点。当然,这并不是说少于 8 次数据采集点就不是复杂动态系统理论的研究,具体情况仍然需要具体分析,但是无论如何,只有两个数据点的前后测分析,这种只关注结果而忽略过程的做法已经不再适用。

　　复杂动态系统理论研究的追踪研究和传统的历时研究第二大差异在于前者强调不同的时间尺度(timescale)。de Bot(2015:31)指出,语言发展发生在若干个不同，但时有交互的时间尺度上：小到大脑活动的微秒，大到整个人生的数十年。因此，时间尺度指的是"发展过程的颗粒度"（the granularity of the developmental process）。我们可以采取宏观视角，截取生命历程中的一段时间进行考察，这就是常说的"时间窗口"（time windows）。因此，如果研究设计是追踪学习者一学年的书面语发展，并收集 12 次作文，那么时间窗口就是一年，而时间尺度则是月份。但是，需要指出的是，尽管为了研究的便利性，我们会截取一段时间作为时间窗口进行深入考察，但是一个时间尺度上的语言发展对另一个时间尺度上的发展过程也有影响，因此不同尺度上的发展都会交汇在一起，最终成为我们在某个选定的时间窗口中可观察到的系统行为表现。MacIntyre 和 Legatto（2011）通过使用一种个体动态法（idiodynamic method）的手段，以微秒为单位追踪了一堂课间 40 分钟内受试的交流意愿波动轨迹；另一项研究中，Waninge 等（2014）则使用了 motometer 这一创新工具测量短时动机波动。这两项研究考察微观时间尺度上主观性的变化，在方法上具有一定创新性。在质性研究方法上，Papi 与 Hiver（2020）采用了过程追踪法，描摹了 6 名伊朗学习者数十年的英语学习历程，特别强调了英语学习者长期的学习动机如何随着人生境遇的转换而起伏变化，Thompson（2017）也使用生命史研究方法，考察了两名非英语学习者长达二十年的学习经历，这都是在更长时间尺度的复杂动态系统研究实例。

　　总结来说，复杂动态系统理论研究在进行设计时应充分考虑系统的动态性，因此一般需要采用追踪原则。但是，这类研究的追踪设计不同于传统历时研究的前后测设计方法，强调使用密集的数据点捕捉发展路径的动态起伏；同时，还需要考虑不同的时间尺度，截取有意义的时间窗口进行细致研究。这里引用 de Bot（2015：36）对时间尺度选择提出的实际操作建议：

　　　　假设研究聚焦的时间尺度是 N，在 N 层上可能发生的活动，以及潜在的互动种类取决于下位层次，即 N−1 层的过程和参与者的种类，以及上位层次 N+1。N−1 层的过程构成了 N 层的过程，为 N 层的活动提供给养。因此，N 层产生的活动受到 N−1 层产生活动的限制，并影响到 N+1 层可能发生的变化。例如，如果我们考察的是 N 层的话语产出，那么在该层发生的活动则限制了 N−1 层次的活动，包括词汇选择和句法过程。而同时，N+1 层上发生的活动，比方说互动或独白的形式，则限制了 N 层可能产生的活动。因此，为了实际操作的目的，在真正研究的时候我们只需要考虑三个层次或时间尺度即可。

（二）空间交互

复杂动态系统理论强调"全面联结性"，可以从两个层次理解：一是系统与外部环境的交互，二是系统内部成分的交互。这两点指向了研究设计时需要注意的"空间交互"的重点关切。

第一层系统与外部环境的交互，强调在系统研究语言发展时特别需要关注认知环境、社会文化、客观物质环境对语言发展产生的共同影响。也就是说，应重视复杂系统与其外部环境的交互。研究设计中，如果仅使用凸显组间趋势的量化研究范式或会导致缺乏对多重环境的关照，也往往无法捕捉个体学习者语言发展方面的细微变化。因此，质性方法或量化-质性结合的混合法更能体现复杂动态系统倡导的"情境敏感"思路。在现有文献中，个案研究法、有声思维法、民族志式的访谈研究、刺激性回顾研究法与传统的定量研究、语料库方法有机结合，产出了丰富的研究成果。Baba 与 Nitta（2014）展开的 8 个月的个案研究聚焦日本英语学习者写作流利度发展，通过分析学生日志的质性数据，结合书面语篇分析，确认了学生写作流利度的质性跳跃与他们自身的动机、身份认同息息相关。Polat 与 Kim（2014）则使用了口语语料库的分析方法，辅以观察、访谈等民族志式的研究方法，诠释了自然二语环境中移民的语言发展为何呈现动态模式的可能原因。最近的研究中，Gui，Chen 和 Verspoor（2021）考察了学生学术英语阅读能力发展，使用阅读测试追踪学生的阅读能力发展路径，同时辅以半结构访谈以揭示学生在阅读中遭遇的困难，以及如何克服困难的阅读策略。不同的数据收集手段和语言能力测量指数有机结合，充分反映出了语言发展的情境性。

第二层系统内部成分的交互意味着在做研究设计时，需要联合考察语言系统的不同层面、不同种类的语言知识、语言能力与学习者自身特性，并观察是否存在协同效应。复杂动态系统内部组成部分在多维度上交互影响、全面联结，如果囿于单一的研究范畴，可能无法构建语言发展的全貌。这就要求我们首先在设计中涵盖多个变量，如结合语音、词汇、句法系统，结合二语与母语发展或双外语发展，结合学习者个体差异（例如动机和投入）与语言能力发展等，找出构成支持或竞争的参数，充分理解语言发展的特性。其次，在分析数据时，也应着重描述、剖析不同变量间共时与历时的相关性，充分体现复杂系统内部变量的互动。在已有的实证研究中大多都能够兼顾不同语言维度之间的交互作用。Spoelman与 Verspoor（2010）、Polat 与 Kim（2014）的两项个案研究均考察词汇与句法两个维度的准确性与复杂性，并发现两者在语言发展的某个阶段呈互相竞争的态势。Mercer（2011b）使用深度访谈、叙事研究的方法，刻画了能动性（agency）如何在动机、情感与自我调节三个维度不断交互、协商的过程中逐渐浮现。最近的一项研究中,周世瑶等(2025)考察了中国大学英语课堂学习投入(engagement)的个体和群体发展轨迹,而且为了揭示学习投入个体内变化的原因,探讨了环境因素之一——教师自主支持型激励风格与学生学习投入的动态交互作用。结果发现,学习投入因时而变,同时受到教师自主支持型激励风格的正面持续影响。教师的自主支持型激励风格的变化可以解释学习者个体内 43.06% 的学习投入变化。该结果进一步印证了郑咏滟(2019,2020a)的观点:复杂系统(学习投入)与环境(教师因素)存在持续的相互作用,且这种作用会随着时间变化,产生协同。

为了更好凸显复杂系统的空间交互,在研究中需要聚焦系统的互适过程和"软组装"。第二章"复杂动态视角下语言发展的关键概念"已经介绍了"软组装"这一概念——学习者有意识地使用语言资源回应交际压力,促成语言实践(Larsen-Freeman & Cameron, 2008b)。学习者的内在特征,包括动机、能动性、情感情绪等,并不是事先编入认知或情感系统的硬连接,而是学习者认知系统与语言系统、学习者自身与环境之间的互适,取决于现时现地的各类情境。从研究设计来看,这就需要研究者掌握多种研究方法和数据采集方法,不能仅使用传统的单一方法。比如采用问卷法考察学习者动机或情绪,如果仅仅采用一次性收集的数据,并不能完全呼应复杂动态系统理论蕴含的重点关切原则。

总之,复杂系统的思维方式反对将语言视作单一模块,强调语言从语素到语义再到语法乃至语篇各个层级之间的互动,语言系统内部、语言与外部环境之间都构成了有机的生态系统,与语言生态观不谋而合。

(三)反溯建模

在复杂动态系统中,由于多重因素复杂互动、系统自组,发展呈现非线性特征,所以我们很难按照传统的信息处理观点去预测发展的路径。基于此,有学者提出使用"反溯建模"(Retrodictive qualitative modelling)(Dörnyei, 2014)展开动态系统研究。本书引言部分已经对反溯建模的步骤作了一定介绍,此处结合研究设计进一步展开讨论。

不同于通常向前指向、以对不同变量进行预测(pre-diction)为目的的研究策略,反溯法提出以系统的现有状态为出发点逆向反溯(retro-diction),找出导致系统演变成这个结果的各类因素组合,从而建立质性模型。该原则对传统定量研究中的"还原论"(reductionism)倾向提出挑战,反对将多重变量逐一分解、简化后再构建预测性模型的思路。

反溯建模对复杂动态系统研究十分关键,因为它为群组研究提供了重要思路。早期的复杂动态系统研究多采用个案设计,尽管能体现个体变异性,但对系统的复杂性、尤其是群组特征的整体性把握不足。过度使用个案研究、过度强调变异性,可能会使人们错误地认为语言发展毫无规律可循,忽略了如何调和复杂系统中的个体差异与整体规律之间的矛盾。事实上,虽然每个学生均为不同个体,但作为教师,我们仍能对学生进行大致分类,这是因为有一些更高层次的心理原则能够超越种种繁复芜杂的个体差异,成为操纵动态系统发展的更高一层的参数(Dörnyei, 2014)。由于这类更高层次的参数往往不会在发展初期浮现,故需要通过反溯系统发展路径才能确认。

　　反溯建模特别适用于研究群体发展特征的整体浮现。Sampson(2015)是较早实施反溯建模的实证研究。该研究聚焦一个班级的学生在完成一个为期 6 周的学习项目之后整体动机模式的浮现过程。Sampson 首先从项目最后一次班级演讲入手,通过课堂观察、学生日志等手段确认了全班学生中存在的三种动机模式,并加以总结关键特征,再回溯整个 6 周过程中这三种动机模式是如何通过学生信念、学习策略与课堂环境的互动浮现出来,最后再从复杂动态系统理论角度解释动机模式浮现的必需条件。最近国内的两项复杂动态系统研究考察了中国学习者二语动机水平,创新结合了传统定量研究的聚类分析和反溯访谈法,揭示了二语学习动机水平的非线性、情境敏感性和自组织特性(戴运财 & 于涵静,2022;于涵静 & 刘天琦,2021)。

　　以戴运财、于涵静(2022)研究为例,反溯建模具体操作步骤如下:(1)选定一个群组的英语学习者,发放问卷;(2)对问卷结果进行聚类分析,识别具有典型特征的聚类群组;(3)在每类群组中找到代表性的研究对象,展开回溯性访谈,并同时辅以动机水平变化绘图法,以年为时间单位绘制动机的水平。反溯建模法应该说是复杂动态系统理论的一个创新方法,而且也为研究者提供了一个切实的解决方案,毕竟在实证研究中考虑到时间、精力方面的限制,很难从一开始便决定使用线性时间的追踪研究。因此,反溯法为研究者提供了一个实际的思维工具,能够从某个时间点切入开展研究。

　　以上研究都体现出复杂动态系统理论在方法选取上兼容并蓄。复杂动态系统理论的开阔视角要求我们不应局限于某种研究范式,而有必要在历时追踪、情景交互、反溯建模这三大原则的指导下,不断挖掘传统的量化研究方法,包括问卷法和聚类分析,揭示系统发展模式(即系统的吸态)方面的潜力;同时结合其他质性研究方法,甚至一些新兴的数据收集手段(例如动机水平变化绘图法),充分考虑到复杂动态系统的情境敏感性。

二、从混合法到融合法的转向

为了体现复杂动态系统研究设计的时间流动、空间交互和反溯建模，单一方法的设计或许已经不能满足要求。因此，量化-质性结合的混合法设计在近年来备受推崇。

现有的混合法通常分为四种设计：序贯性探索设计、序贯性阐释设计、三角互证设计、内嵌型设计（Creswell & Creswell, 2018; Ivankova & Creswell, 2009）。但是，混合法面临的最大批评就是背后的方法论哲学基础薄弱。事实上，量化方法与质性方法背后有着截然不同的本体论和认识论，造成两种方法论体系具有很大的差异性，甚至于两大阵营互不理解，在 20 世纪 90 年代达到了水火不容的状态。尽管后来随着混合法的盛行，范式战争已经逐渐退出研究舞台，但是这并不代表两种研究范式不再存在差异。量化方法强调实证主义或后实证主义观点，认为现实是客观存在的，因此需要证明或者证伪，结论也具有群体的可推及性，可以脱离情境讨论；相反，质性研究强调现实并非客观存在，无法被简单地"发现"，而是被共同建构，因此结论具有很强的情境性，不强调人群的可推及性。由此可见，简单地将量化方法（如问卷）和质性方法（如深度访谈）结合在一起，方法论哲学的模糊立场则是不可避免的后果。

Dörnyei（2007）在论及混合法设计的时候讨论了一种"实用主义"立场，即无论方法背后的本体论和认识论，只要能够解决研究问题便无大碍。然而，这种"实用主义"的立场尽管很多时候能够有效规避量化-质性研究之争，但有时也有意无意弱化了方法论背后的哲学观点，使其缺乏体系性，"方法论"降级为"方法"。缺乏明确哲学本体论和认识论的混合法设计可能会带来两个后果（Hiver, Al-Hoorie, & Larsen-Freeman, 2022: 15 - 16）：一方面，量化研究和质性研究方法的简单混合会掩藏某些复杂现象更加细致入微的结果，尤其当量化结果和质性结果表面上相互矛盾的时候，则更加难以解释；另一方面，可能会导致两者的结合缺乏深度，仅仅在浅表层混合了两类数据，为混合而混合。

事实上，在我们日常所见的研究设计中也常常遭遇类似的问题。在研究设计的时候，研究者仅仅简略带过"本研究使用了混合法设计"，却不对设计原则、设计目的、量化方法对应什么问题、质性方法又试图解决什么问题等关键点作出详细解释，仿佛认为"混合法"一词一旦出现便可以自动阐释研究设计的所有内涵。同时，正如复杂动态系统理论研究的方法库存很可能需要研究者接受系统训练(Hiver & Al-Hoorie,2020;Verspoor et al.,2011),量化方法和质性方法简单结合,反而可能有损各自方法的优势,无法发挥各自方法的特长。因此,简单的混合对研究方法与设计并无裨益,尤其是复杂动态系统理论视角下的研究愈发需要更细致、全面的考量。

基于此,Hiver 等(2022)提出,复杂动态系统理论的研究设计有必要超越量化-质性之争,采用"融合设计"(integrative design)。Seawright(2016:8)对融合法的定义如下:

> 融合设计是一种多方法设计,其中两种或更多的方法被精心组合,以支持单一的、统一的因果推断。在这样的设计中,一种方法将产生最终推论,而另外的方法被用来设计、测试、完善或支持产生该推论的分析。

因此,两种或两种以上的方法并不是独立存在,其各自产生的结果也并不用于比较,而是两种或两种以上的方法互为补充,各自能够弥补不足而发挥优势(Mackey & Bryfonski,2018)。

作为一名社会科学方法论专家,Seawright(2016)大力推崇融合法,进一步总结了融合法的三大优势。

首先,融合设计能够帮助研究者检验假设。从这点看,在量化研究设计中加入质性研究元素并不是为了三角互证,而是为了进一步强化或解释量化研究结果(Hiver,Al-Hoorie,& Larsen-Freeman,2022)。这点可以使用上文提及的Gui 等人(2021)的研究作为例证。该研究追踪中国英语学习者学术阅读能力的复杂动态发展路径,结果揭示了发展幅度越高的学习者,其变异性也越大。同时,他们通过使用半结构访谈揭示了学生在阅读中遭遇的困难,以及如何克服困难的阅读策略,并且发现发展幅度越高的学生确实尝试了更加多样的阅读策略以克服阅读困难,他们的阅读动机水平也更高。因此,这个研究从复杂动态系统理论的角度进一步揭示了"变异预示发展"的模式,量化数据和质性数据同等重要。

"实验现实性"(experimental realism)是融合设计的第二大优势。所谓实验现实性,指的是实验结果能够被用于现实生活。该观点与复杂动态系统理论的超学科范式转向尤其相关。如上文所述,超学科理论持有本体论和认识论倡导涌现论,整体论和关联性的生态观(Hiver et al.,2022),因此复杂动态系统理论秉持的观点是结果与过程同等重要。上文提及的戴运财、于涵静(2022)的研究便可以引为示例:他们使用量化的问卷方法描摹某种凝结出的模式(即系统涌现出的吸态),识别学习者稳定的心理动机特征并进行聚类,但是如果单使用这种方法则无法揭示其变化的过程;于是他们使用了回溯性访谈,结合动机水平变化绘图法这两项质性的数据收集手段,则能够具象地描绘出学习者动机类型如何与情境中的各项事件交互,形成"协调结构",最终涌现出特定的动机模式。因此,这项研究很好地结合了传统的量化方法和质性研究方法,在"反溯建模"原则的指导下将两者有机融合,实现了复杂动态系统理论的研究目的。

　　融合设计的第三大优势在于细化测量手段(Seawright, 2016)。在某些语言发展的研究中,有些学习者个体变化并不明显,或者并不会有显著的量化变化,或者有时呈现出涌现性,因此需要使用不同的测量手段来侦测。特别是有些心理特征,或许并不能全然量化,这时就需要一些质性的手段进行测量(Hiver & Al-Hoorie,2020)。例如,问卷法在测量人的主观性时会受到研究者偏见(researcher bias)的影响,这是由于问卷题项均由研究者事先设定,受试并没有任何自主性改变这些题项。但是,更偏向质性的 Q 方法强调由受试对不同观点自主排序,因此能够有效消解研究者和研究对象之间的主客观二元对立,充分体现了复杂动态系统理论强调的主客体整体性。下一小节将针对 Q 方法展开更加具体的论述。

　　总的来说,融合法的优势对复杂动态系统研究具有有益启示。复杂动态系统理论并不会要求研究者只选用量化方法或仅使用质性方法,这种非此即彼的思维恰恰是复杂动态系统理论反对的。相反,复杂动态系统理论秉持的涌现论、整体观、生态观、关联观,都要求研究者能够采用一种兼收并蓄的立场进行研究设计。当然,这种兼收并蓄的立场并不是简单混合,而是需要在时间流动、空间交互、反溯建模这些大的基本原则指导下展开融合设计。在 Hiver 和 Al-Hoorie (2020)的方法论专著中,他们列出了以下研究方法,见图9.1。

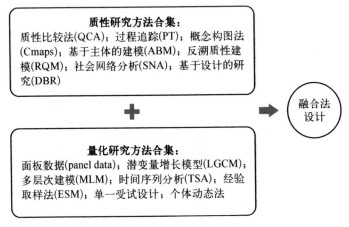

质性研究方法合集:
质性比较法(QCA);过程追踪(PT);概念构图法(Cmaps);基于主体的建模(ABM);反溯质性建模(RQM);社会网络分析(SNA);基于设计的研究(DBR)

＋

融合法设计

量化研究方法合集:
面板数据(panel data);潜变量增长模型(LGCM);多层次建模(MLM);时间序列分析(TSA);经验取样法(ESM);单一受试设计;个体动态法

图9.1　复杂动态系统理论视角下的推荐方法
(改编自 Hiver & Al-Hoorie, 2020)

考虑到复杂动态系统理论是一种连接心理认知流派和社会文化流派的理论视角,我们也可以采用另一种分类方法:心理-认知方法路径、社会文化方法路径和创新融合方法(详见图 9.2)。

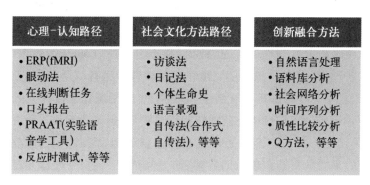

心理-认知路径	社会文化方法路径	创新融合方法
• ERP(fMRI) • 眼动法 • 在线判断任务 • 口头报告 • PRAAT(实验语音学工具) • 反应时测试,等等	• 访谈法 • 日记法 • 个体生命史 • 语言景观 • 自传法(合作式自传法),等等	• 自然语言处理 • 语料库分析 • 社会网络分析 • 时间序列分析 • 质性比较分析 • Q方法,等等

图 9.2　复杂动态系统理论推荐方法组合

特别需要指出的是,这些方法不一定仅仅是单独使用,更推荐进行有效组合。例如,如果要研究学习者在出国留学环境下的词汇习得,可以使用在线判断任务,同时辅以日记法,再加上社会网络分析,能够洞察学习者在具体的目标语环境下如何通过社会互动达成心理语言学和认知语言的进展;又例如,如果要了解学习者语音发展,可以一方面使用 PRAAT 和反应时测试等心理语言学和实验语言学工具,辅以访谈、语言景观、社会网络分析等手段考察影响语言发展的社会情境因素,甚至配上 Q 方法对社会语言态度进行分类。因此,好的融合设计不会囿于心理认知流派或社会文化流派,而是兼收并蓄,在复杂系统的统一框架下选取最合适的研究方法,解决有意义的研究问题。

诚然,这也对研究者的方法素养提出了极高的要求。在很多情况下,研究者往往只受过一种流派的系统训练,要么是以量化研究为主,要么是以质性研究为主的研究手段,确实很难做到每样方法都能熟练掌握和运用。但是我们应该认识到,研究方法并不一定仅仅是一种个人能力,也可以呈现为分布式认知能力(Canagarajah, 2018),分布在研究者所处的社会网络之中。复杂系统理论指导下的研究非常提倡合作。研究者应能最大限度使用社会网络中的研究资源和方法资源,通过寻找合作者而达成方法上的协同。正如这个复杂的世界充满着各种互联互通,研究网络也是一种复杂、动态的系统。

三、Q方法：一种创新融合法①

　　Q方法最早由英国核物理学家和心理学家 William Stephenson 于 1935 年提出，并由其弟子 Steven Brown(1980)继承并发扬光大，近四十年来形成了一套能够科学、系统地研究主观性的体系，称为"操作主观性"(operant subjectivity)，在临床医学、护理学、生态学、政治学、管理学和教育学已有广泛应用，近年来逐渐进入应用语言学。Q方法旨在联结主客观世界，运用统计手段探究人类主观性结构，与应用语言学正在经历的范式转向形成呼应，但是我国外语研究学者对该方法还较为陌生。以下解析 Q方法背后的本体论、认识论和逻辑方法论，辨析其与问卷法、聚类分析和叙事法的异同，凸显其优势特色，并分析其在应用语言学研究中的实操案例。

（一）Q方法的理论内涵

　　Q方法不仅是一种操作性很强的研究方法，更植根于广泛的主观性研究源流。Brown 等(2008, p. 772)描述："Q方法论最好被理解为一种研究类型，它确定了个人对某一特定主题的操作主观性。这种方法论包含了如何研究主观性的广阔哲学，内在的认识论体系和包含一系列明确的步骤或阶段的方法。"超学科范式领军人物 Nicolescu(2002)在论述超学科研究方法论时提出本体论、认识论、逻辑三大支柱，因此本节也从这三个方面剖解 Q方法的理论内涵。

　　首先，从本体论看，Q方法挑战了传统社会科学依赖的牛顿力学物理主义世界观。回顾科学史，从启蒙运动开始，经典牛顿力学代表的"牛顿思维"(Newtonian thinking)在人文社科研究中一直占有统治地位(Nicolescu, 2002)，强调客观性和主客观对立的二元论。20 世纪以来的主流心理学、教育学、语言学等都不同程度地承袭了牛顿思维的研究范式(王仁强，2022)。Q方法创始人 Stephenson 率先尝试将量子力学中的观点引入心理学研究，旗帜鲜明地反对牛顿思维内在的心智-身体、主观-客观的二元本体论。他认为，信念、观念、情感等主观世界的特征并不是独立存在于内部心理或外部身体上，而是存在于人与客体之间的互动联系中，这种关系可以使用科学的方法系统、精确地测量和研究(Stephenson, 1982)。Stepheson 指出，"主观性"不是我们传统认为的意念、态度等虚幻缥缈的概念，而是一种个体能够主动地对自己或他人谈论的东西，能够从自我视角出发

―――――――――――

　　①　本节部分内容选自笔者 2023 年 1 月发表于《外国语》的《超学科范式下应用语言学 Q方法的创新与前瞻》一文。

捕捉到个体当下的"观点"集合,这便是"操作主观性"(Watts & Stenner, 2012)。Q方法从本体论上试图打破固有的主客分离,试图在客观研究和主观研究范式之间架起一座桥梁。

其次,在认识论层面,Q方法反对牛顿思维秉承的决定论、还原论和线性因果论,主张知识是复杂的、涌现的、不可分割的。植根于主观性研究,Stephenson认为人不能够被分割成一系列的心理"部分",而应视作一个有机整体,与格式塔心理学(Gestalt psychology)的原则相符(Watts & Stenner, 2005)。这意味着传统量化研究中将人群观点分解为若干个成分的做法并不可取;相反,应挖掘和洞察人群中不同观点如何交互联系,又如何能以不同组态(configuration)呈现(Watts & Stenner, 2005)。强调整体观的Q方法在认识论上认同人本主义整体观和涌现性,和复杂动态系统理论所持有的复杂性认识论产生共鸣。

最后,从逻辑方法论看,Q方法作为完整的方法论体系跳脱出实证主义范式依赖的演绎法和形式逻辑,反对非此即彼的排中律,倡导涵盖复杂、涌现现象的函中律逻辑,以适应潜在新知识的产生。第一,Q方法根本目的是挖掘多样性视角和观点,并探究其可能的组态方式,以自下而上的方式描摹群体的观点集合,而非自上而下地验证某种先设的心理范式。第二,处于被观察地位的研究对象能够发挥主观能动性,弥补传统心理测量研究中将研究对象物化的缺憾。在Q方法实施过程中,研究对象根据自己的"心理意义"(psychological significance)来判断哪些观点更有共鸣,哪些观点则无法认同,因此每套观点排序都是个体的主观评估结果,并非研究者强加于其身。第三,由于Q方法收集的数据要由研究者进行阐释和解读,因此研究者自身对研究话题、领域和理论的理解和反思从根本上塑造了数据分析和研究。换言之,研究者自身的直觉、创造性和学养赋予他们更强的能动性。正因如此,我们很难武断地将Q方法归为量化方法或质性方法,这种量化-质性对立的二分法本身就不符合Q方法倡导的方法论思想。

(二)Q方法的优势特色

Q方法是一种创新的融合法,兼具量化和质性研究特点(Watts & Stenner, 2012; Zabala, Sandbrook, & Mukherjee, 2018),这里对Q方法与其他常用的应用语言学方法进行比较,以凸显Q方法的优势。

(1)Q方法与问卷法相比。尽管两者表面多有相似,实际存在本质差异。首先,问卷法通常会对构念结构进行预设和分解,以一种自上而下的方式收集数据,最终目的是经由一系列相关分析、因子分析或结构方程等推论性数据统计来验证先设的构念结构。Stepheson(1935)将该种方法称作 R 方法,即能识别并合并测量类似事物的因变量组的数据缩减统计方法,折射出牛顿思维的客观性和还原论思想。相反,Q 方法既不进行预设分解也不验证结构,而是鼓励研究对象自下而上地自主建构其"观点"集合,最终目的是通过比较研究对象对一系列观点进行排序,从整体上识别出持有相似观点的群组,是一种人本主义研究方法。其次,Q 方法尽量涵盖人群中存在的多样视角和观点,也更符合超学科范式提倡的兼收并蓄创造融合性知识的主张。最后,Q 方法赋予研究对象更多主动参与性,可以有效降低研究者偏见(Thumvichit, 2022a)。

　　(2) Q 方法与聚类分析相比。尽管两者都是对研究对象分类,但二者的底层逻辑大相径庭。聚类分析作为量化研究中常用的分组方法,依赖研究者事先选取若干个变量,再依据变量的相似性对研究对象分组。因此,聚类分析仍然采用自上而下的验证模式,分组的结果往往取决于研究者先设的问题和选取的变量。相反,Q 方法追求的是观点集合自下而上的涌现,通过洞察观点的相似性而辨识相应的人群组合,研究者不会对研究对象的反应或选择进行任何先设。在选取观点时 Q 方法尽量增强观点多样性,采纳两极化观点;研究对象在评估观点时也不受限制地自主排序,被赋予了最大自由度。由此可见,Q 方法消解了研究者和研究对象的主客体二分对立,允许研究对象主动参与研究过程,研究结果有赖于研究者和研究对象的共同参与、协商和解读,在互动过程中动态建构起对关键问题的共识。

　　(3) Q 方法与叙事法相比。首先,相似之处在于,Q 方法并不遵循随机抽样原则来选取研究对象,而是会选择与研究话题紧密相关的利害关系人(stakeholders),因此 Q 方法的结论并不具有通常量化研究强调的"可推及性",这与叙事性的质性研究相似。其次,Q 方法结论呈现的方式是对每个群体的质性描述,常采用叙事文体。但是,Q 方法与叙事法也存在根本差异:第一,Q 方法诱发的数据并不是研究对象自己的话语,而是研究对象对一系列事先预备的观点进行比较和排序。这体现了"操作主观性"的逻辑,即个体采取一种抽离的方式谈论主观观点。第二,叙事法往往聚焦个体的叙事经历,而 Q 方法则试图超越个体,在群体层面上洞察一群人对关键话题的共识或分歧。换句话说,Q 方法旨在揭示群体中存在的主观视角,而非特定个体的具体观点。第三,Q 方法需借助数据统计手段,例如因子萃取和因子旋转,以系统的、结构性的方式识别出最能够代表观点的组态。

　　综上,Q 方法旨在刻画可辨别模式自下而上的涌现,遵循以人为本的整体观,倡导研究者和研究对象共同参与研究过程、互动建构知识结论,兼具量化研究的系统性、结构性和质性研究的阐释性、建构性。下文介绍 Q 方法的实施步骤。

(三) Q 方法的操作步骤

一项 Q 方法实证研究通常由四个阶段组成:(1)研究设计;(2)Q 排序;(3)数据分析;(4)数据解读。以下以笔者关于中国学生英西双语学习动机的系列实证研究为范例展开(Zheng, Lu, & Ren, 2019; Zheng et al., 2020; 鹿秀川 & 郑咏滟, 2019)。

1. 研究设计

第一步,选取陈述观点,构建观点汇集(concourse)(又译作"论汇"),意指"有关某一特定主题的可交流想法的汇总"(Brown, 1993)。观点汇集应来源于多个渠道,包括焦点小组访谈、期刊文献、已有问卷、媒体报道和学理依据。其形式可以是陈述性语句,在面对青少年受试或语言能力受限群体时,可使用图片、照片或艺术作品。构建观点汇集之后需要精炼陈述观点,删除同义重复的题项,最终形成 Q 样本。虽然 Q 样本的陈述句也需要先行研究,但鉴于其根本目的在于解释研究对象主观建构的主观意义,因此传统问卷研究中,信度、效度概念并不适用,而需遵循质性研究的三角互证、透明度、可信度原则。

Q 样本的陈述句数量在 40—80 条为宜,少于 40 条恐怕无法涵盖多样的视角与观点,而超过 80 条则会增加 Q 排序难度。以 Zheng 等(2020)和鹿秀川、郑咏滟(2019)的研究为例,该研究对英西双语动机进行侧写。观点汇集的主体来自于已有的动机问卷,同时根据研究者对研究对象的了解、媒体中常见的语言学习动机话语、前期先行研究访谈,又对观点汇集作出补充,初步形成 110 条陈述;接着对所有陈述逐一检视、精炼,并邀请两名学习者逐条审阅陈述观点,最终形成了 60 条陈述的 Q 样本。

第二步,确定 P 样本,选取研究对象。与常见的量化研究取样方式不同,Q 方法的研究对象应该是"理论驱动且多层次,而非随机或偶然选取"(Brown, 1980)。P 样本必须是与研究问题切身相关、处于特定情境的利害关系人。例如,研究多语学习动机需要选取真正参与到多语学习的学生,研究教师信念则选取一线教师。因此,Q 方法无须遵循问卷法规约的随机抽样和样本数量,而更多采用目的抽样法选取带有某些相同特质的群体。P 样本一般在 20—40 人之间,甚至少于 12—15 人也具有效力(Watts, 2015),样本的质量比数量更重要。实证研究中,Zheng 等(2020)的长期追踪研究只选取了 15 名参与英西双语学习的学生,但由于他们是切身经历语言学习的利害相关群体,是最适合的"理想参与者"(Thumvichit, 2022a)。

2. Q 排序

第一,研究者进行 Q 排序(Q sorting)任务前需要提供明确的指导情境(condition of instruction)或一段指导语。例如,Zheng 等(2020)的 Q 排序指导情境是:"为什么在学习英语之后还要学习西班牙语? 请根据同意程度对以下陈述排序。"

第二,Q 方法通常使用强制选择的方式指导受访者对陈述排序,目的是鼓励受访者最大程度地区分对 Q 样本陈述句的主观态度。图 9.3 是鹿秀川、郑咏滟(2019)研究中使用的 Q 分类量表,受访者按照指导语将 60 条陈述的序号依次填入 Q 分类量表中。该量表从"最不同意"到"最同意"共分为 13 级(−6 到＋6)。根据 Watts & Stenner(2012),一般 60 条以上的陈述会选用 13 级量表,48 条陈述以下会选用 11 级(−5 到＋5)的量表,研究者可根据横向区间和纵向深度的需要自行调整量表形状,不过实际上分类量表的形状并不会影响最终因子分析结果(Brown, 1980)。Q 排序可以采用面对面形式,研究者事先将陈述一一打印在纸张或卡片上供受访者排序;也可使用在线 Q 排序软件(例如 Q-assessor, FlashQ, Q-sortware, WebQ, KADE 软件等)。每位受访者的 Q 排序结果就形成了一套数据,例如 35 名受访者便会产生 35 套 Q 排序结果。

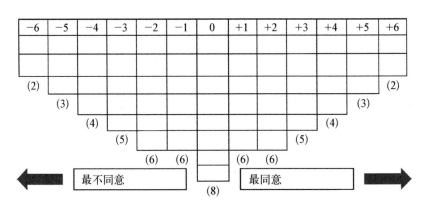

图 9.3　Q 分类量表(摘自鹿秀川、郑咏滟，2019)

Q 排序任务可与质性研究手段结合。例如,可以在 Q 排序完成之后立刻对受访者进行访谈,询问他们为什么特别同意有些陈述而有些完全不同意,诱发出更深入的质性数据;也可以在 Q 排序的同时请受访者进行口头报告,收集更多的在线思考数据;还可以邀请受访者在完成 Q 排序之后写一段自我反思,表达他们对该话题的深入思考,补充 Q 样本未涉及的观点。这些质性数据能够为下一步的数据分析和数据解读提供有力支撑。

3. 数据分析

所有 Q 排序结果收集完成后,数据分析通过使用软件完成,现有软件包括PQMethod、PCQ、R 语言 qmethod 代码,以及最新的 Ken-Q Analysis Desktop Edition (KADE)软件。数据分析的目的在于通过识别 Q 排序中相似的观点集合以找出享有共同观点的受访者群组。在 Q 方法中,常用"因子"(factor)一词指代群组共有的视角,通常来说会有 3 到 6 个因子,即 3 到 6 个典型视角(Watts, 2015)。下文详述分析步骤。

第一步,因子萃取。Q 方法采用了与传统量化方法中因子分析截然不同的反向因子分析(inverted factor analysis),其目的不是基于变量提取出若干个潜变量,而是基于个体测量 Q 排序结果之间的相似度和相关性,辨识出相似一致的观点集合。一般使用形心萃取法(centroid extraction),因为该方法具有较高程度的开放性,能够按照研究者需求萃取出若干个因子(Watts & Stenner, 2005)。换句话说,究竟萃取出多少个因子(即对受访者分成多少个组别)依赖于研究者的直觉和判断,也取决于具体的研究问题和目的。例如,Zheng 等(2019)因子萃取时陆续尝试了单因子、双因子和三因子解决方案,最终基于方差解释量选定双因子方案。PQMethod 软件能够自动萃取出至多 7 个因子。

第二步,因子旋转。根据简洁性、清晰度、特殊性、稳定性原则(Watts & Stenner, 2012)进行因子旋转,一般采用方差极大旋转(varimax rotation),以使提取的因子所解释的方差量达到最大。PQMethod 软件会自动使每个 Q 排序只和一个因子有最高相关度。Q 排序的因子载荷是否达到阈值的判断标准公式为:$2.58 \times (1 \div \sqrt{n})$($n$=Q 样本题项数)。例如,Q 样本包括 60 条题项,因子载荷阈值为 $2.58 \times (1 \div \sqrt{60}) = 0.33$,即 Q 排序在某个因子的载荷高于 0.33 便视为有效。

第三步,构建因子序列(factor array)。因子提取出之后,载荷到这个因子上的所有 Q 排序结果便会融合,形成一个完整的因子序列,整体概括了该群组特有的主观视角。每个陈述在各自因子之下会获得一个 Z 值。表 9.1 是鹿秀川、郑咏滟(2019)原始数据中两个因子的因子序列(前 10 条题项为例)。鹿秀川、郑咏滟(2019)的研究中,陈述 6"我认为将来我会一直继续我的西班牙语学习",因子 1(即群组 1)的所有受访者的排序平均值为 0(态度中立),而因子 2(即群组 2)的排序平均值为 6(非常同意)。通过比较* Z 值,可以发现两个群组对西班牙语学习态度的巨大差异。

4. 数据解读

研究者基于分析得到的各个因子排序对每个群组的观点组态进行阐释。阐释的过程类似于质性分析,研究者必须仔细考量每个受访者在因子中的位置、载荷值,也需要全面考察各个因子中 Z 值最高和最低的陈述、不同因子中相似度最高和最低的陈述,最终构建典型的观点组态。下例为 Zheng 等(2019)论文中对因子 1 的解读过程:

表 9.1　因子 1 的动机排序结果

因子 1 的分类描述		排序	Z 值
最同意	37. 世界不仅需要英语,也需要许多不同的语言。	+6	1.671
	39. 大家英语都很好,所以学习西班牙语会让我在将来更有竞争优势。	+6	1.646
	54. 我觉得学习一门语言也需要了解它的文化和讲这门语言的人们的生活。	+5	1.628
	16. 我不得不学好英语,否则会影响我的 GPA。	+5	1.524
	35. 我羡慕那些会讲好几种语言的人。	+5	1.498
最不同意	38. 英语是世界语,我只需要学好英语就可以了。	−6	−1.783
	33. 当我学习英语时遇到困难,我会告诉自己:没关系,我可以学习其他外语。	−6	−1.752
	19. 我不得不学习西班牙语,否则我找不到好工作。	−5	−1.741
	53. 我希望变得和西班牙人或者拉丁美洲人一样。	−5	−1.721
	44. 我选择学习西班牙语因为西班牙语相对简单。	−5	−1.399

依据以上各条陈述的排序,概括出该组学习者的整体动机特征:"该组学习者认同多语化的世界,并能构想多语者的理想形象(陈述 35)。他们对唯英语的心态持否定态度(陈述 38),但他们也不会放弃英语(陈述 16、33)。他们学习西班牙语的原因不是因为他们想成为西班牙母语者(陈述 53),而是因为他们希望提高个人的竞争优势(陈述 39)。"(Zheng et al., 2019:597)特别需要指出的是,Q 分析阐释是一个迭代循环的过程,研究者需要在数据和理论之间来回互查,充分考虑到每条陈述对整体观点概览的贡献,形成格式塔式的观点组态。

（四）Q方法研究议题

Q方法能够系统地挖掘人的内在主观感受，因此对于以态度和行为为重点的社会科学研究者来说尤具吸引力。Q方法发轫于心理学，在护理学、生态学、管理学、政治学、教育学等领域已多有运用，将Q方法引入朝着超学科范式演进的应用语言学领域正当其时。尽管Q方法实证研究刚刚起步，数量较少，但也形成了四个较集中的研究议题方向，下文简要评述。

1. 语言学习的动机、情绪和态度研究

Irie和Ryan(2015)率先在 *Motivational Dynamics in Language Learning* 一书中指出Q方法引入应用语言学的潜力，使用Q方法考察日本英语学习者在留学前后的动机变化。受其启发，Q方法率先在学习动机、态度研究领域铺开。中国学者的系列研究考察了中国英西双语学习者和西语专业学生的不同动机类型(Lu, Zheng, & Ren, 2019; Zheng et al., 2019)；澳大利亚的学者(Caruso & Fraschini, 2021; Fraschini & Caruso, 2019)分别探索了澳洲大学生学习意大利语和韩语的自我动机类型。Zheng等(2020)使用Q方法追踪了15名英西双语学习者一年半间的多语动机变化路径，发现学生的动机概览随着时间、情境变化而产生变化。研究发现打破了传统动机研究采用的简单、静态的二分对立(融合型 vs. 工具型动机)，在整体的、互动的、生态的多语自我系统中，不同类型动机可能共存并相互关联，由此提出多语动机的整体性、动态性和关联性观点。这些研究采取的理论视角和Q方法背后的交互联系观、不可分割的整体观、复杂涌现的认识论等相一致，充分展现了理论和方法一致带来的研究效力。

2. 语言教师信念、情感、态度研究

Q方法近来也用于探索语言教师的信念和情感。Irie等(2018)聚焦奥地利51名任职前教师的思维模式，发现大多数人的成长型思维模式受到了教师培训课程设置等情境因素的影响：培训课程包括的科目便认为是可以习得的，而未包括的科目和技能则认为是不可习得的。Lundberg(2019a)对瑞典南部三所小学的教师如何看待"多语制"展开Q方法调查，结果揭示了单语思维和多语思维的矛盾、城市教师和乡村教师的观点差异。Fraschini和Park(2021)使用Q方法揭示了韩语教师看待职业焦虑的三种主要视角，分别代表了教师对其个人和职业目标在与工作环境之间互动过程中产生的不同类型的个人反应。Lu和Geng(2022)则发现国际中文教师不同的动机类型是个人追求和国际形势、社会发展互动的结果。Slaughter等(2022)别出心裁地使用Q方法调查澳大利亚本土英语教师如何看待语言教师联盟提供的教师培训活动，并揭示了不同教学情境下

教师相异的职业发展需求。这些研究关注语言教师的内心世界,最大限度地涵盖了这一职业群体中存在的多样视角,特别凸显出 Q 方法有别于问卷法等量化研究的情境敏感性。

3. 语言政策与规划研究

Lo Bianco(2015)指出 Q 方法能够突出利害关系人的视角,其灵活性和情境性符合语言政策与规划研究近年来倡导的微观视角,社会语言学、语言教育规划研究者开始使用 Q 方法展开实证研究。Alkhateeb 等(2020)聚焦不同利害关系人群体对卡塔尔大学三项语言教育政策的态度;Vanbuel(2022)分析了比利时弗兰德语区的语言教育政策实施过程中处于社会不同层次的利害关系人观点。这两项研究均揭示了在语言政策制定和实施过程中有必要从不同层次、不同维度纳入利害关系人视角,以确保自上而下的语言政策能真正有效回应基层的实际需求。Q 方法也可以运用到教学改革研究,Lundberg(2019b)考察了瑞士德语区多语教学政策改革背景下小学教师的态度和实践、Alkhateeb 和 Alshaboul(2022)考察了卡塔尔小学开始实施全英文授课改革背景下教师对学生母语使用的态度,结果均揭示了显性语言政策和隐性语言实践的鸿沟。由此可见,Q 方法是一条能将参与者或利害关系人的视角引入政策制定过程的有效途径,并能在更广阔的范围内揭示教育政策本质上是个体的主观体验(Slaughter et al., 2022)。

4. 课堂教学创新的行动研究

由于 Q 方法强调情境敏感性、参与者的主观能动性、研究双方的知识共享,可与旨在创新课堂教学的行动研究融会贯通。例如,研究对象/学生可以使用 Q 方法表达他们对某种创新教学方法的喜好或意见,使教师/研究者能够调整教学策略,达到促学目的。景飞龙(2020)探究大学生对外语移动学习的投入类型,辨识出影响外语移动学习投入度的内外在因素,为优化外语移动学习和推进智慧课堂建设提供了实践启示。Wu & Wang(2021)针对新冠疫情期间英语教师对在线测评的态度进行了分类,并针对如何改进在线测评提出了具体实践启示。Thumvichit(2022b)则使用 Q 方法深入考察疫情期间泰国大学生线上学习的外语学习愉悦情感,结果表明在线教学需重点关注教师教学方法、学习者自主性和社会体验三者之间的互动关联,并对在线学习的学生提供情感支持,提升整体学习体验。以往课堂教学创新研究往往以学生的客观行为检验教学效果,Q 方法则另辟新路,从学习者主观体验切入,考察创新教学法的促学效果。

尽管以上回顾的 Q 方法研究并不全都是从复杂动态系统理论角度展开。但是不难看出,所有的研究都强调主观模式的凝练和主客体之间的统一。由此可见,Q方法以系统、科学的方式探索观点模式、人群聚类的涌现,将主观世界和客观物质环境联结,充分体现了复杂动态系统方法论的内在逻辑和假设,是高度契合该理论视角的方法。当 Q 方法与历时追踪设计、半结构性访谈有机结合(Zheng et al.,2020),能够有效展现出个体心理特征的流变性、情境性、关联性,从而构建动态关联整体的多语动机系统。

诚然,本节仅仅展现了 Q 方法作为创新的融合法的具体细节。复杂动态系统理论视角下的实证研究还有很多可以使用的创新工具。Hiver 和 Al-Hoorie (2020)在《复杂动态系统理论的应用语言学研究方法》一书中,列举了定性比较分析(Qualitative Comparative Analysis)、代理人模型(Ageng-based Modeling)、过程追踪(Process Tracing)等方法,都具有一定的融合性特征,有兴趣的读者可以参看。

四、本章小结

世界观决定方法论,二者不可分割。复杂理论认识论产生了变化,也就是我们获取、形成关于世界的本源、关于知识的性质发生了变化,因此要运用好一种研究方法,必须深入掌握其理论框架和哲学基础。从世界观来说,复杂理论认为世界上的事物是客观存在的,不以观察者的意志为转移。语言是一个复杂系统,是语言使用主体和持续变化的语境之间不断共同适应的动态过程,系统内部成分之间争夺有限的记忆、注意力等资源,导致语言知识的此消彼长、非线性发展和浮现。

从认识论上说,复杂理论认为现实中的世界是分层次的、有结构的、恒久变化的,人们通过合适的方法论工具无限接近现实世界的真相,但研究者对世界真相的认识总是不完全的,因此要用批判的态度不断检验自己的认识。复杂理论挑战了传统心理认知研究底层的还原论倾向和二元对立世界观,认为这只能达到简化操作的目的,对现实的描述不够充分。世界的本质是复杂动态系统,人文社科领域的复杂性尤甚,这就要求我们应该用普遍联系的、动态发展的观点来认识世界和语言。

从方法论上说,复杂理论首先认为,差异是学习的关键,因此不能用取平均值的概括性方法消除个体差异的“噪音”;其次,复杂理论反对去情景化的、割裂子系统的还原论,主张用联系的、整体的观点来看待心智、身体和世界(Larsen-Freeman & Cameron,2008),情境被纳入系统考虑,而不只是被看作“背景”;最后,复杂理论否定传统研究中线性的因果关系,而认为系统的发展是动态的、非线性的、浮现的。因此,无论使用哪种方法,研究者都必须清晰地认识到该方法如何能同复杂理论的世界观、认识论和方法论有机融合,从而实现基础与研究方法的有机统一。比方说,质性比较分析、过程追踪等旨在考察系统的非线性因果关系,潜变量增长曲线建模、时间序列分析等采用历时设计,希望能够探索系统的动态发展路径,基于设计的研究方法和经验取样法则将环境因素纳入考量,社会网络分析、多层建模将系统成分之间多层次联结纳入考虑范畴。

　　学界围绕方法论的讨论往往会为了避免"量化""质性"之争,而采用去范式化的立场讨论方法选取或混合法设计。但是在强调方法的功用特征的同时,难免削弱其方法论的理论内涵。因此,在开展复杂动态系统理论研究的时候,研究者要从本体论、认识论、方法论、逻辑内涵等各个层面充分考虑,通过融合法设计使得不同方法之间产生共鸣,形成合力。现有的复杂动态系统理论的特有方法,例如 Q 方法、时间序列分析、质性比较分析、过程追踪等,尚不为我国外语界学者所熟知,也希望能够通过本书,将这些方法逐渐引入国内的复杂动态系统研究中,进一步丰富我国研究者的方法库存。

第十章 复杂动态系统理论视角下的语言教学

应用语言学研究者的理论目标是理解和研究复杂的、动态的第二语言发展。应用语言学中的复杂动态系统理论研究经过二十五年的发展,已基本被国际应用语言学界接受,也在国内的外语界有了一批专门从事这方面研究的学者。正如 Larsen-Freeman(2017)指出的,复杂动态系统理论应被视作一个"元理论",一个能够提供广阔理论和方法性原则的概念框架。我们可以依据这个框架来判别在研究语言系统、语言学习过程和语言使用时,哪些议题具有意义,哪些现象值得研究,哪些观点能被接受,哪些结论应被重视。与此同时,为了适应复杂动态系统理论背后的本体论和认识论,应用语言学的方法论也需要进行相应调整。然而,之前的章节更注重对复杂系统理论在第二语言发展或多语发展研究方面的理论应用。鉴于应用语言学是一个注重现实连接的学科,因此我们开展的各项研究活动也应该能指导一线的语言教学。出于这个原因,本章讨论该理论对语言教学的启示,指出未来发展的方向。

一、复杂动态系统理论视角下的语言教学

(一)语言课堂是复杂系统

复杂动态系统理论倡导的语言观、语言发展更新了我们对什么是语言、语言教学应该教什么、应该怎么教等关键问题的理解和认识。本节拟从复杂动态系统理论角度探讨有效的外语教学。

我们需要理解语言课堂也是一个内嵌在不同层级环境中的复杂系统。我们借鉴 Douglas Fir Group 提出的第二语言习得超学科模型思路(Douglas Fir Group,2016),绘制了语言课堂的复杂系统概念图示。

受到教育生态学观点(Bronfenbrenner,1979)的启示,复杂动态系统理论视角下的语言课堂也嵌套在多层环境之中。如果我们的研究焦点是语言课堂,那么从降维顺序来看,课堂由学习者个体组成。在较低尺度上,学习者个体也可以构建成为一个个独立的复杂系统,由更低尺度的神经系统、生理系统、认知系统、

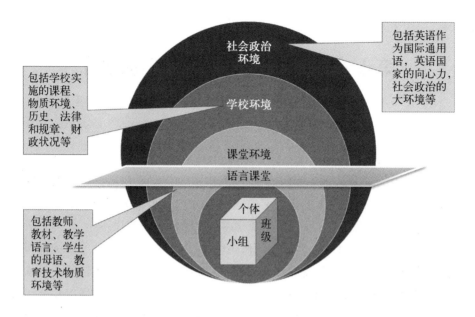

图 10.1　语言课堂的复杂系统概念图示

语言系统等组成;学习者个体又可以时不时地组成学习小组,学习小组的互动模式也浮现出复杂动态的系统模式(例如可以参考 Poupore,2018);有时候整个班级又可以成为一个单位,教师一般会将班级里的学生当作一个整体进行教学,这就有了"自然班"的说法,尽管我们也都意识到每个班级里的学生各有特点。

语言课堂内嵌在具体的课堂环境中。这个课堂环境中最主要的成员是教师。以往研究表明,教师的风格和教学方式很大程度能够影响学生的动机水平和投入程度(S.-C. Huang,2019)。教师并不是全能的课堂主导者,而是与学生的复杂系统进行耦合。我们也常常碰到这样的情况:同一名教师,在不同班级里的授课可能收到完全不同的回应;同理,即使是同一个班级的学生,对不同风格的教师和教学方式也可能作出完全相反的回应。从这个角度讲,成功的教学可以理解为教师和班级之间互动耦合系统浮现出的独特行为模式。

课堂环境还包括教材、教学语言、学生的母语背景、教育技术物质环境等。举个常见的例子:当课堂的桌椅是固定不变的"田字形"结构时,往往课堂的互动较少,小组活动或课堂讨论难度增大。一旦教室里重新放置了可移动的桌椅,小组活动或课堂讨论的实施就便利很多。这就体现了物质环境对互动模式的影响。Canagarajah(2018)将其称为应用语言学的物质转向(material turn)。

除了物质环境,语言政策环境是对语言课堂具有巨大影响的因素,例如教学语言政策。如果教学语言是学生不熟悉甚至抵触的语言,那么不难想象,教学互动和学习效果肯定会大打折扣。教师的语言信念和执行的语言政策也会影响语言课堂的动态机制:持有单语主义信念和超语/多语信念的教师在课堂中的语言互动行为和课堂组织都显得大相径庭(可参考 Nie, Lu, Zheng, & Shen, 2022)。

比课堂环境再高一个层面的是学校环境,其中一个重要因素是课程体系。在语言教学中,课时和学分会成为制约语言课堂的重要环境因素。课时充分的语言课堂,教师能够花更多时间进行课堂互动、小组学习;而课时不充分又有较高的教学目标需要完成的时候,教师自然无法负担太多的课堂互动和练习。笔者在讨论多语项目的设置时讨论过这方面的问题,有兴趣的读者可以参考相关论文(An & Zheng, 2022;郑咏滟, 2020b)。

社会政治环境处于更高层面,包含社会话语和意识形态等较宏观的环境因素。例如,外语教育中必须面对的一大宏观话语意识形态就是"英语是国际化的标志""英语是最重要的外语"。在这样的话语意识形态指导下,在大多非英语国家的外语教育中,无论教授什么语言都必须正视英语作为主流语言的地位(Spolsky, 2009)。当然,国家的社会政治政策也会对语言课堂产生影响。例如,我国倡导的"一带一路"倡议就影响了中国大学生学习阿拉伯语的动机,学生会不自觉融入国家层面的话语而产生新的学习动力(An & Zheng, 2022;Liao, An, & Zheng, 2020)。

(二)复杂动态系统视角下的语言教学原则

复杂动态系统理论本身理论性非常强,我们曾和一线教师进行讨论,他们往往认为在做科研的时候采用这个理论框架指导性较强,可是一旦需要将该框架结合到实际教学实践反而无从下手。诚然,大多数复杂动态系统视角下开展的实证研究还是以探讨第二语言发展规律为主,在实践中的应用比较少见。但是,随着理论的推进,我们对学习者语言系统、课堂语言的互动、学习者个体差异也有了一些新的理解,相信亦可反哺语言课堂。

Larsen-Freeman 和 Cameron(2008a)的专著《复杂系统与应用语言学》中专门辟出一章讨论了复杂系统与语言课堂。非常有趣的是,他们认为,复杂性研究的方法并不会直接转换成为某一种教学方法,包括现今盛行的"交际法""任务法""基于项目式学习"等。相反,他们提出,"后方法"(post-method)的理念与复杂理论的核心观点更加契合:一方面,由于语言学习、学习者和语言课堂本身都是各自独立又相互联结的复杂系统,仅用一种方法不足以支撑长期、连续的教学活动。另一方面,任何教学方法都是动态适应的过程。即便是同一种教学方法运用到不同的学生群体、教学目标、课程体系,都会产生不同的效果。相信本书之前章节汇报的各项实证研究结果已经充分体现了语言学习的多样性。由此,Larsen-Freeman和 Cameron 提出了从复杂理论出发探索课堂行为和教师角色的四大主张:

- 一切皆有关联;
- 语言是动态的;
- 互适是关键的动态机制;
- 教学是管理学习的动态机制。

基于以上四大主张,Larsen-Freeman 和 Cameron(2008b)提出,教学不会自动引发学习,教师不能控制学生的学习进程,但是教学和师生互动能够帮助共同构建课堂的学习给养。通过管理学习行为、为学生的学习提供服务支持,教师能够做到与学习过程同频共振。

　　Verspoor(2017:73-74)专门讨论了复杂动态系统理论对语言教学和语言课堂的启示,提出了七条原则。她首先提出,复杂动态系统理论的语言观符合基于使用的动态理论(Dynamic Usage-based Theory, DUB Theory)。根据 Tomasello(2006)的理论,儿童学习语言的首要原因是为了获取按照他人的做事方式的能力:

> 因为自然语言是约定俗成的,所以语言习得的最基本过程是按照他人的方式做事的能力,即为广义的社会学习。大多数文化技能的获得,包括语言交流的技能,都取决于一种特殊的社会学习,其中涉及意向性阅读,这也最常被称为文化学习。

由此 Verspoor 得出结论,语言最精华的部分不是语法规则,而是意义单位(meaning units),包括单词、短语或者这些单词短语组成的序列。为了体现复杂动态系统理论的思想,Verspoor 提出一个新的术语:形式-使用-意义映射(form-use-meaning-mappings, FUMMs),该术语从根本上反映了在语言这个复杂、动态系统中,所有的"单位"(units)都相互联结,组成有意义的整体。学习者在有意识地制造意义的过程中,逐渐习得这些形式。从以下的摘录中我们可以更加深刻地理解 Verspoor(2017:150)对 FUMMs 的论述:

> 总结来说,我们必须清楚地知道第二语言究竟在教什么。语言是一个通过使用和重复的体验逐渐涌现出的复杂动态系统。约定俗成的表达形式,如成语和公式化语言,都是语言形式的例子,它们通过极端的重复固定下来,但是有一些具有一定灵活度的形式也是重复行为的结果,是人们从个别事件中总结出的惯用说法。这个约定俗成的系统由相互关联、有意义的

整体组成（这个整体又由语音、词汇、短语、形态、句法、语用、文本、语境、文化因素构成），即我所说的形式–使用–意义映射 FUMMs。人们动态地建构意义，形成有意义的语境，在此语境中交际活动通过 FUMMs 的使用涌现出来。

明确了应该教什么之后，Verspoor 提出了"怎么教"的七条原则：

原则一：需要接触目标语社区语言的真实语言使用实例。

原则二：应鼓励学生自己发现语言的形式和结构。

原则三：语言的形式特征不应与使用脱离；语言形式应在交际环境中处理。

原则四：应使用整体语言路径融合听说读写四项传统语言技能。

原则五：目标语言通过鼓励意义协商的互动式交际使用习得。

原则六：教学应以学习者为中心，并积极应对学生的需求和兴趣。

原则七：强调真正有意义的语言使用，包容不可预测的、冒险的选择性行为。

这七条原则可以视作复杂理论指导下课堂教学的总则。正如 Larsen-Freeman 和 Cameron（2008b）倡导的"后方法"所主张的，这些原则并不会明确地提出，我们需要使用"交际法"或"任务型教学法"。事实上，教师需要根据当时当地的情境条件，"软组装"所有的资源，最终形成适合具体课堂的具体实施方法或操作程序。不过，万变不离其宗，一个有效的课堂或许都或多或少折射出以上原则。

（三）中国外语环境下的教学启示

教育部出台的《关于加快建设高水平本科教育全面提高人才培养能力的意见》（教高〔2018〕2 号）明确指出，要推动课堂教学改革，以学生发展为中心，通过教学改革促进学习革命。外语界的理论研究者和一线教师历来非常关心语言教学的效率问题，我国外语界也一直积极探索有效的外语教学模型，近年来陆续推出"产出导向法"（文秋芳，2017）、"读后续写"（王初明，2015a，2017a），形成颇具中国特色的教学理论体系，并且产出了丰富的实证研究数据。

本书中的多项研究立足中国外语教学环境，针对中国外语学习者的特点，结合复杂动态系统理论，具有一定的教学启示。我们参考了国内外学者的宝贵结论，结合长期研究的结果，提出以下五个教学主张。

1. 语言学习是一个整体的过程

以往结构主义主导的语言教学理论往往会将听、说、读、写四大技能分割开，课程设置也往往会单独开课，例如会有精读课、泛读课、听说课。而复杂动态系统理论认为，语言系统相互联结，由此应该采用整体性教学法，融合四项基本技能。例如以项目制为单位，听说读写融会贯通在同一项任务中。上文提及的"产出导向法""读后续写"也都实践贯彻了这样的理念。例如,"续理论"现在已经发展出听后续说、读后续译等不同的形式,都展现出不同的语言技能相互增强,分而治之的处理方法并不可取。

近年来,吴诗玉、黄绍强(2018,2019)根据中国大学英语课堂的特点提出了RfD模型,即基于阅读和讨论的英语教学模型。尽管他们并未明确借用复杂动态系统理论,但是该模型旨在连接阅读和讨论,通过意义创造、互动交流,强调语境中的学习。该模型的起点是阅读,阅读又受到了任务目的的驱动,例如任务目的可以是让学生围绕某篇阅读写一篇评论性文章。阅读之后,学生需要在小组内进行口头讨论,确定评论的重点,同时加深对阅读内容的理解和扩展,最终完成写作任务。因此,围绕这样的活动,以写促读、听说互动,形成了一条整体的路径。他们提出:"根本上,RfD教学模型是一种内容与语言融合的教学,着重训练了学生的阅读、写作和口头交流的技能。"(吴诗玉 & 黄绍强,2019:43)结合之前 Verspoor(2017)提出的原则,不难发现 RfD 教学模型也反映了一种全面的联结观点。

语言系统的整体观还表现在语言不同部分之间的相互联结、交互变化。本书第四章围绕学习者语言发展的动态性展开详细讨论,结果体现出中高级水平的学习者书面语单个单词和多词词束的使用出现此消彼长的状态,究其原因可能是因为多词词束并不是教学的重点,而外语学习者很难从语料中自行发现多词词束的规约性使用规律。同时,研究也发现高水平学习者的词汇和句法发展出现了前期协同、后期竞争的状态,尤其是高水平学习者的词汇多样性和低频词使用增多,超过了句法的发展。由此可见,学生的某种语言系统进入吸态后,可以刺激其他部分的使用,或许可以带动不同语言系统的发展。这些研究的结果表明,在教学过程中要密切关注学生的发展状态,采用不同的手段对学生实施个性化指导。词汇发展可能会带动句法发展,单个单词的使用和多词词束的使用也需要达到平衡,因此我们需要用联结的、全面的角度去看待语言系统的不同部分,而不再是词汇、语法分而治之。

2. 语言学习是一个动态的过程

尽管我们都认同语言学习是一个有进步也有退步的动态过程,但是在实际教学中,我们可能并不能非常优雅地接受学生犯的错误。传统的结构主义语言学和偏误分析的底层逻辑认为,学习者的错误很多来自母语的负迁移,而学习者犯错就表明尚未习得目标语言结构,因此需要加强输入。但是实际情况往往是令人沮丧的。很多教师在日常教学中也常常发现,有些语法点无论讲了多少遍,学生仍然会在这个方面犯错。

复杂动态系统理论对学生的错误有不同的阐释。学生在语言使用行为上表现出的非系统自由变化程度(即变异性),大多时候表现为他们所犯的错误,实际上可以看作发展的征兆,而非发展的阻碍。换句话说,犯错是发展的必然过程,不犯错就无法进步。传统的教学认为学生语言错误是需要被清除的"噪音",但是在复杂动态系统理论看来,这些都是预示了发展阶段关键信息的数据,这是因为只有学习者开始不断探索、尝试不同的语言行为,才会激发系统的重组,从而推动语言系统的发展。第五章围绕学习者语言发展的变异性进行了讨论,实证结果也表明高变异性伴有较大的发展幅度,不存在低变异性高发展或高变异性低发展的情况。这对语言教学有很大启示。

在日常教学中,教师常常会为了提升学生的准确度而要求学生不要使用不熟悉的形式,尽量沿用已经非常熟练的惯用语。我们必须承认在现有的教育体制和考试框架下,这种做法无可厚非。但是从二语发展的角度看,这恰恰限制了学生的冒险和创新,会导致学习者语言系统过早进入较低水平的"吸态",且难以摆脱这种停滞的状态。学习者只有冒险、尝试、犯错,才能达到系统发展需要的变异程度,系统的不同部分才能开始重组,从而进入下一阶段的发展。因此,语言教师语言使用的准确度固然重要,但是教师应意识到在某一个发展阶段,可以稍稍放松对准确度的要求而提升对语言复杂度或流利度的要求。换句话说,当教师观察到学生的语言趋于稳定时,可以用一些任务或手段刺激学生的语言使用,例如加大任务复杂度以提升语言复杂度,或者减少准备时间,刺激学生的流利度发展,抑或改变语体(从一般学术写作改为专门学术写作)以提升语言复杂度,甚至还可以在某个阶段告诉学生必须使用新的语言形式,即使犯错也不扣分。如此等等,通过各种手段达到刺激语言系统重组的目的。

从我们的研究也可以看出,事实上学习者语言的复杂度、准确度、流利度可以发展很快,而地道性和连贯性这种与整体语言使用相关的指标则相对比较稳定。学习者或许能够在语言使用的形式方面获得较快发展,但是在功能方面的发展则着实不易。在这个方面,显性教学能够发挥较好作用。在外语环境下,囿于输入量较少、语境信息较贫乏,学习者很难自主发现语言形式和功能之间的映射。例如,学生知道语篇标记的语言形式(比如 first, second 或者 however 这样的用法),但是往往在使用的时候仅有语言形式却无法真正实现其语篇功能。比方说,我们在数据中观察到学生在使用 however 时,连接的并非相反的观点,反而是相近的观点。这就说明,在显性教学中需要明确告知学生相关语言形式和功能之间的具体映射关系,才能够从整体上提升他们语言的地道性和连贯性。Verspoor(2017)一直强调要立足于基于使用的语法、构式和意义单位,也是基于形式和功能有效连接的底层逻辑。

3.语言发展是个体与环境互适的结果

系统的全面联结性也表明,语言课堂并非脱离社会环境而存在,每个学习者都带着他们各自的动机、需求、过往经验齐聚课堂之上。学习者自身、学习者语言系统和多维的环境系统之间交互关联、通达联动。与传统的输入-输出信息处理框架不同,复杂动态系统理论认为语言形式是在与环境频繁互动的过程中逐渐浮现的,因此环境并非孤立存在的背景,而与认知融为一体,是语言习得、发展的必要条件。这里的环境既包含社会文化的宏观环境,也包括上下文构成的微观语境。例如,王初明(2015b)提出构式语境的观点:较复杂构式为其组成成分的较简单构式形成语言本体的微观语境,约束语言结构的合成和使用。构式只能在语境互动体验中获得,构式语境与语言使用的情境交互过程中,学习者逐渐建立二语构式体系。从另一个角度说,语言教学传统将知识点分割开的做法也不再符合复杂动态系统的语言观。无论是 Tomasello(2006)提出的构式,还是Verspoor(2017)提出的 FMMUs,强调的都是使用、功能与形式的密切结合。在抽象语境中讲解语言点的做法也不再适合。

借用 Larsen-Freeman(2017)的观点,二语学习是社会认知建构的过程,并不存在先天语法习得机制,语言学习是学习者透过具身体验与具体的语境互动,通过"软组装"语言和其他符号资源,根据具体的交际需求作出适配反应,更高级、更复杂的语言模式在实际使用、交际沟通、意义制造的过程中逐渐浮现。

本书第六章阐述复杂系统语言发展的互适性,研究发现学习者的口语词汇系统会根据任务复杂度带有的认知压力作出调试,但同时从整体上保持词汇系统的稳定性。这些结果也充分说明了语言习得是学习者个体的认知环境、微观构式语境、宏观社会情境不同层级之间协同互适的结果。用 Larsen-Freeman 的话说(2017:28):"学习的根本不在于输入,而是在于学习者是如何感知不断变化的环境所提供的给养。给养的次阶形式是学习者与教师构建管理的学习环境之间形成的互动关系。"语言课堂构成和嵌入在多因素交叠的平衡系统,通过提供丰富的语境体验,能给予学习者探索不同学习路径的机会,为学习者探索新的语言形式和发挥冒险精神提供了必要条件。换句话说,课堂的给养为语言系统提供了外在资源,为语言系统的内部变异重组奠定了基础。

连接个体经验和课堂环境的一个重要概念便是学习"投入"(engagement),

该话题在近年已经成为二语习得研究的热点。"二语学习投入"指学习者在语言学习任务或活动中积极参与的状态，是涵盖认知、情感、行为等方面的动态多维结构(Hiver, Al-Hoorie, Vitta, & Wu, 2021)。投入作为重要心理因素，起到调节二语教学内在过程、外部世界和学习成就的作用(Oga-Baldwin, 2019)。学习者的个体差异和内心世界通过"投入"与课堂环境产生联系，并反哺他们的动机、情感等主观因素。例如在 Dörnyei(2019)最新的二语动机自我系统论述中，他重新将二语学习经历定义为"学习者投入语言学习过程各个方面的经历并对这些经历质量的感知"。学习者高度投入和参与语言学习的过程中可能会产生强烈的情感共鸣，已有研究显示积极的情绪特征能够通过二语学习经历(即投入程度)影响到二语动机自我(M. Liu, 2020)。在相关的多语动机研究中，也有研究发现，非英语学习者动机的最重要来源是积极的二语学习体验(S.-C. Huang, 2019；郑咏滟 & 刘维佳, 2021)。因此，外语教师的重要工作是构建富有营养的课堂学习环境，为学生提供积极的学习体验，而非一味增加输入。毕竟，输入-输出的简单线性因果关系无法真正解释教与学这个复杂系统。最近的研究也已经证明了这点。周世瑶等(2025)发现，教师自主支持型激励风格对学生的学习投入程度产生正面、持续的影响。教师的自主支持型激励风格的变化可以解释学习者个体内 43.06% 的学习投入变化。这也意味着，外语教师需要突破原有的桎梏，从复杂的、生态的视角重新思考自身角色。

4. 尊重语言学习者个体差异

复杂系统语言观充分尊重个体差异。吴诗玉、黄绍强(2019)分析了本土外语教学环境特点，他们认为国内外语教学常用的"一本课本、一张试卷"的模式根本上无法涵盖学生个体的巨大差异。复杂动态系统则认为个体差异是系统的本质属性之一，这是因为系统发展受到初始状态影响，学习者的初始状态不同、未来愿景不同，因此即使身处相同的语言学习环境，接受相似的教学输入，仍然会呈现出大相径庭的语言发展模式。从复杂动态系统视角下开展的大量学习动机研究都表明，学生的动机概览随着个体学习经历的改变而发生改变(Papi & Hiver, 2020；Zheng et al., 2020)，因此我们并不能假设同一个学习群体中的学生发展路径一定是可以复制的，也不能想当然地以为某一个群体的结论可以不加改变地推及其他群体。

正因为巨大的差异，教师必须学会对一个班级的学生进行适当分类。复杂动态系统理论中使用的"反溯法"或者"遍历合集"的概念，有助于教师对学生的分类。我们可以依据学生的个体差异因素，包括情感、动机类型、投入程度等进行聚类分析,以此将学生分为不同的类型,并因材施教;也可以依据本书第五章的方法,使用变异度、发展幅度这样的变量将学生的发展路径分为不同的子群。在承认每个个体发展都有独特性的同时,我们也可以在复杂动态系统理论的指导下,洞悉群组发展的模式和共性,从而采取更加精准的、有针对性的教学方法。

5. 重视多种语言之间的相互作用

随着全球化的深入推进和世界格局的迅速转变,多语制逐渐成为近年来语言学领域的学术热点。习得和同时使用多种语言已经成为现今世界的常态。复杂系统的全面联结性也让我们日益意识到,语言系统中的多个语言并非独立存在、互不干扰,而是相互联结、不断互动,单个语言系统之间的边界都是流动的。本书第八章对多语复杂动态系统进行了全面论述,并且实证研究的证据也表明,双外语学习者经历的密集的、高强度的学习体验,能够让他们充分利用甚至扩展认知能力(包括工作记忆和外语学能)(T. Huang et al., 2020, 2021a, 2021b)。多语发展中的 M-因素能够优化、协调多语系统中本该出现的资源竞争,促成多语系统的资源平衡调配。由此可见,传统教授外语时的单语思维在现今的外语教学新形态下变得不合时宜。第八章中介绍的"聚焦多语制"概念框架(Cenoz & Gorter, 2014, 2015, 2022)强调从系统性、动态性视角出发,打破语言系统之间的壁垒,构建学习者整体语言库存,建立多语互联互通的新范式。这个概念框架能够很好地指导我们将复杂动态系统理论运用到双外语发展研究中去。

针对现今应用语言学的多语转向,"超语"的概念也日益受到关注(García & Li Wei, 2014; Li Wei, 2018; Li Wei & García, 2022; 李嵬 & 沈骑, 2021; 郑咏滟 & 安宁, 2022)。**"超语"指的是说话者使用整体语言库存以获得知识、制造意义、表达思想,以及交流如何使用语言的过程(García & Li Wei, 2014)**,将语言从静态的结构观转向了动态的使用观。因此,在贯彻语言课堂的多语使用、整体语言库存的原则时,"教学超语"(pedagogical translanguaging)是非常适切的教学法。教学超语定义为由教师在课堂上计划的,使用不同语言进行输入和输出,也可以指其他基于使用学生的整个语言库存的使用策略(Cenoz & Gorter, 2021, 2022)。一系列实证研究展现了教学超语在外语教学中的促学作用,主要是能够提升多语学生的自信心和动机,并能够提高他们的目标语特定技能。最近 Li Wei 和 García(2022:322)辨析道,超语的意义并非在于在课堂中添加多种语言或语言之间的转换,实则在于放弃对标准语言和单语使用的执念,全面引入学生的整体意义库存,实施更加包容的教育,最终能够从根本上改变社会中固有的语言等级和权力关系。

　　我们认为,复杂动态系统理论作为一个元理论视角,可以和"超语"理论深度结合,更好地指导外语课堂教学。复杂动态系统理论本质上是一个发展理论:在研究语言发展的时候,需要与语言本体理论结合,最适合的是基于使用的语言本体观和构式语法(Bybee, 2010；Tomasello, 2006);但是在研究课堂教学的时候,也需要一个对象理论,那么我们认为最适合的就是"教学超语"的实践路径。近年来已经有大量的超语研究(郑咏滟 & 安宁,2022；郑咏滟 & 邱译曦,2024),有兴趣的读者可以参考相关文献。

　　Verspoor(2017：159)指出,"教师的任务并不是教学本身,而是在于创造一种有利的环境,使得个体最佳学习路径在这个环境下均得以实现"。我们现在面对的语言课堂,不再是单一群体、单一语言、单一模态、单一空间的语言课堂;而是多元背景、多语多言、多模态的符号资源、实在空间与虚拟空间共存的语言课堂生态系统,其复杂性也是前所未有的。正如图10.1所表述的那样,我们需要用更为系统性、整体性、层级性的思维对语言课堂概念化,才能够真正了解现今这个时代的语言教学的本质。

二、在第二语言发展中研究复杂动态系统

　　复杂动态系统理论是典型的超学科理论,研究的切入点具有现象学意义或方法论价值。我们并不赞同仅仅从理论层面抽象讨论,相反我们认为重点在于问题驱动的框架和实践。因此,本书并没有针对某一单一现象(例如书面语系统发展的不同维度),而是从复杂动态系统理论的关键概念入手,特别注意如何将繁杂抽象的概念与实证研究设计、数据解读结合在一起。

　　在未来的研究中,我们认为以下方向值得进一步探索:

　　首先,方法上要推进从混合法到融合法的转向。复杂动态系统理论兼容并蓄,强调整体性和打破边界,因此并不会在量化和质性方法之间制造二元对立。相反,其持有的涌现论、生态观、整体观、关联观等原则都鼓励研究者采用融合性方法设计。我们的立场一向是方法推进会促进理论发展,因此在未来的研究中,应用语言学研究者应积极从社会科学甚至自然科学的其他领域汲取方法论的养分。例如,质性比较法(qualitative comparative analysis)(Ragin, 2014)是基于案例的分析方法,但是将每个个案都当作一个具有复杂变量的整体来处理,同时使用布尔代数和集合论展开分步的比较、分析、归纳,特别适合解决复杂系统的多元线性和多重因果论。该方法在管理学和社会学中已经有所引用,教育学也有

一定尝试,但是迄今为止应用语言学尚未有研究使用。

其次,话题上应进一步拓展。我们在第二章的范围性综述中已经提出,复杂动态系统理论现今主要还是立足于二语习得本体研究,即关注学习者语言系统的发展。但是在社会语言学、教育语言学等更加宏大的话题中应用还不够充分。Larsen-Freeman(2018)曾经论述道,世界英语(World Englishes)的兴起是宏观尺度上语言复杂动态系统发展的"吸态"。这个论点非常具有启发性。今后的研究中,我们有必要将第二语言发展置于更广阔的社会文化、社会政治环境下,推动跨界研究,拓展研究范围。本书第八章关注的多语制和多语教育是一个比较好的切入点。多语研究既关注微观层面的多语者语言、认知、情感发展,也关注宏观层面的社会多语制、语言政策、教育公平、社会参与等议题,因此是一个囊括人类社会和人类活动多个层面的话题领域。笔者依循这个思路,在开展家庭语言政策研究时作了初步尝试(Zheng & Mei, 2020),从生态观点考察了中国城市家庭对中英双语学习的投资。但是,这类研究现在还比较少。我们认为今后研究中应尽量推动多语研究和复杂动态系统理论的结合,为该理论在应用语言学的发展注入更多活力。

最后,随着数据科学的快速发展和语料库技术的日益成熟,复杂动态系统理论和其他自然科学领域的交叉应为应用语言学今后的发展提供新的契机。复杂理论本身就是在数学、生物学、气象学、管理学等领域应用非常广泛的理论。通过寻找、挖掘理论共性,应能进一步促进应用语言学与其他学科之间的对话。本书的研究和思想仅仅是复杂动态系统理论的冰山一角。作为一个庞大的理论体系,复杂动态系统理论尚有很大潜力,亟待研究者继续挖掘。

哥伦比亚大学教授 Han 在最新的批评性回顾中指出:"尽管复杂动态系统理论的方法论有所发展,但是其背后包含的认识论和现象学内容尚未达成一致;事实上,两者之间还存在巨大的鸿沟。"(Han, Kang, & Sok, 2022:17)尽管如此,复杂动态系统理论无论是在理论概念还是方法路径上,都正在撼动传统二语习得研究封闭、狭窄和静止的动态,并且一步步向更加科学、更加具有现实世界联系的未来迈进(Han et al., 2022)。复杂动态系统理论作为强有力的本体论透镜,使我们能够洞察二语发展的原则、模式和机制(van Dijk, Lowie, Smit, Verspoor, & van Geert, 2024)。本书正是力图展示这样的一幅广阔图景:应用语言学和其他人文学科、社会学科的发展都处于一个高速变化的时期,或许我们将在不久的将来见证二语发展研究进入一个全新的阶段,相信在这个过程中,复杂动态系统理论将扮演至关重要的角色。

参 考 文 献

Abdi Tabari, M., Bui, G., & Wang, Y. (2021). The effects of topic familiarity on emotionality and linguistic complexity in EAP writing. *Language Teaching Research*, 1 – 19. doi: 10. 1177/ 13621688211033565

Abdi Tabari, M., & Wang, Y. (2022). Assessing linguistic complexity features in L2 writing: Understanding effects of topic familiarity and strategic planning within the realm of task readiness. *Assessing Writing*, 52, 1 – 14. doi: 10.1016/ j.asw.2022.100605

Ädel, A., & Erman, B. (2012). Recurrent word combinations in academic writing by native and non-native speakers of English: A lexical bundles approach. *English for Specific Purposes*, 31, 81 – 92.

Ai, H., & Lu, X. (2013). A corpus-based comparison of syntactic complexity in NNS and NS university students' writing. In A. Díaz-Negrillo, N. Ballier, & P. Thompson (Eds.), *Automatic Treatment and Analysis of Learner Corpus Data* (p. 249 – 264). Amsterdam: Johns Benjamins.

Al-Hoorie, A. H., & Hiver, P. (2022). Complexity theory: From metaphors to methodological advances. In A. H. Al-Hoorie & F. Szabó (Eds.), *Researching language learning motivation: A concise guide* (p. 175 – 184): Bloomsbury Academic.

Alexopoulou, T., Michel, M., Murakami, A., & Meurers, D. (2017). Task effects on linguistic complexity and accuracy: A large-scale learner corpus analysis employing natural language processing techniques. *Language Learning*, 67(S1), 180 – 208.

Alkhateeb, H., Al Hamad, M., & Mustafawi, E. (2020). Revealing stakeholders' perspectives on educational change policy in higher education through Q-methodology. *Current Issues in Language Planning*. doi: 10.1080/ 14664208.2020.1741237

Alkhateeb, H., & Alshaboul, Y. (2022). Teachers' understanding of the importance of students' mother tongue(s) in Qatar's international English-medium primary schools: Findings from Q method research. *Current Issues in Language Planning*, 23(1), 37 – 56.

Altman, R. (1997). Oral production of vocabulary: A case study. In J. Coady & T. Huckin (Eds.), *Second language vocabulary acquisition: A rationale for pedagogy* (p. 69 – 97). Cambridge: Cambridge University Press.

Amaro, J. C. (2017). Testing the phonological permeability hypothesis: L3 phonological effects on L1 versus L2 systems. *International Journal of Bilingualism*, 21(6), 698 – 717.

Amerstorfer, C. (2020). The dynamism of strategic learning: Complexity theory in strategic L2 development. *Studies in Second Language Learning and Teaching*, 10(1), 21 – 44.

An, N., & Zheng, Y. (2022). Language learners as invisible planners: A case study of an

Arabic language program in a Chinese university. *Current Issues in Language Planning*, *23*(4), 371 – 393. doi: 10.1080/14664208.2021.2005369

Ansarifar, A., Shahriari, H., & Pishghadam, R. (2018). Phrasal complexity in academic writing: A comparison of abstracts written by graduate students and expert writers in applied linguistics. *Journal of English for Academic Purposes*, *31*, 58 – 71. doi: 10.1016/j. jeap.2017.12.008

Anthony, L. (2014). *AntConc (Version 3.4.1)*. Waseda University, Tokyo, Japan. Retrieved from http://www.antlab.sci.waseda.ac.jp/

Awwad, A., & Tavakoli, P. (2019). Task complexity, language proficiency and working memory: Interaction effects on second language speech performance. *International Review of Applied Linguistics*, *60*(2), 169 – 196.

Baayen, R. H., Piepenbrock, R., & Gulikers, L. (1995). *The CELEX lexical database (Release 2)*.

Baba, K., & Nitta, R. (2014). Phase transition in development of writing fluency from a complex dynamic systems perspective. *Language Learning*, *64*(1), 1 – 35.

Baba, K., & Nitta, R. (2021). Emergence of multiple groups of learners with different writing-development trajectories in classroom: Growth mixture modeling. *Journal of Second Language Writing*, *54*, 100856. doi: 10.1016/j.jslw.2021.100856

Bak, P. (1996). *How nature works: The science of self-organized criticality*. New York, NJ: Copernicus.

Barabási, A. L. (2003). *Linked: How everything is connected to everything else and what it means for business and everyday life*. London: Plume Books.

Barrot, J. S., & Agdeppa, J. Y. (2021). Complexity, accuracy, and fluency as indices of college-level L2 writers' proficiency. *Assessing Writing*, *47*, 100510. doi: 10.1016/j.asw. 2020.100510

Bassano, D., & Van Geert, P. (2007). Modeling continuity and discontinuity in utterance length: A quantitative approach to changes, transitions and intra-individual variability in early grammatical development. *Developmental Science*, *10*(5), 558 – 612.

Bhatia, T. K. (2013). Introduction. In T. K. Bhatia & W. C. Ritchie (Eds.), *The handbook of bilingualism and multilingualism*: Blackwell.

Bhatia, T. K., & Ritchie, W. C. (Eds.). (2013). *The handbook of bilingualism and multilingualism* (2nd ed.): Blackwell.

Bi, P. (2020). Revisiting genre effects on linguistic features of L2 writing: A usage-based perspective. *International Journal of Applied Linguistics*, *30*(3), 429 – 444. doi: 10.1111/ijal.12297

Bi, P., & Jiang, J. (2020). Syntactic complexity in assessing young adolescent EFL learners' writings: Syntactic elaboration and diversity. *System*, *91*, 102248. doi: 10.1016/j.system. 2020.102248

Biber, D., Conrad, S., & Cortes, V. (2004a). If you look at …: Lexical bundles in university teaching and textbooks. *Applied Linguistics*, *25*, 371 – 405.

Biber, D., Conrad, S., & Cortes, V. (2004b). Lexical bundles in speech and writing: An initial taxonomy. In A. Wilson, P. Rayson, & T. McEnery (Eds.), *Corpus linguistics by the Lune* (p. 71 – 93). Frankfurt: Peter Lang.

Biber, D., Gray, B., & Poonpon, K. (2011). Should we use characteristics of conversation to measure grammatical complexity in L2 writing development. *TESOL Quarterly*, *45*, 5 – 35.

Biber, D., Gray, B., Staples, S., & Egbert, J. (2020). Investigating grammatical complexity in L2 English writing research: Linguistic description versus predictive measurement. *Journal of English for Academic Purposes*, *46*, 100869. doi: 10.1016/j.jeap.2020.100869

Biber, D., Johansson, S., Leech, G., Conrad, S., & Finegan, E. (1999). *Longman grammar of spoken and written English*. London: Longman.

Borgatti, S. P., & Ofem, B. (2010). Overview: Social network theory and analysis. In A. J. Daly (Ed.), *Social network theory and educational change* (p. 17 – 29). Cambridge, MA: Harvard Education Press.

Bronfenbrenner, U. (1979). *The ecology of human development: Experiments by nature and design*. Cambridge, MA: Harvard University Press.

Brown, S. R. (1980). *Political subjectivity: Application of Q methodology in political science*. New Haven: Yale University Press.

Brown, S. R. (1993). A primer on Q methodology. *Operant Subjectivity*, *16*(3/4), 91 – 138.

Brown, S. R., Durning, D. W., & Selden, S. C. (2008). Q methodology. In G. J. Miller & K. Yang (Eds.), *Handbook of Research Methods in Public Administration*, *2nd ed*. Boca Raton: CRC Press.

Bui, G. (2021). Influence of learners' prior knowledge, L2 proficiency and pre-task planning on L2 lexical complexity. *International Review of Applied Linguistics*, *59*(4), 543 – 567.

Bulté, B., & Housen, A. (2012). Defining and operationalizing L2 complexity. In A. Housen, F. Kuiken, & I. Vedder (Eds.), *Dimensions of L2 performance and proficiency: Complexity, accuracy and fluency in SLA* (p. 21 – 46). Amsterdam/Philadelphia: John Benjamins.

Bulté, B., & Housen, A. (2014). Conceptualizing and measuring short-term changes in L2 writing complexity. *Journal of Second Language Writing*, *26*, 42 – 65.

Bulté, B., & Housen, A. (2018). Syntactic complexity in L2 writing: Individual pathways and emerging group trends. *International Journal of Applied Linguistics*, *28*(1), 147 – 164.

Bybee, J. (2008). Usage-based grammar and second language acquisition. In P. Robinson & N. Ellis (Eds.), *Handbook of Cognitive Linguistics and Second Language Acquisition* (p. 216 – 236). London: Routledge.

Bybee, J. (2010). *Language, usage and cognition*. Cambridge, UK: Cambridge University Press.

Byrne, D., & Callaghan, G. (2014). *Complexity theory and the social sciences. The state of the art*. Oxon: Routledge.

Canagarajah, S. (2013). *Translingual practice: Global Englishes and cosmopolitan relations*. New York, NY: Routledge.

Canagarajah, S. (2018). Materializing "competence": Perspectives from international STEM scholars. *Modern Language Journal*, *102*(2), 268 – 291.

Carolan, B. V. (2014). *Social network analysis and education theory*, *methods and applications*. Thousand Oaks, CA: Sage Publications.

Caruso, M., & Fraschini, N. (2021). A Q methodology study into vision of Italian L2 university students: An Australian perspective. *Modern Language Journal*, *105*(2), 552 – 568. doi: 10.1111/modl.12713

Cenoz, J. (2009). *Towards multilingual education: Basque education research in international perspective*. Bristol: Multilingual Matters.

Cenoz, J. (2019). Translanguaging and English as a lingua franca. *Language Teaching*, *52*(1), 71 – 85.

Cenoz, J., & Gorter, D. (2011). Focus on multilingualism: A study of trilingual writing. *Modern Language Journal*, *95*, 356 – 369.

Cenoz, J., & Gorter, D. (2014). Focus on multlingualism as an approach in educational contexts. In A. Blackledge & A. Creese (Eds.), *Heteroglossia as Practice and Pedagogy* (Vol. 20, p. 239 – 254): Springer.

Cenoz, J., & Gorter, D. (2015). Towards a holistic approach in the study of multilingual education. In J. Cenoz & D. Gorter (Eds.), *Multilingual education between language learning and translanguaging* (p. 1 – 15): Cambridge University Press.

Cenoz, J., & Gorter, D. (2021). *Pedagogical Translanguaging*. Cambridge: Cambridge University Press.

Cenoz, J., & Gorter, D. (2022). Pedagogical translanguaging and its application to language classes. *RELC Journal*, *53*(2), 342 – 354. doi: 10.1177/00336882221082751

Chen, D., & Manning, C. (2014). *A Fast and Accurate Dependency Parser using Neural Networks*. Paper presented at the EMNLP, Doha, Qatar.

Cong, J., & Liu, H. (2014). Approaching human language with complex networks. *Physics of Life Reviews*, *11*(4), 598 – 618.

Conklin, K., & Schmitt, N. (2012). The processing of formulaic language. *Annual Review of Applied Linguistics*, *32*, 45 – 61.

Cook, V. (1991). The poverty-of-the-stimulus argument and multicompetence. *Second Language Research*, *7*, 103 – 117.

Cook, V. (1999). Going beyond the native speaker in language teaching. *TESOL Quarterly*, *33*(2), 185 – 209.

Cook, V. (Ed.) (2003). *Effects of the L2 on the L1*. Clevedon, UK: Multilingual Matters.

Corominas-Murtra, B., Valverde, S., & Solé, R. V. (2009). The ontogeny of scalefree syntax networks: Phase transitions in early language acquisition. *Advances in Complex Systems*,

12(3), 371 – 392.

Cortes, V. (2004). Lexical bundles in published and student disciplinary writing: Examples from history and biology. *English for Specific Purposes*, *23*, 397 – 423.

Covington, M. A., & McFall, J. D. (2010). Cutting the Gordian Knot: The moving-average type-token ratio (MATTR). *Journal of Quantitative Linguistics*, *17*(2), 94 – 100.

Creswell, J. W., & Creswell, J. D. (2018). *Research design: Qualitative, quantitative, and mixed methods approaches* (5th ed.). Thousand Oaks, CA: Sage.

Crossley, S., Cobb, T., & McNamara, D. (2013). Comparing count-based and band-based indices of word frequency: Implications for active vocabulary research and pedagogical applications. *System*, *41*, 965 – 981.

Crossley, S., & McNamara, D. (2012). Predicting second language writing proficiency: the roles of cohesion and linguistic sophistication. *Journal of Research in Reading*, *35*(2), 115 – 135.

Crossley, S., & McNamara, D. (2014). Does writing development equal writing quality? A computational investigation of syntactic complexity in L2 learners. *Journal of Second Language Writing*, *26*, 66 – 79.

Crossley, S., Salsbury, T., & McNamara, D. (2015). Assessing lexical proficiency using analytic rating: A case for collocation accuracy. *Applied Linguistics*, *36*(5), 570 – 590. doi: 10.1093/applin/amt056

Crossley, S., Salsbury, T., McNamara, D., & Jarvis, S. (2011). Predicting lexical proficiency in language learner texts using computational indices. *Language Testing*, *28*(4), 561 – 580. doi: 10.1177/0265532210378031

de Bot, K. (2008). Second language development as a dynamic process. *The Modern Language Journal*, *92*(2), 166 – 178.

de Bot, K. (2012). Rethinking multilingual processing: From a static to a dynamic approach. In J. C. Amaro, S. Flynn, & J. Rothman (Eds.), *Third language acquisition in adulthood* (p. 79 – 94). Amsterdam: John Benjamin.

de Bot, K. (2015). Rates of change: Timescales in second language development. In Z. Dörnyei, P. D. MacIntyre, & A. Henry (Eds.), *Motivaitonal dynamics in language learning* (p. 29 – 37). Bristol: Multilingual Matters.

de Bot, K. (2017). Complexity theory and dynamic systems theory: Same or different? In L. Ortega & Z. Han (Eds.), *Complexity theory and language development: In celebration of Diane Larsen-Freeman* (p. 51 – 58). Amsterdam/Philadelphia: John Benjamins.

de Bot, K., & Larsen-Freeman, D. (2011). Researching second language development from a dynamic systems theory perspective. In M. Verspoor, K. de Bot, & W. Lowie (Eds.), *A Dynamic Approach to Second Language Development* (p. 5 – 23). Amsterdam: John Benjamins.

de Bot, K., Lowie, W., Thorne, S. L., & Verspoor, M. (2013). Dynamic Systems Theory as a comprehensive theory of second language development. In M. P. G. Mayo, M. J. G.

Mangado, & M. M. Adrián (Eds.), *Contemporary approaches to second language aquisition* (*p.* 199 – 220). Amsterdam: John Benjamins.

de Bot, K., Lowie, W., & Verspoor, M. (2007). A dynamic systems theory approach to second language acquisition. *Bilingualism: Language and Cognition*, *10*(1), 7 – 21.

de Bot, K., Verspoor, M., & Lowie, W. (2005). Dynamic systems theory and applied linguistics: The ultimate "so what"? *International Journal of Applied Linguistics*, *15*(1), 116 – 118.

Deng, Y., Lei, L., & Liu, D. (2021). Calling for more consistency, refinement, and critical consideration in the use of syntactic complexity measures for writing. *Applied Linguistics*, *42*(5), 1021 – 1028. doi: 10.1093/applin/amz069

Dörnyei, Z. (2005). *The psychology of the language learner: Individual differences in second language acquisition*. Mahwah, NJ: Lawrence Erlbaum.

Dörnyei, Z. (2007). *Research methods in applied linguistics: Quantitative, qualitative, and mixed methodologies*. Oxford: Oxford University Press.

Dörnyei, Z. (2009). The L2 motivational self system. In Z. Dörnyei & E. Ushioda (Eds.), *Motivation, language identity and the L2 self* (*p.* 9 – 42). Bristol: Multilingual Matters.

Dörnyei, Z. (2014). Researching complex dynamic systems: 'Retrodictive qualitative modelling' in the language classroom. *Language Teaching*, *47*(1), 80 – 91.

Dörnyei, Z. (2019). Towards a better understanding of the L2 learning experience, the Cinderella of the L2 Motivational Self System. *Studies in Second Language Learning and Teaching*, *9*(1), 19 – 30.

Douglas Fir Group. (2016). A transdisciplinary framework for SLA in a multilingual world. *Modern Language Journal*, *100*(Supplement), 19 – 47.

Edwards, J. (2013). Bilingualism and multilingualism: Some central concepts. In T. K. Bhatia & W. C. Ritchie (Eds.), *The handbook of bilingualism and multilingualism*: Blackwell.

Ellis, N., & Larsen-Freeman, D. (2009). *Language as a complex adaptive system*. New Jersey, NJ: Wiley-Blackwell.

Epskamp, S., Borsboom, D., & Fried, E. I. (2018). Estimating psychological networks and their accuracy: A tutorial paper. *Behavior Research Methods*, *50*, 195 – 212.

Evans, J. (2007). The emergence of language: A dynamical systems account. In E. Hoff & M. Shatz (Eds.), *Blackwell handbook of language development* (p. 128 – 147). Oxford: Blackwell.

Evans, R. (2020). On the fractal nature of complex syntax and the timescale problem. *Studies in Second Language Learning and Teaching*, *10*(4), 697 – 721.

Evans, R., & Larsen-Freeman, D. (2020). Bifurcations and the emergence of L2 syntactic structures in a complex dynamic system. *Frontiers in Psychology*, *29*(11), 574603. doi: 10.3389/fpsyg.2020.574603

Farahanynia, M., & Khatib, M. (2022). Participatory structure of planning and cognitive task complexity in L2 oral performance: A processing perspective. *The Language Learning*

Journal, *50*(6), 777 – 802.

Ferrer-i-Cancho, R., & Solé, R. V. (2001). The small world of human language. *Proc. Biol. Sci.*, *268*, 2261 – 2265.

Feryok, A. (2010). Language teacher cognitions: Complex dynamic systems? *System*, *38*(2), 272 – 279.

Feryok, A., & Oranje, J. (2015). Adopting a cultural portfolio project in teaching German as a foreign language: Language teacher cognition as a dynamic system. *Modern Language Journal*, *99*(3), 546 – 564.

Forcelini, J., & Sunderman, G. (2020). When more is less: The effect of a third language on a second language. *HIspania*, *103*(4), 489 – 500.

Fraschini, N., & Caruso, M. (2019). "I can see myself..." A Q methodology study on self vision of Korean language learners. *System*, *87*, 102 – 147. doi: 10.1016/j.system.2019. 102147

Fraschini, N., & Park, H. (2021). Anxiety in language teachers: Exploring the variety of perceptions with Q methodology. *Foreign Language Annals*. doi: 10.1111/flan.12527

Freeborn, L., Andringa, S., Lunansky, G., & Rispens, J. (2022). Network analysis for modeling complex systems in SLA research. *Studies in Second Language Acquisition*, *ahead-of-print*. doi: 10.1017/S0272263122000407

García, O. (2009). *Bilingual education in the 21st Century: A global perspective*. Malden, MA: Wiley/Blackwell.

García, O., & Li Wei. (2014). *Translanguaging: Language, bilingualism and education*: Palgrave.

Gilarbert, R. (2007). The simultaneous manipulation of task complexity along planning time and (+/− Here-and-Now): Effects on L2 oral production. In M. P. Gacia Mayo (Ed.), *Investigating tasks in formal language learning* (p. 44 – 68). Clevedon, UK: Multilingual Matters.

Goldberg, A. (2003). Constructions: A new theoretical approach to language. *Trends in Cognitive Science*, *7*, 219 – 224.

Granger, S., & Meunier, F. (Eds.). (2008). *Phraseology: An interdisciplinary perspective*. Amsterdam: John Benjamins.

Grenfell, M., & Harris, V. (2015). Learning a third language: What learner strategies do bilingual students bring? *Journal of Curriculum Studies*, *47*(4), 553 – 576.

Grey, S., Sanz, C., Morgan-Short, K., & Ullman, M. T. (2018). Bilingual and monolingual adults learning an additional language: ERPs reveal differences in syntactice processing. *Bilingualism: Language and Cognition*, *21*(5), 970 – 994.

Grosjean, F. (1998). Studying bilinguals: Methodological and conceptual issues. *Bilingualism: Language and Cognition*, *1*, 131 – 149.

Gui, M., Chen, X., & Verspoor, M. (2021). The dynamics of reading development in L2 English for academic purposes. *System*, *100*, 1 – 15.

Guo, L., Crossley, S., & McNamara, D. (2013). Predicting human judgments of essay quality in both integrated and independent second language writing samples: A comparison study. *Assessing Writing*, *18*(3), 218 – 238.

Halliday, M. A. K. (2001). New ways of meaning: The challenge to applied linguistics. In A. Fill & P. Mühlhäusler (Eds.), *The ecolinguistics reader: Language, ecology, and environment* (p. 175 – 202). London: Continuum.

Han, Z. (2004). *Fossilization in adult second language acquisition*. Clevedon: Multilingual Matters.

Han, Z. (Ed.) (2019). *Profiling learner language as a dynamic system*. Bristol: Multilngual Matters.

Han, Z., Kang, E. Y., & Sok, S. (2022). The complexity epistemology and ontology in second language acquisition: A critical review. *Studies in Second Language Acquisition*, *ahp*. doi: 10.1017/S0272263122000420

Hao, Y., Wang, X., Wu, M., & Liu, H. (2021). Syntactic networks of interlanguage across L2 modalities and proficiency levels. *Frontiers in Psychology*, *12*, 643120. doi: 10.3389/fpsyg.2021.643120

Hawking, S. (2000, January 23). "Unified Theory" is getting closer, Hawking predicts. *San Jose Mercury News*.

Henry, A. (2017). L2 motivation and multilingual identities. *The Modern Language Journal*, *101*(3), 548 – 565.

Henry, A., Davydenko, S., & Dörnyei, Z. (2015). The anatomy of directed motivational currents: Exploring intense and enduring periods of L2 motivation. *Modern Language Journal*, *99*(2), 329 – 345.

Henry, A., & Liu, M. (2023). Can L2 motivation be modelled as a self-system? A critical assessment. *System*, *119*, 103158. doi: 10.1016/j.system.2023.103158

Herdina, P., & Jessner, U. (2002). *A dynamic model of multilingualism: Perspectives of change in psycholinguistics*. Clevedon: Multilingual Matters.

Hilpert, J. C., & Marchand, G. C. (2018). Complex systems research in educational psychology: Aligning theory and method. *Educational Psychologist*, *53*, 185 – 202.

Hiver, P., & Al-Hoorie, A. H. (2016). A dynamic ensemble for second language research: Putting complexity theory into practice. *Modern Language Journal*, *100*, 741 – 756.

Hiver, P., & Al-Hoorie, A. H. (2020). *Research Methods for Complexity Theory in Applied Lingustics*. Bristol: Multilingual Matters.

Hiver, P., & Al-Hoorie, A. H. (2022). Transdisciplinary research methods and complexity theory in applied linguistics: introduction to the special issue. *International Review of Applied Linguistics*, *60*(1), 7 – 22. doi: 10.1515/iral-2021 – 0020

Hiver, P., Al-Hoorie, A. H., & Evans, R. (2022). Complex dynamic systems theory in language learning: A scoping review of 25 years of research. *Studies in Second Language Acquisition*, *44*(4), 913 – 941. doi: 10.1017/S0272263121000553

Hiver, P., Al-Hoorie, A. H., & Larsen-Freeman, D. (2022). Toward a transdisciplinary integration of research purposes and methods for complex dynamic systems theory: Beyond the quantitative-qualitative divide. *International Review of Applied Linguistics*, 60(1), 7-22.

Hiver, P., Al-Hoorie, A. H., Vitta, J. P., & Wu, J. (2021). Engagement in language learning: A systematic review of 20 years of research methods and definitions. *Language Teaching Research*, 13621688211001289. doi: https://doi.org/10.25384/SAGE.c.5355839.v1

Hiver, P., & Dörnyei, Z. (2017). Language teacher immunity: A double-Edged sword. *Applied Linguistics*, 38(3), 405-423. doi: 10.1093/applin/amv034

Hiver, P., & Larsen-Freeman, D. (2020). Motivation: It is a relational system. In A. H. Al-Hoorie & P. D. MacIntyre (Eds.), *Contemporary Language Motivation Theory: 60 Years since Gardner and Lambert (1959)* (p. 285-303). Bristol, UK: Multilingual Matters.

Hiver, P., & Papi, M. (2020). Complexity theory and L2 motivation. In M. Lamb, K. Csizér, A. Henry, & S. Ryan (Eds.), *Palgrave Handbook of Motivation for Language Learning* (p. 117-137). Basingstoke, UK: Palgrave Macmillan.

Holland, J. H. (2012). *Signals and boundaries: Building blocks for complex adaptive systems*. Cambridge, MA: MIT Press.

Hou, J., Loerts, H., & Verspoor, M. (2020). Coordination of linguistic sybsystems as a sign of automatization? In G. Fogal & M. Verspoor (Eds.), *Complex dynamic systems theory and L2 writing development* (p. 27-48). Amsterdam/Philadelphia: John Benjamins.

Housen, A., & Kuiken, F. (2009). Complexity, accuracy, and fluency in second language acquisition. *Applied Linguistics*, 30(4), 461-473. doi: 10.1093/applin/amp048

Huang, S.-C. (2019). Learning experience reigns — Taiwanese learners' motivation in learning eight additional languages as compared to English. *Journal of Multilingual and Multicultural Development*, 40(7), 576-589. doi: 10.1080/01434632.2019.1571069

Huang, T., Loerts, H., & Steinkrauss, R. (2022). The impact of second- and third-language learning on language aptitude and working memory. *International Journal of Bilingual Education and Bilingualism*, 25(2), 522-538.

Huang, T., Steinkrauss, R., & Verspoor, M. (2020). Learning an L2 and L3 at the same time: Help or hinder? *International Journal of Multilingualism*. doi: 10.1080/14790718.2020.1779726

Huang, T., Steinkrauss, R., & Verspoor, M. (2021a). The emergence of the multilingual motivational system in Chinese learners. *System*, 100, 1-12.

Huang, T., Steinkrauss, R., & Verspoor, M. (2021b). Variability as predictor in L2 writing proficiency. *Journal of Second Language Writing*, 52, 1-14.

Hulstijn, J. (2020). Proximate and ultimate explanations of individual differences in language use and language acquisition. *Dutch Journal of Applied Linguistics*, 9, 21-37.

Irie, K., & Ryan, S. (2015). Study abroad and the dynamics of change in learner L2 self-concept. In Z. Dörnyei, P. D. MacIntyre, & A. Henry (Eds.), *Motivational dynamics in language learning* (p. 343 – 367). Bristol: Multilingual Matters.

Irie, K., Ryan, S., & Mercer, S. (2018). Using Q methodology to investigate pre-service EFL teachers' mindsets about teaching comptences. *Studies in Second Language Learning and Teaching*, *8*(3), 575 – 598.

Ishikawa, T. (2008). The effect of task demands of intentional reasoning on L2 speech performance. *The Journal of Asia TEFL*, *5*, 29 – 53.

Ivankova, N. V., & Creswell, J. W. (2009). Mixed methods. In J. Heigham & R. A. Croker (Eds.), *Qualitative Research in Applied Linguistics: A Practical Introduction* (p. 135 – 164). England: Palgrave Macmillan.

Jackson, D. O., & Suethanapornkul, S. (2013). The Cognition Hypothesis: A synthesis and meta-analysis of research on second language task complexity. *Language Learning*, *63*(2), 330 – 367.

Jarvis, S. (2002). Short texts, best-fitting curves and new measures of lexical diversity. *Language Testing*, *19*(1), 57 – 84.

Jarvis, S. (2013). Capturing the diversity in lexical diversity. *Language Learning*, *63* (Suppl. 1), 87 – 106.

Jarvis, S., & Pavlenko, A. (2008). *Crosslinguistic influences in language and cognition*. New York: Routledge.

Jessner, U. (2008a). A DST model of multilingualism and the role of metalinguistic awareness. *The Modern Language Journal*, *92*(2), 270 – 283.

Jessner, U. (2008b). Teaching third language: Findings, trends and challenges. *Language Teaching*, *41*(1), 15 – 56. doi: 10.1017/S0261444807004739

Jessner, U., La Morgia, F., Allgauer-Hackl, E., & Barbara, H. (2016). Emerging multilingual awareness in educational contexts: From theory to practice. *Canadian Modern Language Review*(2), 1 – 26.

Jiang, J., Yu, W., & Liu, H. (2019). Does scale-free syntactic network emerge in second langauge learning? *Frontiers in Psychology*, *10*(925). doi: 10.3389/fpsyg.2019.00925

Jiang, N. (2000). Lexical representation and development in a second language. *Applied Linguistics*, *21*, 47 – 77.

Johnson, M. D., & Abdi Tabari, M. (2022). Task planning and oral L2 production: a research synthesis and meta-analysis. *Applied Linguistics*, *43*(6), 1143 – 1164.

Jones, S. M., LaRusso, M., Kim, J., Kim, H. Y., Selman, R., & Uccelli, P. (2019). Experimental effects of word generation on vocabulary, academic language, perspective taking, and reading comprehension in high-poverty schools. *Journal of Research on Educational Effectiveness*, *12*(3), 448 – 483.

Kalantari, R., & Gholami, J. (2017). Lexical complexity development from Dynamic Systems Theory perspective: Lexical density, diversity, and sophistication. *International Journal of Instruction*, *10*(4), 1 – 18.

Karimi, M. N., & Nazari, M. (2021). Examining L2 teachers' critical incidents: a complexity theoretic perspective. *Innovation in Language Learning and Teaching*, 15(1), 81 – 98.

Ke, J., & Yao, Y. A. O. (2008). Analyzing language development from a network approach. *Journal of Quantitative Linguistics*, 15(1), 70 – 99.

Kelso, J. A. S. (1995). *Dynamic patterns: The self-organization of brain and behavior.* Cambridge, MA: MIT.

Kelso, J. A. S. (2014). The dynamic brain in action: Coordinative structures, criticality and coordination dynamics. In D. Plenz & E. Niebur (Eds.), *Criticality in neural systems* (p. 67 – 106). Mannheim, Germany: Wiley-Blackwell.

Kelso, J. A. S. (2016). On the self-organizing origins of agency. *Trends in Cognitive Science*, 20, 490 – 499.

Khatib, M., & Farahanynia, M. (2020). Planning conditions (strategic planning, task repetition, and joint planning), cognitive task complexity, and task type: Effects on L2 oral performance. *System*, 93, 102297.

Khushik, G. A., & Huhta, A. (2021). Investigating Syntactic Complexity in EFL Learners' Writing across Common European Framework of Reference Levels A1, A2, and B1. *Applied Linguistics*, 41(4), 506 – 532. doi: 10.1093/applin/amy064

Kim, N. (2020). Conditions and tasks: The effects of planning and task complexity on L2 speaking. *The Journal of Asia TEFL*, 17(1), 34 – 52.

Kim, Y., & Payant, C. (2017). Impacts of task complexity on the development of L2 oral performance over time. *International Review of Applied Linguistics in Language Teaching*, 55(2), 197 – 220. doi: 10.1515/iral-2017 – 0066

Kliesch, M., & Pfenninger, S. (2021). Cognitive and socioaffective predictors of L2 microdevelopment in late adulthood: A longitudinal intervention study. *Modern Language Journal*, 105(1), 237 – 266. doi: 10.1111/modl.12696

Kubát, M. (2014). Moving window type-token ratio and text length. In G. Altmann, R. Čech, & J. Mačutek (Eds.), *Empirical Approaches to Text and Language Analysis* (p. 105 – 113). Lüdenscheid: RAM.

Kyle, K. (2016). Measuring syntactic Development in L2 Writing: Fine Grained Indices of Syntactic Complexity and Usage-Based Indices of Syntactic Sophistication.

Kyle, K., & Crossley, S. (2017). Assessing syntactic sophistication in L2 writing: A usage-based approach. *Language Testing*, 34(4), 513 – 535. doi: 10.1177/0265532217712554

Kyle, K., & Crossley, S. (2018). Measuring syntactic complexity in L2 writing using fine-grained clausal and phrasal indices. *Modern Language Journal*, 102(2), 333 – 349. doi: 10.1111/modl.12468

Lan, G., Lucas, K., & Sun, Y. (2019). Does L2 writing proficiency influence noun phrase complexity? A case analysis of argumentative essays written by Chinese students in a first-year composition course. *System*, 85, 102116. doi: 10.1016/j.system.2019.102116

Lan, G., Zhang, Q., Lucas, K., Sun, Y., & Gao, J. (2022). A corpus-based investigation on noun phrase complexity in L1 and L2 English writing. *English for Specific Purposes*, 67,

4 – 17. doi: 10.1016/j.esp.2022.02.002

Langacker, R. W. (2008). Cognitive grammar as a basis for language instruction. In P. Robinson &
N. Ellis (Eds.), *Handbook of cognitive linguistics and second language acquisition* (p. 66 –
88). London: Routledge.

Larsen-Freeman, D. (1997). Chaos/complexity science and second language acquisition.
Applied Linguistics, 18(2), 141 – 165.

Larsen-Freeman, D. (2002). Language acquisition and language use from a chaos/complexity
theory perspective. In C. Kramsch (Ed.), *Language acquisition and language socialization:
Ecological perspectives* (p. 33 – 46). London: Continuum.

Larsen-Freeman, D. (2006). The emergence of complexity, fluency, and accuracy in the oral
and written production of five Chinese learners of English. *Applied Linguistics*, 27, 590 –
619.

Larsen-Freeman, D. (2012). Complex, dynamic systems: A new transdisciplinary theme for
applied linguistics? *Language Teaching*, 45, 202 – 214.

Larsen-Freeman, D. (2015). Saying what we mean: Making a case for "language acquisition" to
become 'language development'. *Language Teaching*, 48(4), 491 – 505. doi: 10.1017/
S0261444814000019

Larsen-Freeman, D. (2017). Complexity theory: The lessons continue. In L. Ortega & Z. Han
(Eds.), *Complexity theory and language development: In celebration of Diane Larsen-
Freeman* (p. 11 – 50). Amsterdam/Philadelphia: John Benjamins.

Larsen-Freeman, D. (2018). Second Language Acquisition, WE, and language as a complex
adaptive system (CAS). *World Englishes*, 37, 80 – 92. doi: 10.1111/weng.12304

Larsen-Freeman, D. (2019). On language learner agency: A complex dynamic systems theory
perspective. *The Modern Language Journal*, 103, 61 – 79.

Larsen-Freeman, D., & Cameron, L. (2008a). *Complex systems and applied linguistics*.
Oxford: Oxford University Press.

Larsen-Freeman, D., & Cameron, L. (2008b). Research methodology on language development
from a complex systems perspective. *The Modern Language Journal*, 92(2), 200 – 213.

Larsson, T., & Kaatari, H. (2020). Syntactic complexity across registers: Investigating (in)
formality in second-language writing. *Journal of English for Academic Purposes*, 45,
100850. doi: 10.1016/j.jeap.2020.100850

Laufer, B., & Nation, I. S. P. (1995). Vocabulary size and use: Lexical richness in L2 written
production. *Applied Linguistics*, 16, 307 – 322.

Lee, J. (2019). Task complexity, cognitive load, and L1 speech. *Applied Linguistics*, 40(3),
506 – 539.

Lesonen, S., Steinkrauss, R., Suni, M., & Verspoor, M. (2021). Dynamic usage-based principles
in the development of L2 Finnish evaluative constructions. *Applied Linguistics*, 42(3),
442 – 472. doi: 10.1093/applin/amaa030

Lesonen, S., Suni, M., Steinkrauss, R., & Verspoor, M. (2017). From conceptualization to constructions in Finnish as an L2: A case study. *Pragmatics & Cognition*, *24*(2), 212 – 262.

Lewis, M. D. (2000). The promise of Dynamic Systems Approaches for an integrated account of human development. *Child Development*, *71*, 36 – 43.

Li, C., Li, W., & Ren, W. (2020). Tracking the trajectories of international students' pragmatic choices in studying abroad in China: A social network perspective. *Language, Culture and Curriculum*. doi: 10.1080/07908318.2020.1857393

Li, H., & Zheng, Y. (2024). Complex dynamic systems theory in second langauge learning and teaching: A textometric review from 2008 to 2022. *Language Teaching Research Quarterly*, *39*, 68 – 95.

Li, J., & Schmitt, N. (2009). The acquisition of lexical phrases in academic writing: A longitudinal case study. *Journal of Second Language Writing*, *18*, 85 – 102.

Li Wei. (2011). Moment analysis and translanguaging space: Discursive construction of identities by multilingual Chinese yough in Britain. *Journal of Pragmatics*, *43*, 1222 – 1235.

Li Wei. (2013). Conceptual and methodological issues in Bilingualism and multilingualism research. In T. K. Bhatia & W. C. Ritchie (Eds.), *The handbook of bilingualism and multilingualism*: Blackwell.

Li Wei. (2018). Translanguaging as a practical theory of language. *Applied Linguistics*, *39*(1), 9 – 30. doi: 10.1093/applin/amx039

Li Wei, & García, O. (2022). Not a first language but one repertoire: Translanguaging as a decolonizing project. *RELC Journal*, *53*(2), 313 – 324. doi: 10.1177/00336882221092841

Li Wei, & Zhu Hua. (2013). Translanguaging identities and ideologies: Creating transnational space through flexible multilingual practices amongst Chinese university students in the UK. *Applied Linguistics*, *34*(5), 516 – 535.

Liao, J., An, N., & Zheng, Y. (2020). What motivates L3 learners' investment and/or divestment in Arabic? Understanding learning motivation in terms of "identity". *Círculo de Lingüística Aplicada a la Comunicación*, *84*, 27 – 39.

Lindberg, R., & Trofimovich, P. (2020). Second language learners' attitudes toward French varieties: The roles of learning experience and social networks. *Modern Language Journal*, *104*(4), 822 – 841.

Liu, D. (2012). The most frequently-used multi-word constructions in academic written English: A multi-corpus study. *English for Specific Purposes*, *31*, 23 – 35.

Liu, H. (2018). Language as a human-driven complex adaptive system: Comments on "Rethinking foundations of language from a multidisciplinary perspective" by T. Tong et al. *Physics of Life Reviews*, *26 – 27*, 149 – 151.

Liu, H., & Cong, J. (2013). Language clustering with word co-occurrence networks based on parallel texts. *Chinese Science Bulletin*, *58*(10), 1139 – 1144.

Liu, M. (2020). The emotional basis of the ideal multilingual self: the case of simultaneous language learners in China. *Journal of Multilingual and Multicultural Development*. doi:

10.1080/01434632.2020.1755294

Lo Bianco, J. (2015). Exploring language problems through Q-sorting. In F. M. Hult & D. C. Johnson (Eds.), *Research methods in language policy and planning: A practical guide* (p. 69 – 80). Oxford: Multilingual Matters.

Lowie, W., & Verspoor, M. (2015). Variability and Variation in Second Language Acquisition Orders: A Dynamic Reevaluation. *Language Learning*, *65*(1), 63 – 88.

Lowie, W., & Verspoor, M. (2019). Individual differences and the ergodicity problem. *Language Learning*, *69*(S1), 184 – 206.

Lu, X. (2010). Automatic analysis of syntactic complexity in second language writing. *International Journal of Corpus Linguistics*, *15*(4), 474 – 496.

Lu, X. (2011). A corpus-based evaluation of syntactic complexity measures as indices of college-level ESL writers' language development. *TESOL Quarterly*, *45*(1), 36 – 62.

Lu, X. (2012). The Relationship of Lexical Richness to the Quality of ESL Learners' Oral Narratives. *Modern Language Journal*, *96*(2), 190 – 208. doi: 10.1111/j.1540 – 4781. 2011.01232_1.x

Lu, X., & Ai, H. (2015). Syntactic complexity in college-level English writing: Differences among writers with diverse L1 backgrounds. *Journal of Second Language Writing*, *29*, 16 – 27.

Lu, X., & Geng, Z. (2022). Faith or path? Profiling the motivations of multilingual Chinese as a foreign language teachers using Q methodology. *Language Teaching Research*. doi: 10. 1177/13621688221099079

Lu, X., Zheng, Y., & Ren, W. (2019). Motivation for Learning Spanish as a Foreign Language: The Case of Chinese L1 Speakers at University Level. *Círculo de Lingüística Aplicada a la Comunicación*, *79*, 79 – 98.

Lundberg, A. (2019a). Teachers' beliefs about multilingualism: findings from Q method research. *Current Issues in Language Planning*, *20*(3), 266 – 283.

Lundberg, A. (2019b). Teachers' viewpoints about an educational reform concerning multilingualism in German-speaking Switzerland. *Learning and Instruction*, *64*, 101244.

MacIntyre, P. D., & Legatto, J. J. (2011). A dynamic system approach to willingness to communicate: Developing an idiodynamic method to capture rapidly changing affect. *Applied Linguistics*, *32*(2), 149 – 171.

Mackey, A., & Bryfonski, L. (2018). Mixed methodology. In P. Aek, P. De Costa, L. Plonsky, & S. Starfield (Eds.), *The Palgrave handbook of applied linguistics research methodology* (p. 103 – 121). New York, NY: Palgrave Macmillan.

MacWhinney, B. (2005). The emergence of linguistic form in time. *Connection Science*, *17*, 119 – 211.

Malvern, D., Richards, B., Chipere, N., & Durán, P. (2004). *Lexical diversity and language development: Quantification and assessment*. New York, NY: Palgrave Macmillan.

Mancilla, R. L., Polat, N., & Akcay, A. O. (2017). An investigation of native and nonnative

English speakers' levels of written syntactic complexity in asynchronous online discussions. *Applied Linguistics*, *38*(1), 112 - 134. doi: 10.1093/applin/amv012

May, S. (2014). Disciplinary divide, knowledge construction, and the multilingual turn. In S. May (Ed.), *The multilingual turn: Implications for SLA, TESOL and bilingual education* (p. 7 - 31). New York: Routledge.

Mazgutova, D., & Kormos, J. (2015). Syntactic and lexical development in an intensive English for Academic Purposes programme. *Journal of Second Language Writing*, *29*, 3 - 15.

McCarthy, M., & Jarvis, S. (2010). MTLD, vocd-D, and HD-D: A validation study of sophisticated approaches to lexical diversity assessment. *Behavior Research Methods*, *42*(2), 381 - 392.

McNamara, D., Crossley, S., & McCarthy, M. (2010). Linguistic features of writing quality. *Written Communication*, *27*(1), 57 - 86.

McNamara, D., Graesser, A. C., McCarthy, P., & Cai, Z. (2014). *Automated evaluation of text and discourse with Coh-Metrix*. Cambridge : Cambridge University Press.

Meara, P. (2005). Lexical frequency profiles: A monte carlo analysis. *Applied Linguistics*, *26*(1), 32 - 47.

Meara, P. (2006). Emergent properties of multilingual lexicons. *Applied Linguistics*, *27*, 620 - 644.

Mercer, S. (2011a). Language learner self-concept: Complexity, continuity and change. *System*, *39*(3), 335 - 346.

Mercer, S. (2011b). Understanding learner agency as a complex dynamic system. *System*, *39*(4), 427 - 436.

Mercer, S. (2015). Social network analysis and complex dynamic systems. In Z. Dörnyei, P. D. MacIntyre, & A. Henry (Eds.), *Motivational dynamics in language learning* (p. 73 - 82). Bristol: Multilingual Matters.

Molenaar, P. C. M. (2016). Person-oriented and subject-specific methodology: Some additional remarks. *Journal for Person-Oriented Research*, *2*, 16 - 19.

Molenaar, P. C. M., & Cambell, C. G. (2009). A new person-specific paradigm in psychology. *Current Directions in Psychological Science*, *18*(2), 112 - 117.

Morin, E. (2008). *On complexity*. Cresskill, NJ: Hampton Press.

Morris, L., & Cobb, T. (2004). Vocabulary profiles as predictors of the academic performance of Teaching English as a Second Language trainees. *System*, *32*, 75 - 87.

Motter, A. E., De Moura, A. P., Lai, Y. C., & Dasgupta, P. (2002). Topology of the conceptual network of language. *Physics Reiew E*, *65*, 065102.

Nation, I. S. P. (2011). Research into practice: Vocabulary. *Language Teaching*, *44*(4), 529 - 539.

Nematizadeh, S., & Wood, D. (2019). Willingness to communicate and second language speech fluency: An investigation of affective and cognitive dynamics. *Canadian Modern Language Review*, *75*(3), 197 - 215. doi: 10.3138/cmlr.2017 - 0146

Nicolescu, B. (2002). *Manifesto of Transdisciplinarity*. Albany, NY: State University of New York Press.

Nie, M., Lu, J., Zheng, Y., & Shen, Q. (2022). Facilitating learners' participation through classroom translanguaging: comparing a translanguaging classroom and a monolingual classroom in Chinese language teaching. *Applied Linguistics Review*. doi: 10.1515/ applirev-2022-0136

Norris, J. M., & Ortega, L. (2009). Towards an organic approach to investigating CAF in instructed SLA: The case of complexity. *Applied Linguistics*, 30, 555-578.

Oga-Baldwin, W. L. Q. (2019). Acting, thinking, feeling, making, collaborating: The engagement process in foreign language learning. *System*, 86, 102128.

Ong, J., & Zhang, L. J. (2010). Effects of task complexity on the fluency and lexical complexity in EFL students' argumentative writing. *Journal of Second Language Writing*, 19, 218-233.

Ortega, L. (2003). Syntactic complexity measures and their relationship to L2 proficiency: A research synthesis of college-level L2 writing. *Applied Linguistics*, 24(4), 492-518.

Ortega, L. (2012). Interlanguage complexity. In B. Kortmann & B. Szmrecsanyi (Eds.), *Linguistic complexity: Second language acquisition, indigenization, contact* (p. 127-155). Berlin: De Gruyter.

Ortega, L. (2014). Ways forward for a bi/multilingual turn in SLA. In S. May (Ed.), *The multilingual turn: Implications for SLA, TESOL and bilingual education* (p. 32-53). New York, NY: Routledge.

Ortega, L. (2015). Syntactic complexity in L2 writing: Progress and expansion. *Journal of Second Language Writing*, 29, 82-94.

Ouyang, J., & Jiang, J. (2017). Can probability distribution of dependency distance measure language proficiency of second language learners? *Journal of Quantitative Linguistics*, 2, 1-19.

Pallotti, G. (2009). CAF: Defining, refining and differentiating constructs. *Applied Linguistics*, 30(4), 590-601. doi: 10.1093/applin/amp045

Pallotti, G. (2015). A simple view of linguistic complexity. *Second Language Research* 31(1), 117-134. doi: 10.1177/0267658314536435

Papi, M., & Al-Hoorie, A. H. (2020). Language learning motivation as a complex dynamic system: A global perspective of truth, control, and value. *Modern Language Journal*, *online first*. doi: 10.1111/modl.12624

Papi, M., & Hiver, P. (2020). Language learning motivation as a complex dynamic system: A global perspective of truth, control, and value. *Modern Language Journal*. doi: 10.1111/ modl.12624

Paquot, M., & Granger, S. (2012). Formulaic language in learner corpora. *Annual Review of Applied Linguistics*, 32, 130-149.

Peltier, J. (2009). LOESS unitility — awesome update. Retrieved from http://peltiertech.com/

loess-utility-awesome-update/. http://peltiertech.com/loess-utility-awesome-update/

Peng, H., Lowie, W., & Jager, S. (2022). Unravelling the idiosyncrasy and commonality in L2 developmental process: A time-series clustering methodology. *Applied Linguistics*. doi: 10.1093/applin/amac011

Phuoc, V. D., & Barrot, J. S. (2022). Complexity, accuracy, and fluency in L2 writing across proficiency levels: A matter of L1 background? *Assessing Writing*, *54*, 100673. doi: https://doi.org/10.1016/j.asw.2022.100673

Polat, B., & Kim, Y. (2014). Dynamics of complexity and accuracy: A longitudinal case study of advanced untutored development. *Applied Linguistics*, *35*(2), 184 – 207.

Polat, N., Mahalingappa, L., & Mancilla, R. L. (2020). Longitudinal growth trajectories of written syntactic complexity: The case of Turkish learners in an intensive English program. *Applied Linguistics*, *41*(5), 688 – 711.

Popescu, I., & Altmann, G. (2006). Some aspects of word frequencies. *Glottometrics*, *13*, 23 – 46.

Poupore, G. (2018). A complex systems investigation of group work dynamics in L2 interactive tasks. *Modern Language Journal*, *102*(2), 350 – 370.

Qin, W., & Uccelli, P. (2020). Beyond linguistic complexity: Assessing register flexibility in EFL writing across contexts. *Assessing Writing*, *45*, 100465. doi: 10.1016/j.asw.2020. 100465

Ragin, C. C. (2014). *The comparative method: Moving beyond qualitative and quantitative strategies*. Oakland, CA: University of California Press.

Rahimi, M. (2019). Effects of increasing the degree of reasoning and the number of elements on L2 argumentative writing. *Language Teaching Research*, *23*(5), 633 – 654. doi: 10.1177 /1362168818761465

Read, J. (2000). *Assessing vocabulary*. Cambridge, England: Cambridge University Press.

Robinson, P. (2001). Task complexity, cognitive resources, and syllabus design: A triadic framework for examining task influences on SLA. In P. Robinson (Ed.), *Cognition and second language instruction* (p. 287 – 318). Cambridge, UK: Cambridge University Press.

Robinson, P. (2007). Criteria for grading and sequencing pedagogic tasks. In M. P. Garcia Mayo (Ed.), *Investigating tasks in formal language learning* (p. 7 – 27). Clevedon, UK: Multilingual Matters.

Robinson, P. (2010). Situating and distributing cognition across task demands: The SSARC model of pedagogic task sequencing. In M. Püta & L. Sicola (Eds.), *Cognitive processing in second language acquisition* (p. 243 – 268). Amsterdam/Philadelphia: John Benjamins.

Robinson, P. (2011a). Second language task complexity, the Cognition Hypothesis, language learning, and performance. In P. Robinson (Ed.), *Second language task complexity: Researching the Cognition Hypothesis of language learning and performance* (p. 3 – 38). Armsterdam: John Benjamins.

Robinson, P. (2011b). Task-based language learning: A review of issues. *Language Learning*,

61 (Suppl. 1), 1 – 36.

Robinson, P., & Gilabert, R. (2007). Task complexity, the Cognition Hypothesis and second language learning and performance. *International Review of Applied Linguistics*, *45* (1), 161 – 176.

Rubinov, M., & Sporns, O. (2010). Complex network measures of brain connectivity: Uses and interpretations. *NeuroImage*, *52*, 1059 – 1069.

Sampson, R. (2015). Tracing motivational emergence in a classroom language learning project. *System*, *50*, 10 – 20. doi: 10.1016/j.system.2015.03.001

Schepens, J. J., van der Slik, F., & van Hout, R. (2016). L1 and L2 distance effects in learning L3 Dutch. *Language Learning*, *66* (1), 224 – 256.

Schmitt, N. (2010). *Researching vocabulary: A vocabulary research manual*. Basingstoke, UK: Palgrave Macmillan.

Schmitt, N., Dörnyei, Z., Adolphs, S., & Durow, V. (2004). Knowledge and acquisition of formulaic sequences: A longitudinal study. In N. Schmitt (Ed.), *Formulaic sequences: Acquisition, processing and use* (p. 55 – 86). Amsterdam, the Netherlands: John Benjamins.

Seawright, J. (2016). *Multi-method social science: Combining qualitative and quantitative tools*. Cambridge: Cambridge University Press.

Serafini, E. J. (2017). Exploring the dynamic long-term interaction between cognitive and psychosocial resources in adult second langague development at varying proficiency. *Modern Language Journal*, *101* (2), 369 – 390. doi: 10.1111/modl.12400

Shirvan, M. E., Taherian, T., & Yazdanmehr, E. (2021). Foreign language enjoyment: a longitudinal confirmatory factor analysis-curve of factors model. *Journal of Multilingual and Multicultural Development*, *online first*. doi: 10.1080/01434632.2021.1874392

Siegler, R. S. (2006). Microgenetic analyses of learning. In D. Kuhn & R. S. Siegler (Eds.), *Handbook of child psychology, volume 2: Cognition, perception, and language* (6th ed., p. 464 – 510). Hoboken, NJ: Wiley.

Simpson-Vlach, R., & Ellis, N. (2010). An academic formulas list: New methods in phraseology research. *Applied Linguistics*, *31*, 487 – 512.

Skehan, P. (2009). Modelling second language performance: Integrating complexity, accuracy, fluency, and lexis. *Applied Linguistics*, *31* (4), 510 – 532.

Slaughter, Y., Bonar, G., & Keary, A. (2022). The role of membership viewpoints in shaping language teacher associations: A Q methodology analysis. *TESOL Quarterly*, *56* (1), 281 – 307.

Smit, N., van Dijk, M., de Bot, K., & Lowie, W. (2022). The complex dynamics of adaptive teaching: observing teacher-student interaction in the language classroom. *International Review of Applied Linguistics*, *60* (1), 23 – 40.

Smith, L., & King, J. (2017). A dynamic systems approach to wait time in the second language classroom. *System*, *68* (1 – 14).

Spoelman, M., & Verspoor, M. (2010). Dynamic patterns in development of accuracy and complexity: A longitudinal case study in the acquisition of Finnish. *Applied Linguistics*, *31*(4), 532 – 553.

Spolsky, B. (2009). *Language management*. Cambridge: Cambridge University Press.

Spolsky, B. (2019). A modified and enriched theory of language policy (and management). *Language Policy*, *18*, 323 – 338.

Staples, S., Egbert, J., Biber, D., & McClair, A. (2013). Formulaic sequences and EAP writing development: Lexical bundles in the TOEFL iBT writing section. *Journal of English for Academic Purposes*, *12*, 214 – 225.

Stavans, A., & Hoffmann, C. (2015). *Multilingualism*: Cambridge University Press.

Stephenson, W. (1935). Correlating persons instead of tests. *Character and Personality*, *4*, 17 – 24.

Stephenson, W. (1982). Q-methodology, interbehavioral psychology, and quantum theory. *Psychology Record*, *32*, 235 – 248.

Sulis, G., Mercer, S., Mairitsch, A., Babic, S., & Shin, S. (2021). Pre-service language teacher wellbeing as a complex dynamic system. *System*, *103*, 102642.

Swain, M. (1995). Three functions of output in second language learning. In G. Cook & B. Seidlhofer (Eds.), *Principle and practice in applied linguistics: Studies in honor of Henry Widdowson* (p. 125 – 144). Oxford: Oxford University Press.

Taguchi, N., Crawford, W., & Wetzel, D. Z. (2013). What linguistic features are indicative of writing quality? A case of argumentative essays in a college composition program. *TESOL Quarterly*, *47*(2), 420 – 430.

Taylor, W. A. (2000, April 11, 2014). Change-point analysis: A powerful new tool for detecting changes. Retrieved from http://www.variation.com/cpa/tech/changepoint.html

Thelen, E. (2005). Dynamic systems theory and the complexity of change. *Psychoanalytic Dialogues: The International Journal of Relational Perspectives*, *15*(2), 255 – 283.

Thelen, E., & Smith, L. (1994). *A dynamic systems approach to the development of cognition and action*. Cambridge, MA: MIT Press.

Thibault, P. J. (2011). First-order languaging dynamics and second-order language: The distributed language view. *Ecological Psychology*, *23*(3), 210 – 245.

Thompson, A. S. (2017). Don't tell me what to do! The anti-ought-to self and language learning motivation. *System*, *67*, 38 – 49.

Thumvichit, A. (2022a). Illuminating insights into subjectivity: Q as a methodology in applied liguistics research. *Applied Linguistics Review*, *online first*. doi: 10.1515/applirev-2021-0205

Thumvichit, A. (2022b). Unfolding the subjectivity of foreign language enjoyment in online classes: A Q methodology study. *Journal of Multilingual and Multicultural Development*. doi: 10.1080/01434632.2022.2050917

Tidball, F., & Treffers-Daller, J. (2007). Exploring measures of vocabulary richness in semi-spontaneous French speech. In H. Daller, J. Milton, & J. Treffers-Daller (Eds.), *Modelling and assessing vocabulary knowledge* (p. 133 – 149). Cambridge: Cambridge University Press.

Tomasello, M. (2003). *Constructing language: A usage-based theory of language acquisition.* Cambridge, MA: Harvard University Press.

Tomasello, M. (2006). Acquiring linguistic constructions. In R. S. Siegler & D. Kuhn (Eds.), *Handbook of child psychology* (p. 73 – 174). Malden, MA: Wiley.

van Dijk, M., Lowie, W., Smit, N., Verspoor, M., & van Geert, P. (2024). Complex dynamic systems theory as a foundation for process-oriented research on second language development. *Second Language Research*, 1 – 15. doi: 10.1177/02676583241246739

Van Dijk, M., Verspoor, M., & Lowie, W. (2011). Variability and DST. In M. Verspoor, K. De Bot, & W. Lowie (Eds.), *A dynamic approach to second language development: Methods and techniques.* Amsterdam: John Benjamins.

Van Geert, P. (1991). A dynamic systems model of cognitive and language growth. *Psychological Review* 98(1), 3 – 53.

Van Geert, P. (1995). Growth dynamics in development. In R. Port & T. van Gelder (Eds.), *Mind as motion: Explorations in the dynamics of cognition* (p. 313 – 337). Cambridge, MA: Bradford Book.

Van Geert, P. (2003). Dynamic systems approaches and modeling of developmental processes. In J. Valsiner & K. Connolly (Eds.), *Handbook of developmental psychology* (p. 640 – 672). London: Sage.

Van Geert, P. (2008). The Dynamic Systems approach in the study of L1 and L2 acquisition: An introduction. *The Modern Language Journal*, 92(2), 179 – 199.

Van Geert, P. (2014, March). *L2 acquisition and the study of change in complex systems: A perspective on universals and variability.* Paper presented at the American Associateion for Applied Linguistics Conference, Portland, OR.

Van Geert, P., & Van Dijk, M. (2002). Focus on variability: New tools to study intra-individual variability in developmental data. *Infant Behavior and Development*, 25, 340 – 374.

Van Geert, P., & Van Dijk, M. (2021). Thirty years of focus on individual variability and the dynamics of processes. *Theory and Psychology*, 31(3), 405 – 410.

Vanbuel, M. (2022). How stakeholders see the implementation of language education policy: A Q-study. *Current Issues in Language Planning*, 23(1), 57 – 76.

Varela, F., Lachaux, J. P., Rodriguez, E., & Martinerie, J. (2001). The brainweb: Phase synchronization and large-scale integration. *Nature Reviews Neuroscience*, 2, 229 – 239.

Verspoor, M. (2015). Initial conditions. In Z. Dörnyei, P. D. MacIntyre, & A. Henry (Eds.), *Motivational dynamics in language learning* (p. 38 – 46). Bristol: Multilingual Matters.

Verspoor, M. (2017). Complex dynamic systems theory and L2 pedagogy: Lessons to be learned. In L. Ortega & Z. Han (Eds.), *Complexity theory and language development: In celebration of Diane Larsen-Freeman* (p. 143 – 162). Amsterdam / Philadelphia: John

Benjamins.

Verspoor, M., & Behrens, H. (2011). Dynamic systems theory and a usage-based approach to second language development. In M. Verspoor, K. de Bot, & W. Lowie (Eds.), *A dynamic approach to second language development: Methods and techniques* (p. 25 – 38). Amsterdam: John Benjamins.

Verspoor, M., & de Bot, K. (2022). Measures of variability in transitional phases in second language development. *International Review of Applied Linguistics*, *60*(1), 85 – 101. doi: 10.1515/iral-2021-0026

Verspoor, M., de Bot, K., & Lowie, W. (Eds.). (2011). *A dynamic approach to second language development: Methods and techniques*. Amsterdam: John Benjamins.

Verspoor, M., Lowie, W., & de Bot, K. (2021). Variability as normal as apple pie. *Linguistics Vanguard*, *7*(S2), 1 – 12.

Verspoor, M., Lowie, W., & Van Dijk, M. (2008). Variability in second language development from a Dynamic Systems perspective. *The Modern Language Journal*, *92*(2), 214 – 231.

Verspoor, M., Schmid, M. S., & Xu, X. (2012). A dynamic usage based perspective on L2 writing. *Journal of Second Language Writing*, *21*, 239 – 263.

Verspoor, M., & Van Dijk, M. (2013). Variability in a dynamic systems approach. In C. Chapelle (Ed.), *The encyclopedia of applied linguistics* (p. 6051 – 6059). Oxford: Wiley-Blackwell.

Vyatkina, N. (2013). Specific syntactic complexity: Developmental profiling of individuals based on an annotated learner corpus. *Modern Language Journal*, *97*(S1), 11 – 30.

Waninge, F., Dörnyei, Z., & De Bot, K. (2014). Motivational dynamics in language learning: Change, stability, and context. *The Modern Language Journal*, *98*(3), 704 – 723.

Watts, D. S. (2015). Develop a Q methodological study. *Education for Primary Care*, *26*(6), 435 – 437.

Watts, D. S., & Stenner, D. P. (2005). Doing Q methodology: Theory, method and interpretation. *Qualitative Research in Psychology*, *2*, 67 – 91.

Watts, D. S., & Stenner, D. P. (2012). *Doing Q methodological research: Theory, method & interpretation*. Thousand Oaks, CA: Sage.

Wolfe-Quintero, K., Inagaski, K. S., & Kim, H.-Y. (1998). *Second language development in writing: Measures of fluency, accuracy, and complexity*. University of Hawaii at Manoa: Second Language Teaching and Curriculum Center.

Wood, D. (2016). Willingness to communicate and second language speech fluency: An idiodynamic investigation. *System*, *60*, 11 – 28. doi: 10.1016/j.system.2016.05.003

Wray, A. (2013). Research timeline: Formulaic language. *Language Teaching*, *46*(3), 316 – 334.

Wu, P., & Wang, Y. (2021). Investigating business English teachers' belief about online assessment: Q methodology conducted during COVID-19 period. *The Asia-Pacific Education Researcher*, *30*(6), 621 – 630.

Xiao, W., & Sun, S. (2018). Dynamic lexical features of PhD theses across disciplines: A text mining approach. *Journal of Quantitative Linguistics*. doi: doi.org/10.1080/09296174. 2018.1531618

Yang, W., & Kim, Y. (2020). The effect of topic familiarity on the complexity, accuracy, and fluency of second language writing. *Applied Linguistics Review*, *11*(1), 79–108. doi: 10. 1515/applirev-2017–0017

Yang, W., Lu, X., & Weigle, S. C. (2015). Different topics, different discourse: Relationships among writing topic, measures of syntactic complexity, and judgments of writing quality. *Journal of Second Language Writing*, *28*, 53–67.

Yoon, H.-J. (2017). Linguistic complexity in L2 writing revisited: Issues of topic, proficiency, and construct multidimensionality. *System*, *66*, 130–141. doi: 10.1016/j.system.2017. 03.007

Yoon, H.-J., & Polio, C. (2017). The linguistic development of students of English as a second language in two written genres. *TESOL Quarterly*, *51*(2), 275–301.

Yu, H., & Lowie, W. (2020). Dynamic paths of complexity and accuracy in second language speech: A longitudinal case study of Chinese learners. *Applied Linguistics*, *41*(6), 855–877.

Yuan, R., & Yang, M. (2022). Unpacking langauge techer educators' expertise: A complexity theory perspective. *TESOL Quarterly*, *56*(2), 656–687. doi: 10.1002/tesq.3088

Zabala, A., Sandbrook, C., & Mukherjee, N. (2018). When and how to use Q methodology to understand perspectives in conservation research. *Conservation Biology*, *32*(5), 1185–1194.

Zhang, C., & Liu, H. (2015). A quantitative investigation of the genre development of modern Chinese novels. *Glottometrics*, *32*, 9–20.

Zhang, S., Zhang, H., & Zhang, C. (2022). A dynamic systems study on complexity, accuracy, and fluency in English writing development by Chinese university students. *Frontiers in Psychology*, *13*, 787710. doi: 10.3389/fpsyg.2022.787710

Zheng, Y. (2016). The complex, dynamic development of L2 lexical use: A longitudinal study on CHinese learners of English. *System*, *56*, 40–53.

Zheng, Y., Lu, X., & Ren, W. (2019). Profiling Chinese university students' motivation to learn multiple languages. *Journal of Multilingual and Multicultural Development*, *40*(7), 590–604. doi: 10.1080/01434632.2019.1571074

Zheng, Y., Lu, X., & Ren, W. (2020). Tracking the evolution of Chinese learners' multilingual motivation through a longitudinal Q methodology. *Modern Language Journal*, *104*(4), 781–803.

Zheng, Y., & Mei, Z. (2020). Two worlds in one city: a sociopolitical perspective on Chinese urban families' language planning. *Current Issues in Language Planning*, *22*(4), 383–407. doi: 10.1080/14664208.2020.1751491

Zhou, S., Hiver, P., & Zheng, Y. (2023). Modeling intra- and inter-individual changes in L2 classroom engagement. *Applied Linguistics*, 44(6), 1047 - 1076.

鲍贵. (2009). 英语学习者作文句法复杂性变化研究. 外语教学与研究, 41(4), 291 - 297.

鲍贵. (2010). 英语学习者语言复杂性变化对比研究. 现代外语, 33(2), 166 - 176.

蔡金亭. (2021). 语言迁移研究. 北京: 外语教学与研究出版社.

蔡金亭. (2022). 多语产出中迁移研究的比较-归纳方法框架. 外语学刊(1), 73 - 83.

常海潮. (2017). 英语专业学生学习动机变化机制研究——基于定向动机流理论的定性考察. 外语界, 03(39 - 47).

常海潮. (2018). 大学生英语学习动机变化机制研究——动态系统理论视角下的个案分析. 外语电化教学(05), 35 - 41.

常海潮. (2019). 大学生英语学习动机中的吸引子状态研究——基于二语动机自我系统的个案分析. 中国外语, 16(2), 55 - 63.

常海潮. (2021). 高校学生英语学习定向动机流多维动态研究. 外语界(02), 72 - 80.

戴运财, & 于涵静. (2022). 复杂动态系统理论视域下二语动机变化的回溯研究. 现代外语, 45(3), 357 - 368.

高霞. (2021). 不同水平学习者英语作文句法复杂度研究. 外语教学与研究, 53(2), 224 - 237.

顾琦一, 徐云凤, & 金夏妃. (2022). 话题熟悉度对二语口语产出的影响: 认知负荷视角研究. 外语教学, 43(3), 67 - 74.

韩笑, 李中山, 高晨阳, & 冯丽萍. (2021). 变异在汉语二语学习者层级性句法结构浮现发展中的作用研究. 语言教学与研究(05), 27 - 38.

韩笑, 张亮, 张华, 吴俊杰, & 冯丽萍. (2021). 复杂网络视角的汉语二语句法复杂度发展研究. 世界汉语教学, 35(03), 377 - 391.

韩知行, & 郑咏滟. (2022). 复杂网络视角下英语学习者书面语句法复杂度发展研究. 第二语言学习研究(1), 27 - 42 + 140.

黄婷, & 郑咏滟. (2022). 双外语学习是否阻碍第一外语发展?——来自句法复杂度的证据. 现代外语, 45(5), 697 - 709.

纪小凌. (2009). 英语学习者书面语发展研究. 现代外语, 32(2), 178 - 185.

江韦姗, & 王同顺. (2015). 二语写作句法表现的动态发展. 现代外语, 38(4), 503 - 514.

景飞龙. (2020). 基于 Q 方法的大学生外语移动学习参与度研究. 外语界(1), 79 - 87.

雷蕾. (2017). 中国英语学习者学术写作句法复杂度研究. 解放军外国语学院学报, 40(5), 1 - 9.

李茶, & 隋铭才. (2017). 基于复杂理论的英语学习者口语复杂度、准确度、流利度发展研究. 外语教学与研究, 49(3), 392 - 404.

李茶, & 隋铭才. (2020). 任务类型对英语口语复杂度、准确度、流利度影响的纵向研究. 西安外国语大学学报, 28(3), 47 - 52.

李茨婷, & 任伟. (2020). 二语语用发展研究的复杂系统建构. 外国语, 43(03), 46 - 54.

李茨婷, & 任伟. (2021). 社会网络分析与应用语言学交叉研究的前瞻与路径. 外国语, 44(4), 15 - 23.

李慧娴, 郑咏滟, & 秦文娟. (2022). 精细化句法复杂度对写作质量预测效果的研究. 解放军外国语学院学报，45(4)，61 – 69.

李嵬，& 沈骑. (2021). 超语实践理论的起源、发展与展望. 外国语，44(4)，2 – 14.

刘兵，王奕凯，& Zhang, L. J. (2017). 任务类型对在线英语写作任务准备和产出的影响. 现代外语，40(1)，102 – 113.

刘飞凤，& 郑咏滟. (2023). 外语学习者口语表现的任务复杂度效应探究——基于应用语言学指标语计量语言学指标的对比. 外语教学理论与实践(5)，55 – 64.

刘海涛. (2009). 汉语语义网络的统计特性. 科学通报，14，2060 – 2064.

刘海涛. (2011). 语言网络：隐喻，还是利器?. 浙江大学学报(人文社会科学版)，41(02)，169 – 180.

刘海涛. (2017). 计量语言学导论. 北京：商务印书馆.

刘海涛. (2021). 数据驱动的应用语言学研究. 现代外语，44(04)，462 – 469.

刘海涛. (2022). 依存关系与语言网络. 北京：科学出版社.

刘海涛，& 林燕妮. (2018). 大数据时代语言研究的方法和趋向. 新疆师范大学学报(哲学社会科学版)，39(1)，72 – 83.

刘黎岗，& 明建平. (2020). 中国英语学习者口语句法复杂度特征研究. 解放军外国语学院学报，43(5)，101 – 108.

鹿秀川，& 郑咏滟. (2019). 中国大学生英西双语动机探索研究. 复旦外国语言文学论丛，春季刊，28 – 36.

邱建华. (2014). 基于网络资源的读写结合教学对应于作文句法复杂性的影响. 现代外语，37(6)，846 – 854.

沈骑，蔡永良，张治国，韩亚文，& 董晓波. (2019). 语言政策与规划大家谈——"一带一路"外语教育规划. 当代外语研究(1)，23 – 31.

陶坚，& 高雪松. (2019). 教学转型背景下的外语教师学习. 现代外语，42(6)，805 – 817.

王初明. (2008). 语言学习与交互. 外国语，31(6)，53 – 60.

王初明. (2009). 学相伴，用相随——外语学习中的学伴用随原则. 中国外语(5)，53 – 59.

王初明. (2011). 基于使用的语言习得观. 中国外语，2011(5)，1.

王初明. (2015a). 读后续写何以有效促学. 外语教学与研究，47(5)，753 – 762.

王初明. (2015b). 构式和构式语境与第二语言学习. 现代外语，38(3)，357 – 365.

王初明. (2017a). 从"以写促学"到"以续促学". 外语教学与研究，49(4)，547 – 555.

王初明. (2017b). 中介语基本体对外语学习的启示. 现代外语，40(6)，867 – 871.

王海华，李贝贝，& 许琳. (2015). 中国英语学习者书面语水平发展个案动态研究. 外语教学与研究，47(1)，67 – 80.

王丽萍，吴红云，& Zhang, L. J. (2020). 外语写作中任务复杂度对语言复杂度的影响. 现代外语，43(4)，503 – 515.

王敏，& 王初明. (2014). 读后续写的协同效应. 现代外语，37(4)，501 – 512.

王仁强. (2022). 唯科学主义语言学的方法论. 现代外语，45(5)，634 – 644.

文秋芳. (2017). "产出导向法"的中国特色. 现代外语，40(3)，348 – 358.

文秋芳，& 梁茂成. (2024). 人机互动协商能力：ChatGPT 与外语教育. 外语教学与研究，56(2)，86 – 96.

吴继峰. (2017). 英语母语者汉语书面语动态发展个案研究. 现代外语, 40(2), 254 - 264.

吴诗玉, & 黄绍强. (2018). 大学英语教学, 为什么要坚守"阅读和讨论"?. 当代外语研究 (2), 9 - 14.

吴诗玉, & 黄绍强. (2019). 何为"有效"的外语教学? ——根植于本土教学环境和教学对象特点的思考. 当代外语研究(3), 37 - 47.

吴雪. (2017). 中国学者国际期刊论文句法复杂度与文本可读性研究. 解放军外国语学院学报, 40(5), 11 - 19.

吴雪, & 雷蕾. (2018). 二语水平与句法复杂度研究元分析. 现代外语, 41(4), 481 - 492.

夏洋, & 申艳娇. (2021). 内容语言融合课堂环境下英语学习者学业情绪动态变化研究. 中国外语, 18(01), 72 - 80.

邢加新. (2019). 任务复杂度对非英语专业大学生口语产出的影响研究. 外语研究(5), 64 - 69.

邢加新, & 罗少茜. (2016). 任务复杂度对中国英语学习者语言产出影响的元分析研究. 现代外语, 39(4), 528 - 538.

徐晓燕, 王维民, 熊燕宇, 蒋婧, 潘小燕, & 孙念红. (2013). 中国英语专业学生英语议论文句法复杂性研究. 外语教学与研究, 45(2), 264 - 275.

于涵静, & 戴炜栋. (2019). 英语学习者口语复杂性、准确性的动态发展研究. 外语与外语教学(02), 100 - 110.

于涵静, & 刘天琦. (2021). 学习者口语动机典型动态特征研究——基于回溯性范式研究方法. 外语与外语教学(04), 68 - 78.

于涵静, 彭红英, 黄婷, & 郑咏滟. (2024). 外语愉悦和学习投入的历时发展研究. 现代外语, 47(1), 101 - 113.

于涵静, 彭红英, & 周世瑶. (2022). 英语学习者口语复杂性动态发展趋势研究——基于多层次建模法. 现代外语, 45(1), 90 - 101.

张超. (2021). 复杂理论视域下任务复杂度与二语写作表现关系的历时研究. 西安外国语大学学报, 29(1), 64 - 68.

张会平, & 张思雨. (2020). 中学生笔语句法复杂度发展特征研究. 外语研究, 6, 60 - 66.

张军, 王丽萍, & 吴红云. (2017). 认知语言学视阈下二语习得语言复杂度研究的元分析 (1990—2015). 复旦外国语言文学论丛, 春季号, 53 - 60.

张晓鹏, & 李雯雯. (2022). 句法复杂度对中国大学生英语说明文写作质量的预测效应. 现代外语, 45(3), 331 - 343.

张煜杰, & 蒋景阳. (2020). 任务复杂度对二语写作复杂度和准确度的影响. 西安外国语大学学报, 28(4), 49 - 54.

赵怿怡, & 刘海涛. (2014). 基于网络观的语言研究. 厦门大学学报(哲学社会科学版)(6), 127 - 136.

郑咏滟. (2015a). 动态系统理论框架下的外语词汇长期发展. 上海: 复旦大学出版社.

郑咏滟. (2015b). 基于动态系统理论的自由产出词汇历时发展研究. 外语教学与研究, 47(2), 276 - 288.

郑咏滟. (2016).《语言学习动机的动态机制》评介. 外语教学与研究, 48(6), 947 - 952.

郑咏滪. (2018). 高水平学习者语言复杂度的多维发展研究. 外语教学与研究, 50 (218 - 230).

郑咏滪. (2019). 从复杂动态系统理论谈有效的外语教学. 当代外语研究(5), 12 - 16＋49.

郑咏滪. (2020a). 复杂动态系统理论研究十年回顾与国内外比较. 第二语言学习研究, 第十辑, 84 - 98.

郑咏滪. (2020b). 综合性大学外语专业复语人才培养探索—以复旦大学英西双语模式为例. 外语教育研究前沿, 3(1), 8 - 14.

郑咏滪. (2021). 后疫情时代的多语研究：反思与展望. 当代外语研究(1), 64 - 74.

郑咏滪, & 安宁. (2022). 超语研究十年回顾：理论、实践与展望. 外语教学, 43(5), 1 - 7.

郑咏滪, & 冯予力. (2017). 学习者句法与词汇复杂性发展的动态系统研究. 现代外语.

郑咏滪, & 李慧娴. (2023). 复杂动态理论视角下二语写作发展的变异性研究. 现代外语 (05)：650 - 663.

郑咏滪, & 李文纯. (2023). 数据驱动的国际奥林匹克委员会语言政策价值取向分析. 语言文字应用(4), 34 - 49.

郑咏滪, & 刘飞凤. (2020). 复杂理论视角下任务复杂度对二语口语表现的影响. 现代外语, 43(03), 365 - 376.

郑咏滪, & 刘维佳. (2021). 中国学习者多语动机构成和跨语言差异. 外语与外语教学 (06), 45 - 57.

郑咏滪, & 邱译曦. (2024). "全英文"学科课堂中的超语实践与知识建构. 外语界(1), 23 - 31.

中华人民共和国教育部, & 国家语言文字工作委员会. (2018). 《中国英语能力等级量表 (国家语言文字规范 GF0018 -2018)》. Retrieved from 北京.

周世瑶, Hiver, P., & 白丽芳. (2025). 大学英语课堂学习投入动态发展模式及影响因素研究. 现代外语, 48(2), 223 - 234.

图书在版编目（CIP）数据

中国外语环境下学习者语言的复杂动态系统发展 /
郑咏滟著. -- 上海 ：上海教育出版社，2025. 8.
ISBN 978-7-5720-3607-1

Ⅰ. H09

中国国家版本馆CIP数据核字第20251X1D05号

责任编辑　周典富

封面设计　郑　艺

中国外语环境下学习者语言的复杂动态系统发展
郑咏滟　著

出版发行　上海教育出版社有限公司

官　　网　www.seph.com.cn

地　　址　上海市闵行区号景路159弄C座

邮　　编　201101

印　　刷　上海龙腾印务有限公司

开　　本　700×1000　1/16　印张 17

字　　数　297 千字

版　　次　2025年8月第1版

印　　次　2025年8月第1次印刷

书　　号　ISBN 978-7-5720-3607-1/H·0105

定　　价　90.00 元

如发现质量问题，读者可向本社调换　电话：021-64373213